◇ 中 国 知 识 产 权 讲 坛 系 列 丛 书 ◇

重庆知识产权保护协同创新中心
西南政法大学知识产权研究中心

中国知识产权名家讲坛

（第三辑）

李雨峰／主　　编
易健雄／执行主编

ZHONGGUO ZHISHI CHANQUAN
MINGJIA JIANGTAN

知识产权出版社
全国百佳图书出版单位
—— 北京 ——

图书在版编目（CIP）数据

中国知识产权名家讲坛. 第三辑/李雨峰主编. —北京：知识产权出版社，2020.6
ISBN 978-7-5130-6954-0

Ⅰ.①中… Ⅱ.①李… Ⅲ.①知识产权—研究—中国 Ⅳ.①D923.404

中国版本图书馆 CIP 数据核字（2020）第 089302 号

内容提要

本书收录了包括杨明、汪泽、丛立先、李琛、李雨峰、黄武双、闫文军、张耕、李扬、刘孔中在内的十位知识产权界权威人士于西南政法大学名家讲坛上针对知识产权前沿热点问题所做的讲座，讲座内容涉及大数据时代用户数据权属和利用、商标恶意注册、在先使用、著作权侵权认定、互联网不正当竞争、商业秘密保护、海关及司法保护等，能够从多个角度给知识产权从业者、相关行业企业和学者带来诸多启发。

责任编辑：可 为　　**责任校对**：王 岩
封面设计：汪奇峰　　**责任印制**：刘译文

中国知识产权讲坛系列丛书
中国知识产权名家讲坛（第三辑）
李雨峰 主 编
易健雄 执行主编

出版发行：知识产权出版社有限责任公司　　**网　址**：http://www.ipph.cn
社　址：北京市海淀区气象路 50 号院　　**邮　编**：100081
责编电话：010-82000860 转 8335　　**责编邮箱**：keweicoca@163.com
发行电话：010-82000860 转 8101/8102　　**发行传真**：010-82000893/82005070/82000270
印　刷：北京九州迅驰传媒文化有限公司　　**经　销**：各大网上书店、新华书店及相关专业书店
开　本：720mm×1000mm 1/16　　**印　张**：15.5
版　次：2020 年 6 月第 1 版　　**印　次**：2020 年 6 月第 1 次印刷
字　数：246 千字　　**定　价**：78.00 元
ISBN 978-7-5130-6954-0

序言 PREFACE

“中国知识产权名家讲坛”于2014年下半年由西南政法大学提出，经中国知识产权法学研究会同意，而由二者联合创立、主办，西南政法大学知识产权研究中心（后由重庆知识产权保护协同创新中心接任）与重庆市知识产权研究会联合承办。自中国知识产权法学研究会会长刘春田教授于2014年11月24日为“中国知识产权名家讲坛”开坛主讲至今，已成功举办了28讲。主讲人中，既有刘春田先生、李明德先生、张玉敏女士、吴汉东先生等学界“大佬”，也有孔祥俊先生、王自强先生、宋柳平先生、李殿勋先生等实务界名家，还有黄晖先生、王迁先生、李扬先生、李琛女士等中青年精英，在中国知识产权界具有极强的代表性，可谓典型的“名家荟萃”。主讲、讨论的主题既涉及“技术进步和知识产权制度改革”“知识产权国际发展态势与中国战略选择”等基础、务虚类问题，也涵盖“独创性理论在实践中的适用”“专利司法保护的理念与实践”等应用、务实类问题，具有相当的理论价值与实践意义。主讲人的知名度叠加讲题的价值性，已使“中国知识产权名家讲坛”在近四年的时间里获得了良好的“美誉度”与较高的影响力，已成为中国知识产权界内一块知名的讲坛品牌。

伴随“中国知识产权名家讲坛”的成长，重庆知识产权保护协同创新中心、西南政法大学知识产权研究中心也打造出一支业务精良、承接有序的讲坛工作团队。该团队细分为策划宣传组、会务组织组、后勤保障组、资料整理组等各专门小组，以其高度敬业精神和过硬专业能力，为讲坛提供精细高效的辅助服务，有力保障了讲坛的顺利举办。目前，“中国知识产权名家讲坛”已形成了讲前及时宣传推广、讲时同步录音速记、讲后限期整理保存的工作流程，并辅有“西南知识产权网”“西南知识产权”微信公众号、“西南IP”微信群等配套网络平台，以最大限度展示主讲人风采、挖掘主讲内容价值、促进知识产权智慧的传播，努力实现“邀请国内知识产权知名人士，就知识产权基础性或前沿性问题作智慧分享，以助力我国知识产权实践经验的总结和理论体系的完善”的初心。

也正是出此“初心”，也让“中国知识产权名家讲坛”的价值成果能在更大范围内得到传播与分享，中心决定将已举办过的各期讲座内容系统整理、集结出版。在此，中心也衷心感谢各位主讲人的慷慨授权与费心校稿！出版内容如仍有文字错漏或表述有违主讲人本意之处，中心在此向主讲人表示诚挚歉意并愿意为此承担可能的相关责任。除主讲人的贡献以外，每一期讲座成功举办的背后，无不凝聚着与谈人、嘉宾、工作团队、赞助者以及其他参与者在时间、精力、金钱等各方面的付出。在此，中心特致以衷心的谢意！尤其感谢百度公司、超凡公司、西南知识产权集团的赞助支持与对中心、讲坛独立学术品格的尊重！最后，感谢知识产权出版社的大力支持，使讲座内容得以顺利出版。

“中国知识产权名家讲坛”今后仍将“不定期却经常性”地举办下去，继续为业内的知识产权交流发挥有效的平台作用。我们也将持续以“出版图书”的形式，保存“中国知识产权名家讲坛”的成果，见证中国知识产权事业的发展。

重庆知识产权保护协同创新中心
西南政法大学知识产权研究中心
2020年2月15日

CONTENTS

目录

第十九讲

大数据时代用户数据的权利归属和利用

主　题： 大数据时代用户数据的权利归属和利用

主讲人： 杨　明　北京大学法学院教授、博士生导师

主持人： 易健雄　西南政法大学副教授、重庆知识产权保护协同创新中心副主任

与谈人： 马海生　西南政法大学副教授、硕士生导师

牟　萍　西南政法大学副教授、硕士生导师

时　间： 2018 年 1 月 3 日

地　点： 西南政法大学渝北校区致理楼三楼民商法学院会议室

易健雄：各位老师、各位同学，今天是中国知识产权名家讲坛第十九讲，也是新年第一讲。首先，让我隆重地介绍一下今天的主讲人——北京大学的杨明教授。杨明教授有很多头衔，他不仅是北京大学法学院的教授、博士生导师，在国外访学经历非常丰富，对国外相关动态非常了解；同时还是中国国际贸易仲裁委员会委员、北京仲裁委员会仲裁员，还有其他一大堆头衔，我就不多作介绍了。今天杨明教授给我们主讲的题目是：大数据时代用户数据的权利归属和利用。这个主题应该说是近几年很热门的一个话题，大家从国家的立法动态和实践中的一些争议都可以看到，《民法总则》和互联网法等也有个人数据保护相关的信息。互联网用得好可以造福全社会，用得不好可能会对个人造成很大伤害。杨明教授对这个主题有很深的研究，我们今天特地邀请杨明教授来跟大家分享。今天来了很多老师，除了两位与谈人——马海生老师、牟萍老师，到场的还有其他几位对这个话题很感兴趣的老师——田晓玲老师、秦洁老师、廖志刚老师、邓宏光老师，以及特地赶过来的重庆市科委的陈谊处长、重庆邮电大学的郭老师。我们一并对各位老师表示热烈的欢迎！临近新年又是假期，我并不知道有多少同学会来，但是今天看到大家热情到场，超出我的预期。下面把时间交给主讲人杨明教授，有请！

杨明：各位老师、各位同学晚上好！很高兴来到西南政法大学。

到西南政法大学来跟大家交流“大数据时代用户数据的权利归属和利用”这样一个题目，源自大家对这个问题的热切讨论，准确来讲从 2017 年开始它就成为一个非常热门的话题。我记得 2016 年开始就陆续有一些关于大数据的研讨会，2017 年这方面的会议特别多。我自己这段时间以来也在关注这个问题，所以也凑个热闹与大家聊聊这个话题。

讨论数据权利的归属，最终还是为了服务于利用。说到数据，我记得以前有一些关于“用户的信息和数据是什么关系、是不是有区别”的探讨。当然现在很多人似乎有一个结论，信息和数据是区别开来的，信息不等于数据。在我看来这个结论当然是正确的，只是我不知道为什么很多人花大量精力去研究个人数据和信息是不是一样的东西，最后研究出来说两者是不一样的。我特别不理解，这个研究有意义吗？当然有很多人可能会反驳我的说法，忽视这个区别表明相关研究是不够精细的，这个区别理应受到重视。其实我想说的是，更值得我们研究的问题是：什么样的商业实践或司法实践促使我们要研究数据（称之为个人信息也罢）的归属与利用？

对数据的利用，应该说很早就有了。举个例子，大家很熟悉的保险制度其实是建立在数据分析的基础上的。有一个本科专业叫“保险精算”，为什么叫精算呢，因为需要分析足够多的样本，至少是特定区域内足够多的样本，然后制定相应的保险政策。以费率的确定为例，计算费率的一个很重要的原理叫“大数法则”，这不就是大数据吗？从保险制度的缘起来算，大数据至少有四五百年的历史了，所以，大数据分析并不是一个新鲜的东西。只是说，计算机技术的发展，使得运算能力已经不可同日而语，甚至现在的运算能力和五年前的运算能力相比，都不可同日而语。举个例子，2007 年的时候，我看到一个说法：全世界所有的信息，以文字形式记载在媒体上的，包括传统的报纸，也包括传统的电视，这类形式的信息占比不超过 4%；而仅仅过了不到十年，在 2016 年的时候，这个数据已经下降到 1.4%。我们再往前推，1985 年左右以文字形式记录下来的信息占比超过 50%。而现在计算机的运算能力非常强大，所以通过数据分析，可以作出更多的预测。

现在大数据很热门。举个例子，2009 年 3 月发生了一个事件，学名叫甲型 H1N1 的流感在美国爆发，而就在流感爆发前的 2009 年 2 月，谷歌的工程师在 *Nature* 上发表了一篇论文，这篇论文到现在都一直有争议。其就是关于大数据的，文章中文名字叫《利用搜索引擎查询数据检测禽流感流行趋势》。文章通过筛选 5000 万美国人搜索频繁的词条，比如说你可能感冒了，你也不知道是流感，就在网上搜索一下“感冒了吃什么药”“我的症状需要吃什么药”。通过对这些词条进行分析，基于过去五年（2003—2008 年）季节性流感传播时期的数据，进而预测美国冬季流感传播的趋势。这篇论文发表以后，美国政府对此没有任何兴趣或者关注，美国疾控中心也没有作出任何反应。结果 2009 年 3 月，美国爆发甲型 H1N1 流感，这一年报告中的很多数据跟论文上的数据是相同的。于是，有很多人说政府总是有滞后性，就借此批评政府，说谷歌做了这么好的事情，政府却对它们的科学成果无动于衷，对大数据不够重视。

这篇论文发表了以后，大数据是不是由此就被重视，然后变成热门了呢？其实并没有。这一点在中国是特别有意义的，因为现在满世界都在说大数据的意义和价值，听不到反对和质疑的声音，但实际上在美国是有的。比如谷歌工程师开发了流感预测系统（Google Flu Trends，GFT），2013 年有人在 *Science* 上发表了一篇文章质疑 GFT 的准确性，虽然有 2009 年那次准确的预测，但 2012 年的那次预测结果是失准的。2013 年这篇质疑 GFT 的文章提出了非常有价值的命题，叫“预测即干预”——“因为你干预，所以会失准，而且你一预测，马上就会有媒体报道，有了媒体报道以后，所有因素都会受到影响，主要是指对人有影响。人们知道了之后就会采取一定的对策，而这个对策就会影响预测结果是否准确。”当然这不是坏事，大家担心冬天流感很严重，于是采取防护措施，结果是流感并没有来。

另外一种质疑的声音是说，虽然 GFT 是在预测，但实际上这只是通过对过去数据的分析得出相关性结论，但相关性结论不等于事物之间真实的因果关系。如果我们把基于统计学产生的相关性结论当成因果关系的话，你会发现这个因果关系经常失准。比如我们把 20~25 岁女性经常检索的关键词拿来分析，就会发现这一类女性特别爱搜“高跟鞋”和“化妆品”，然后你说年轻女性对化妆品和高跟鞋有偏好，这是有相关性的。因为男人不会老搜高跟鞋，也很少搜化妆品，但可能给家人买。所以这个相关性是存在的，女性和她的搜索对象之间是有关联的，但是其和因果性则是两回事。所以作大数据分析的时候，我们拿到结果的时候怎么用，用它来干什么，这个很重要。

我认为我们现在对大数据的分析还停留在比较粗线条的层面上，只是当一个热门话题在关注它、炒作它，在社会科学领域还没有太多的理性分析来表明大数据到底意味着什么、我们用它来干什么、我们分析它能够得到什么。我们说的“预测即干预”“预测失准”这样的理论，也是来自自然科学。量子物理学界很早就提出了“测不准原理”，所以这并不是一个新鲜的东西，而是早就有的。现在你去网上检索，会搜索到大量信息、大量研讨会，但是你会发现研究的内容都差不多。

以上是关于大数据话题的一些例子。*Nature* 也发表过针对 GFT 系统的论文，2014 年的时候就有一篇文章名字叫《谷歌预测预言——大数据分析的陷阱》，所以实际上大数据分析有时候是会误导人的，有可能导致一些不好的结果，例如大数据的傲慢。我们现在都很清楚，在中国除了政府以外谁掌握最多数据，就是那些超级大平台。“大数据傲慢”这个概念并不是新概念，在这篇文章里就提到，这些数据的垄断者很可能会存在“大数据傲慢”问题。所谓“大数据傲慢”就是所谓的“歧视”，从市场的角度来讲就是指可能出现排斥竞争的行为。因此，如果我们真正要对大数据进行全面研究，应该从更多角度、更多方面考虑，而不仅仅停留在研究“数据和信息是不是相同”的问题上。

《民法总则》第 111 条从人格权的思路说，自然人的个人信息受法律保护。如果只是停留在这一步，实际上我们不需要这些研究。黑格尔早就提出这个命题了，我们只需要像黑格尔将作品解释为“人格的外部定在”一样，将人格权理论延伸一下就够了。如果还停留在这个层面，这个研究好像变得很简单。但这显然是不够的，因为数据只有被利用才是有价值的，以人格权理论作为正当性基础来强调对个人信息的控制，意义是很有限的。人格权很重要，在实践中，人格的重要性、价值有多少体现出来？很多时候是没有的。只有人格利益被利用，不管是自己利用还是许可他人利用，它的价值才会体现出来。其实，不管是财产权还是人格权，在不发生利益流转的时候进行赋权、界定权利的含义、肯定权利的属性，实际上只有形式逻辑的意义。

有的人说就是因为没有赋权，没有进行权利制度的设计，所以数据才被任意利用，所以每个人都感到恐慌。我想问大家为什么感到恐慌？是因为没有人给你钱吗？我想多数人不是这样想的，恐慌是源于你不知道你的数据被拿去干什么了。然而，有人格权就可以控制信息吗？人格权是没有边界的吗？这里的疑问是，为什么我们主动把信息泄露出去以后，可以要求别人删除呢？我们必须解释删除的理由，而不能仅凭一个抽象的“天赋人权”这样的理由。

所以，更重要的问题是如何控制（或者说限制）个人信息的二次利用。我们为什么要利用别人的数据？这个问题是后续制度设计的出发点。我们要限制他人利用自己的数据，就必须有明确的权利基础，不能只是说来自人格权，这个任务还没有完成，你还要说出权利的边界在哪里。这是传统的大陆法系的思维，先赋权，然后再讲权利边界在哪里。任何一个权利都必须有边界，否则，很多制度设计就无法进行下去。

我们为什么要利用他人的个人数据，是为了窥探隐私吗？人人都有好奇心，但这绝对不是理由。是为了公共利益吗？若是，那么就涉及对个人信息的范围进行限制，或者对个人信息的保护进行限制。一直以来，知识产权学界存在的一个很大问题就是泛化公共利益，当我们解释不了某个问题时，就说是为了公共利益，为了利益平衡。如果是为了公共利益而利用他人的个人数据，对于个人信息保护进行限制，那么，从什么时候开始限制，限制到什么程度？利用他人数据是为了商业利益吗？如果是，就要回答正当性的问题。你可以去分析别人的信息，产生所谓的二次数据；但是，前提是不是要给数据的来源人——数据宿主——以控制二次数据的权利呢？或者赋予其一项对商业化利用的控制或者反对的权利？我们要选择一个价值出发点进行相应的制度设计，单纯只是说一切源于人格权，是很难把这个制度继续往下设计的。如果说是为了保护人格权，在其边界没有被清楚界定的情况下，后续所有制度设计都没办法进行。

利用个人数据的另外一个理由就是效率。我用了这个词以后，大家肯定能懂得我的方法论是什么。从效率的角度讲，利用个人数据就是为了让社会福利最大化，或者称效用最大化。经济学上有一个概念叫“卡尔多-希克斯效率”，简单来讲，卡尔多-希克斯效率就是一个人的改进会使得自己变得更好，而这种更好使得他可以补偿另外的人因为他的行为所遭受的损失。严格来讲，这是“帕累托最优”的一个理论变形。所以，关于数据要不要进行赋权的问题，归根结底就是我们到底选择人格权还是选择效率？基于我刚才对以人格权为出发点的做法所提出的质疑，大家可能已经明白我的立场和观点——允许对个人数据进行利用并进行相应的赋权显然更有效率。当然，关键是如何进行权利分配。

这种权利分配所对应的制度设计，或者叫权利归属的制度配置不是静态的，最终还是要服务于数据利用。这个制度并不是服务于一个静态的财产安全，而是服务于利用，或者说服务于一个动态的市场行为。可以用什么样的方式去利用、利用的目的是什么，与权利归属是对应的。这么说，我们就会发现，与数据利用有关的权利体系是一个开放的体系，这个制度需要不断地演进，因为对数据的利用方式、利用目的会随着技术的发展、商业模式的变化而变化。

以保险制度的产生为例，我们其实也在利用他人的数据，但那个时候的利用方式是单一的。而现在我们面对的是精准推送这样的商业实践，你把鼠标往搜索栏里一点，搜索栏里马上就会显示出来一些推荐的检索词条（关键词），这就是基于你的检索历史为你进行的推荐。未来互联网还会发展成什么样，未来的商业实践会发展成什么样，我们都无法想象，因为未来数据会以什么方式被利用，我们无法预知。所以数据利用制度不能是一个封闭的体系。如果现在就设计一个封闭的制度体系，肯定是危险的。

对数据的利用可以追溯到天文学，后来是基因学。为什么最早是天文学？很好理解，天上的星星有多少，太多了。基因也是一样，这个数字太庞大了。现在好像所有的学科、所有的社会实践都在和大数据挂钩。所以，未来会发展成什么样很难想象，我们只能根据现在对大数据的经验研究和对过去的分析总结，对未来作一定的预判。而这种预判，我们要很清醒地认识到，它有可能也是会出错的。因此，现在构建关于数据归属和利用的制度必须是一个开放的体系，我们根据现在已有的或者能够预判的商业实践，制定相应的商业规则以及相应的利益分配规则，从而保障实践能够有效率地运行。至于再往后会怎么样，只能说，需要再进行这样的经验研究或者大数据分析，然后往前推进。

举个例子，大家都知道“通知/删除规则”，现在云服务出来了，大家觉得应该对云服务提供者也适用这个规则吗？从一开始我和一些同行就对这个逻辑推演持质疑态度。我们认为，传统的互联网服务提供者跟现在的云服务提供者是不一样的，它们之间是租赁关系。如果互联网服务提供商（ISP）提供的内容涉及侵权问题，而法院判令云服务提供者要删除这些侵权内容，那么，整个云服务商业模式的逻辑就被击垮了。就好比承租人租住在房子里，突然有一天房东开门就进来，说有人投诉你在房子里从事了违法行为，你必须停止。这样的制度安排合理吗？如果法院根本不认可这种区别，而是适用同样的规则，不删除就按照《侵权责任法》第36条判定其承担侵权损害赔偿责任，我认为这是有问题的。

个人数据的利用，这是我们要关心的核心问题。我觉得很多人对“利用”的理解太狭窄了，往往理解为第一层面，就是收集。个人数据的利用包括收集、分析和决策，尤其是决策，往往是容易被忽视的一点，这三个层面构成的整体才能叫个人数据的利用。对于这三个层面，在赋权时可以适用统一的规则，也可以针对收集、分析和决策分别适用不同的规则。所以，我们对于个人数据利用的研究，绝对不只是一个静态财产安全的问题，而是一个动态的行为主义的研究，我刚才举的保险制度的例子就是这样。

从政策的角度来讲，例如当年实施计划生育政策到现在改变计划生育政策，政策的制定和修改，理论上都应当是基于行为主义的研究，都是基于大数据分析的研究。当然有时候科学研究得出来的结论和人的常识是相悖的。比如生活中我们能感受到中国的生育率是1.7%吗？在北京我总感觉不止，感觉怎么这么多人。所以感知和科学研究告诉你的结果有时候可能是不一致的。包括和知识产权相关的激励政策严格来讲也应该基于大数据分析，只是实际情况常常不是这样的。中国政府从1999年开始大规模地开展专利申请补助政策，从绝对数量上看，专利申请也的确从1999年开始大规模增长；但是，大量的低质量的专利随着这个政策产生，专利的平均质量在2010年左右达到顶点，之后就急速下滑。

关于数据利用的制度设计，核心是解决“数据如何利用是合法的”，即我们要明白个人数据可以用来干什么。那么，分析人的行为是为了实现什么样的目的呢？我个人认为，一是披露或者揭示，二是提高效率，三是激励创新，四是提高行动力，五是避免风险。我们为什么要预测？我们开车的时候看到“事故多发地段”的牌子，有多少人视而不见？第一次经过的时候你一定会小心的。但这是指相关性而不是因果关系。如果说这里一定会导致交通事故，那谁还敢往那儿开。对于看到分析结果的人来讲，应该是提高预防能力，规避风险。所以，数据分析的最终目的，或者说大数据这一项工程的核心就是为了预测，其生命力就是预测，价值就在于预测。

为什么用效率作为价值基点？因为既然是基于对人行为的分析进行预

测，就应该将它利用起来而不是搁置起来。数据宿主有过强的控制权、禁止权，数据利用就不可能是畅通有效的，有太多的禁止权显然不是最有效率的，就像经济学上提出的“反公地悲剧”理论所说的那样。如果每个人都有绝对的控制权，每个人都不让其他人利用自己的数据，那么数据还有什么意义？没有了。

当然，制度设计不能简单地在财产规则和责任规则中择一而进行。如前所述，数据利用包含三个阶层——收集、分析和决策，笼统地非此即彼地选择——要么财产规则，要么责任规则，我认为都不合适：如果是完全的、彻底的产权规则，就会导致“反公地悲剧”有禁止权的人太多；如果选择统一的责任规则，我个人的看法是可能导致“公地悲剧”。所以，我们应该对前述不同的阶层进行区分，在不同阶层进行不同的赋权。

首先，要区分数据的一次利用和二次利用。数据利用首先是收集数据，经过分析之后实际上又产生了新的数据，原始数据与经过处理之后获得的数据已经完全不一样了。对一次利用的数据来讲，关键词是识别；而对于二次利用的数据来说，关键词是行为和特征，这是有必要赋权的。数据的收集和分析，其实是需要巨大投入的。有人可能认为这有什么困难？互联网平台每天就产生很多数据，产生数据的同时，收集的过程似乎也就完成了。可是我们需要想想，平台为什么能进行这样的收集？基础平台是其搭建的，虽然边际成本很低，但是平台构建的固定成本以及后续的运营和维护成本是很高的。对数据的分析也需要很多成本，因为一般的计算机系统是处理不了这么大的数据的。个人认为，在数据的分析和处理环节，需要依据产权规则进行赋权，而对于前端的数据收集则不需要进行产权意义上的赋权。因为根据经济学原理，赋权的时候应该将权利赋予能够以最小预防成本控制损害的人，对于经过处理之后产生的数据，赋权给分析和处理者，是符合经济学原理的。

我们所熟知的洛克劳动财产权理论，也是对“为什么可以进行财产权赋权”进行解释的经典理论。洛克认为，财产权赋权有两个重要的条件：一是有劳动附加，二是为社会其他人留下足够多的资源，简单来讲就是“还有社会剩余”。个人认为，洛克的理论也可以用于解释人格权：第一，人的身体或者说主体，与人格利益是紧密结合在一起的，这就是所谓的附加；第二，对人格权的赋权不会影响其他人；第三，人格利益也是社会剩余的构成部分，因而进行人格权赋权的时候，还应当给社会留下一定的空间。对隐私权的赋权，其本质在于，权利人不想为外人所知的信息由其自己来控制。现在，人们不想为外部所知的信息似乎越来越多了，但是，由于社会生活的多元化和网络化，不可避免要对外传递信息，这就是个人信息的主动外溢，想不让他人获悉是不可能的。因此，仍然坚持隐私权的绝对控制是非常没有效率的。一个人去上户口，把姓名、地址告诉派出所，他不会觉得有问题，不会刻意地去强调隐私权。相对应地，在人们于电商平台购物的时候，必须要填写地址，没有绕开的可能性，人们就只能提供，我们不能一方面享受科技发展给我们带来的惠益，另一方面又强调对自己信息的绝对控制。所以说，对数据利用的阶层划分是对数据进行赋权的最重要基础。

我们每一个人对用户数据被他人利用的恐惧，源自不清楚谁会利用它，所以制度设计就是要克服这个恐惧。对数据分析和处理者进行财产权赋权时，根据排他性权利的公示原则，人们自然就能知道是谁在利用数据。如果同时在配置以利益分享的权利，即数据利用所产生的收益在数据宿主与数据利用者之间进行分配，就可以一定程度地消除人们的恐惧。其实，人们对未知的恐惧可以用心理学上的“禀赋效应”予以很好地解释，每个人都是厌恶损失的，失去一定的利益给人们造成的影响在绝对值上要大于获得同样大小的利益，因为厌恶损失，所以人们觉得不能让他人利用自己的信息。生活中我们很多恐惧、很多不乐意、很多质疑都源自于此。

基于用户数据的赋权以及相应的制度设计，我觉得第一步是解决哪些是用户数据，这个我就不展开讲了。第二步就是利用数据产生的相关利益如何在数据来源者与生产者、挖掘者之间进行分配，而这才是核心问题。我国《网络安全法》的立法定位决定着它不可能是关注动态交易，而只能是关注静态安全的。《民法总则》第 111 条关于个人信息保护的规定可以看作是对数据宿主的赋权，但是缺乏可操作性，例如个人信息的范围有多大？其是否能够限制他人对信息进行匿名化处理并加以利用？个人认为，《民法总则》的规定过于注重信息的静态安全，不能满足数字经济时代对个人信息利用效用最大化的需要。

其次是对用户数据如何进行利用的问题。关键要区分数据是主动外溢还是被动外溢，如果是主动外溢，这个时候应该对数据挖掘者进行赋权（当然这只是结论，还需要一个深入的分析）。在制度的激励下，相关主体就有动力收集、分析数据，如果缺乏制度配置，个人信息实际上是处于租值耗散的状态。数据宿主的基本权利是整个链条的始点，《民法总则》对此已经进行了规定，只是什么情况下需要适用《民法总则》第 111 条对权利人给予救济呢？个人认为，只在没有对数据进行去身份化或者去识别化处理的情况下进行二次利用，才需要向宿主提供救济。这是因为，数据的二次利用如果不希望被宿主所完全控制，就必须是去识别化以后的利用，即不能让社会公众在看到数据利用的结果时可以推知该数据具体指向谁。如果数据的二次利用仍然基于可识别性，就属于《民法总则》第 111 条所调整的对象。

与之相关的还有一个经常被讨论的问题，即是否应赋予宿主以知情同意权？如果遵循的是彻底的产权规则，宿主是不应该被赋予知情同意权的，但是，各界大多主张应该赋予宿主以知情同意权。可是，一旦赋予了知情同意权，数据挖掘者与宿主之间的关系就如同演绎他人作品时著作权人与演绎者之间的关系一样，数据挖掘即会受到宿主较强的控制。个人认为，在数据主动外溢的情况下，宿主拥有绝对的控制权——知情同意权——是一个恰当的选择。实际上，考虑对数据利用所产生之收益进行分配时，再进行相应的制度设计即可。如果赋予知情同意权，其实施起来会产生如同传统知识保护中的知情同意一样的效果。在 WTO 多哈回合谈判中，传统知识保护是一个重要议题。很多国家，尤其是传统知识非常丰富的国家，都积极主张赋予传统知识所有者或传承者以知情同意权，由此掀起了一股有关该项权利的讨论热潮。但是，传统知识与数据有根本差别，两者在资源的稀缺性、涉及国家主权等问题上不可同日而语。因此，不能用同一个逻辑来表明也要赋予数据宿主能够控制数据利用的知情同意权。

而在数据被动外溢的情形下，我认为不能赋予挖掘者以财产权，即挖掘者并不因其投入而直接享有任何权益。此时，挖掘者的行为应当受到数据宿主权利（根据《民法总则》第 111 条之规定）的约束。在获得宿主许可的前提下，挖掘者可以获得财产权，道理与土地之上用益物权的产生是一样的。

再次，关于数据财产权的制度设计问题，需要注意以下几个方面的内容。首要的是关于权利归属的问题，具体又包括以下内容：

一是数据处理的双向透明问题。而这是很容易被忽视的。所谓双向透明，是指在数据挖掘的过程中挖掘者与被采集者相互之间均要透明。我们都知道，被采集者对于挖掘者来讲通常都是透明的，但反向看就毫无透明可言了。

二是数据收集者与用户之间的信息不对称问题。对此，如前所述，我们不能依赖于人格权的延伸、通过禁止权的行使来解决问题，而应当进行新的制度设计。用户可能会说，数据收集的双方主体之间存在巨大的经济实力上的差距，由此造成了双方在获取信息能力上的显著差距，基于二者之间的信息不对称，就应当赋予被收集数据的一方以严格的控制权，以便其趋利避害。然而，正如前面一直讨论的，这样做实际上是低效率的，会导致社会整体福利的减少。那么，应该如何进行制度选择呢？其一，应当建立共享机制，比如说平台端口的开放；其二，建立通知制度、保险制度等相关机制，用以解决数据挖掘过程中的信息不对称问题。

三是主动性原则问题。当数据挖掘者基于数据分析发现了特定主体或群体的偏好或行为模式之后，数据宿主可以要求挖掘者把结果提供给他们。例如，网购平台的用户可以要求该平台将相关数据分析的结果提供给他们，这即是主动性原则的体现。

四是数据对等原则问题。我们每个人可能都有过这样的亲身经历，给银行、航空公司或保险公司打电话，不管是投诉还是咨询问题，等打通之后我们一般会被告知“为了保证服务质量，我们将对此次通话进行录音”，那么，我们可以说不吗？必然是不可以的，如果我们不同意，估计对方就挂断了。但我们可不可以这样说呢：“对于此次通话，我也要录音”？我猜电话可能又会被挂断了，这就是典型的数据不对等问题，用户只有完全接受或者离开这两种选择。

最后是数据利用中涉及的相关问题。

一是去识别化的判断标准问题。数据挖掘者对数据进行一次利用时——数据收集的过程——必然知道信息是指向谁的，因而数据的一次利用有特定的指向性。而在数据的二次利用时，如果想不经数据宿主的同意，就必须要先进行去识别化。那么，用什么标准来判断是否完成了去识别化呢？理论上有两个标准，一个是“合理期待”（reasonable expectation），另一个是“严格可能性”（serious possibility）。我们究竟选择哪个标准呢？对此是存在争论的。具体说来就是如何在“opt-out”规则与“opt-in”规则之间进行选择？我们都知道，民法上有一个间接代理制度，被代理人有一项很重要的权利叫“介入权”，蕴含的就是“opt-in”规则。具言之，在隐名代理中，被代理人有权向对方当事人披露自己的身份，从而直接介入到代理人与对方当事人所建立的法律关系之中来。与之相似的，对用户是否可以适用同样的规则来利用个人数据？打比方说，有一天你突然发现某个数据公司对某特定人群正在进行数据分析，可能的目的是将数据分析成果作为产品卖给别的公司，那么，如果你是这个群体中的一员，当你知道这一情形之后是否可以主动披露？这种披露是采取“opt-in”这种路径抑或“opt-out”这种路径？目前，多数人主张的是“opt-in”这种路径，显然，“opt-in”背后的理论基础是人格权。关于这一问题，我们不妨打开思路，思考一下采取“opt-out”的路径会产生何种效应？个人认为，“opt-out”的路径更有利于促进数据的应用，包括消除数据歧视。实际上，社会公众最担心的就是数据歧视。比如银行的信贷业务，目前银行只有放贷或者不放贷这两种选择，实际上，申请贷款者的信用状况并不是只有一个等级，不能认为只要能按时还款大家的信用等级就是一样的，根据不同贷款者还款能力的不同，银行设计出不同的信贷产品是非常有意义的，只是银行现在没办法这样做。但是对比来看，保险公司却可以提供差别性产品，以人身保险为例，不同的被保险人是按照不同的费率来缴纳保险费的，这显然更加科学。另外，很多保险产品不接受70岁以上的被保险人，那这算不算歧视呢？为什么在投保过程中被保险人不过70岁是可以的，但过了70岁再想投保就不可以？很多保险公司没有为这类人群提供保险产品，但实际上他们是有这种诉求的。保险公司可不可以采取一个体检标准，只要70岁以上的人能够达到该标准就允许为其投保。当然，还有一个问题是，对于这样的保险产品，保监会怎么看？是否担心由此造成的所谓歧视问题？

二是逆向激励和道德风险的问题。大家都坐过飞机，我们就以购买飞机票为例。一位美国学者在一次坐飞机时问周围乘客购买机票的价格，结果问完之后他很生气，因为其他人的价格都比自己的低，而且，很多乘客购买机票的时间还在他之后。我们都知道，越到起飞前机票越贵，但是，不要以为每一次起飞前机票都是最贵的。于是，这位美国学者决定展开一些研究，他针对某一个具体航班，收集了过去一年某个座位的所有票价，结果分析出的确存在逆向激励的问题。可以想象，如果是航空公司拿到该学者的研究报告，一定会产生采取“杀熟”策略的逆向激励。这位美国学者还开发了一个软件，通过数据分析来为消费者提供参考，帮助消费者判断什么时候买飞机票是最划算的。但是，如果是航空公司掌握了该款软件，可能产生的后果是：“你们认为我会这样，我就偏不这样。”这同样是逆向激励的问题。

再来看道德风险的问题。这在金融领域是非常常见的，既有金融机构一方的问题，也有消费者一方的问题。前面我们以信贷、保险为例进行讨论时已经涉及了，此处不再赘述。此外，由于我国在金融行业规定的市场准入条件与其他国家不一样，所以很多问题没有显现出来，但是进入大数据时代之后，规制道德风险的制度设计不能一直是空白。个人认为，可以从“成本”的角度出发进行考虑，通过配置一定的制度来加重某一方主体的成本，从而实现规制道德风险的目的，比如说审查义务的配置、通知义务的配置，此外还包括针对数据主动性问题的制度设计。

三是数据寻租与“两反”（反不正当竞争与反垄断）的问题。先来看数据寻租，现在中国拥有数据量最大的除了政府以外还有谁？一定是拥有庞大用户的大型平台企业，聚合平台的出现会使得数据成为更加稀缺的资源。也许大家会感到奇怪，数据怎么会成为稀缺资源呢？道理很简单，因为不是任何人都可以拿到数据，无法收集数据，企业连进入相关市场的第一步都实施不了。所以，获取数据能力越强的企业，自然也就具有越强的控制数据的能力，可以进而实施数据挖掘、分析、画像等，超级平台企业就是未来的数据寡头。

我们不妨以网络游戏产业为例进行分析。该产业的产值非常大。目前，中国网络游戏用户（包括PC端和手机端）已超过7亿，这是什么概念？这意味着中国超过一半的人在玩网络游戏。更细化一下，仅就每天玩网络游戏超过10个小时的用户而言，数量仍在1000万以上。可想而知，现在的互联网公司手上掌握了海量的数据，因而，数据寻租的问题是很现实的问题。未来的制度设计应当针对数据寻租进行一定的安排。形成这种市场结构，第一是由于网络效应，第二是基于平台的定价结构。以大家熟悉的“3Q大战反垄断”案件为例，被告未被判决违反反垄断法的一个很重要的理由在于，其所提供的网络产品或服务是免费的。但是，个人认为，仅仅因为平台不向网络用户收费就认为其定价结构是零对价的，这违背经济学常识。互联网平台本质上是一个企业，其定价结构不是看终极消费者有没有付费，而是看平台企业是如何营利的，从其商业模式中明确平台的定价结构。基于相关市场的界定以及平台在该相关市场的定价能力，我们就能够判断平台的垄断力来源，进而判断其在相关市场中是否具有垄断势力。当然，并不是说我们搞清了平台垄断力的来源，相关市场界定就会变得很容易，其实这是平台竞争中最为困难的问题。比如说今年夏天（2018年）苹果公司准备在手机端软件应用分发市场推行收取30%提成的政策，许多小的APP软件开发商认为苹果公司滥用了其在软件应用分发市场的支配地位，遂向国家相关主管部门提起投诉。我率领团队对这个案子涉及的反垄断规制问题进行了深入研究，核心和重点是相关市场的界定。苹果公司的案子涉及的是APP Store的问题，未来在数据利用方面，也会出现类似的问题。虽然对于用户数庞大的平台，我们都知道其市场势力很强大，但是相关市场界定仍然是争议非常大的问题，特别是其中的反垄断问题。有学者提出在平台竞争时代，反垄断规制中的相关市场界定不再是必经的步骤；另有学者甚至提出相关市场界定不再必要。但个人认为，即使是在分析被诉行为是否产生反竞争效应时综合考虑相关市场的界定问题，也不能认为相关市场的界定变得不再必要，此问题仍然非常重要，只是论证的思路有所不同。个人想强调的是，排除竞争行为的效应只有在特定市场范围之内进行讨论才有意义，即使是将传统反垄断规制的三个步骤综合在一起进行分析，也有必要回过头来明确相关市场的范围。与之相应的，被告要证明自己的行为不违反《反垄断法》，要么推翻原告对相关市场的界定，要么推翻对市场势力的认定，要么推翻有关反竞争效应的认定，只要推翻一个就能导致原告败诉。可以看到，证明构成对《反垄断法》的违反和不违反《反垄断法》的难度是不一样的，当事人所要付出的努力有很大差别。当然，也的确不应当轻易适用《反垄断法》，一个企业做大做强、获得竞争优势是非常不容易的，《反垄断法》不能成为打击技术革新、打击大企业的工具。

数字经济时代，《反垄断法》上有一个很重要的话题——跨界竞争。如前所述，数据越来越成为企业的核心竞争力，在网络技术和数据的作用下，传统的产业边界划分变得越来越模糊这就是所谓的产业融合。熟悉产业经济学或产业组织理论的人都知道，产业结构是非常重要的概念，与产业边界密切相关；平台竞争时代，产业的聚合发展使得传统的产业边界划分变得没有意义，因而平台经济的聚合效应使得产业结构呈现出有别于传统的特性，纵向一体化成为平台企业惯常采用的经营策略。因此，曾经一度备受争议的杠杆理论在平台竞争时代应当重新受到重视，以解决跨界竞争的反垄断规制问题。就“数据驱动型竞争”而言，由于市场力量的传导主要是通过数据来实现的，因而数据垄断问题不容忽视。

过去学者们对杠杆理论的批评，其理由主要在于：（1）纵向行为涉及上、下游之不同市场，经营者的市场力量能否上下传导，缺乏实证证据的支持。举个例子，2009 年可口可乐公司收购汇源案，商务部[1]之所以否决可口可乐公司的收购行为，就是基于杠杆理论，认为可口可乐公司会将其在碳酸饮料市场的市场势力传导到果汁饮料市场上来，但这个决定受到了诸多批评。（2）即便能够传导，这种传导是否会产生反竞争效应也缺乏实证证据的支持。如今到了数字经济、平台竞争时代，芝加哥学派对杠杆理论的批评所依赖的背景或者说市场基础已经发生了显著变化，我们需要思考杠杆理论在新的市场背景下的适用问题。

总之，我们在关注数据利用的同时，也要关注数据寻租和“两反”的适用问题，不能走极端：要么说不让利用，数据由宿主自己控制；要么就是完全放任数据寡头的经营行为，任其利用市场支配地位排斥数据竞争。以上都是不可取的。

当然，数据的权利归属与利用不只是以上三个方面的问题。数据利用过程中涉及的、需要法律规制的问题点还有很多，包括我在开始部分提到的“数据歧视”“大数据的傲慢”“数据陷阱”等问题。今天只是粗浅地和大家

[1] 商务部为当时的执法部门。——编者注

交流了一下目前我的相关思考，未来还需要更加深入的研究。

今天就讲到这里，接下来是和大家进行互动，谢谢大家！

易健雄：非常感谢杨明教授给我们带来这么丰富的信息量。杨明教授主题发言环节，给了我很多信息。比如刚才讲到的利用比归属更重要，归属很重要，是利用决定的，归属是为利用服务的。我感觉这一点跟传统民法学者的思路有很大的差别。还有基于大数据收集造成数据寡头、市场垄断、歧视问题等。我想今天的与谈人肯定也有自己的想法，下面先请马老师跟我们分享想法。

马海生：之前我看到杨明教授 PPT 的基本内容，感觉涉及用户数据的内容很多，并不仅限于民法领域，公法领域也涉及很多，所以内容很庞大。我自己能力所限，没有全部都一一去考虑。有几个问题，我确实感觉自己没有听得很明白，想请教一下杨明教授。

第一是我和易健雄老师都有一个突出的感觉，杨明老师特别强调效率作为制度设计的出发点。如果没有记错的话，他强调一点，人格权的价值在于人格被利用的时候利益如何分配。如果选择人格权作为出发点，制度设计就很困难了，所以选择效率作为出发点。我有一个疑惑的问题，如果以效率作为出发点，不以数据的归属或者具体的权利作为出发点的话，你进行利益分配的时候怎么做？我们对知识产权领域相对比较熟悉，比如说法定许可，对于版权而言自身是没有禁止权的，只有获取报酬的权利，这个时候双方在市场上是无法进行议价的。当然最终解决办法是国家版权局出了一个付酬标准，具体多少支付就可以了。我相信，从杨明老师自己对用户数据的利用进行利益分配的制度设计上讲，我先推测一下，虽然没有讲但是肯定不是由政府出面进行定价。如果靠市场来界定数据利用的价值，进行整个产业链上的利益分配的话，如果有一方没有禁止权，宿主没有禁止权，他如何与别人议价？这个在考虑效率、利益分配时是必须要解决的，我不相信政府能在整个数据产业链中与宿主和各个主体之间进行谈判的时候，有资格、有能力定一个公正的价值。

第二是杨明教授特别看重效率，刚开始我以为他不是很看重人格权，但是听到中间，有一部分又涉及人格权。所以，我没有想明白一个问题——以效率作为出发点或者以人格权作为出发点，在整个制度设计的时候，这两个对整个制度设计的影响是什么？是两个共同作为出发点，还是效率作为唯一的出发点，而人格权只是一个参考因素？这个问题我没有想明白，准确来说是没有听明白。

第三是隐私权的隐私怎么定性的问题。杨明老师提到隐私权的边界，宿主只能控制到不想为外部所知的信息，言外之意就是你主动去外溢的信息就不可能享有控制权，这个在逻辑上是一致的。我本身不是研究隐私权的，只是这个问题确实涉及隐私权。“隐私”两个字更强调的是“隐”还是“私”？也即，隐私权的客体是“隐”还是“私”？这两个恐怕是不一样的。如果是“隐”就是秘密信息，如果是企业就是商业秘密，如果是个人就是个人隐私；但是如果把客体强调为“私”就不一定了。我的个人信息可能完全是公开的，比如杨老师如果是大律师，你会到处发名片，你的电话信息是为人所知的，但是相信你特别不希望跟律师业务无关的人给你打电话。这个时候把隐私权的权利边界控制在不想为外部所知的话，这属不属于“隐私”呢？这更多是民法问题，但是跟我们讨论这个话题有很大的关系。比如王利明教授就不是特别强调“隐”，而是强调“私”。再有台湾有一个大法官——台湾大法官有权解释法律——把“隐私权”解释为空间隐私和私密隐私，私密隐私包括保障人民决定是否披露个人资料以及在何种范围内以何种方式于何时披露等。这里用了“披露”这个词，但是我读起来的感觉，似乎也并不一定要是秘密信息。隐私权，如果特别强调“私”这个方面，恐怕杨老师这个定义和民法的隐私权确实有极大的差异。包括我们看到王泽鉴有一篇文章就谈到美国法公开承认隐私权的问题，和大陆法所理解的“隐”是完全无关的，而“私”是权利的根源。如果这样来理解隐私，那么杨明老师制度设计的出发点，会不会有差异。

第四是后面提到制度设计的时候涉及主动外溢和被动外溢、宿主有没有控制权、数据挖掘者能不能享有财产权的问题。如果是主动外溢的，宿主是不能依照人格权进行数据控制的，如果是被动外溢就可以，数据挖掘者正好和他相反。我没明白的是数据挖掘者基于什么取得财产权？一般意义上我们理解一个财产权，就是你自己付出了劳动，不管是体力劳动还是脑力劳动，或者有投资或者承担了相应的风险等。在这里面，通过区分主动外溢和被动外溢来决定宿主是否有控制权。挖掘者是否取得财产权，和这几个似乎都没有关系。对于被动外溢的，挖掘者没有付出劳动没有投入资金吗？还是说他挖掘的信息对社会没有贡献吗？我自己的感受是，如果按这个标准来区分，从杨老师前面部分所谈的理论基础中，我没有找到这一划分的基础，也许有其他的考虑。

这些是我没有听明白的问题，请杨老师解惑一下。

牟萍：听了这个讲座，受益匪浅。本身我对这个主题也是很感兴趣的。知识产权搞了很多论坛，我从来没有主动要来当与谈人，今天还是第一次。对于数据的分析和挖掘，在座的同学们学过专利数据的分析和提取课程就会知道，其实专利数据也是数据。怎么去获取，怎么采集，怎么清洗、分析，做过一次后，你会发现采集到的个人用户数据，我们叫原始数据的时候是一种状态，经过我们清洗也就是去识别化以后再进行分析的时候是另一种状态，那叫二次数据。在这个过程中，我很赞同杨老师的一个观点：仅仅用人格权来解释用户对个人数据的权利性质可能是不够的，或者是有局限的。他考虑到了财产的性质，这个观点我很赞同。因为无论我们愿意不愿意，数据现在已经成为一项资产，当它成为资产，它就已经具有财产属性。我很赞同我们考虑用户个人数据也就是原始数据的时候，这个时候不只是人格的问题，还要考虑财产等相关的东西。杨明老师的讲座，更多地着重在财产领域，而不是用安全否决掉人格的价值。到目前为止，世界各国在与数据相关的保护方面均出台了很多法律法规以及政策，包括我国 2017 年 12 月 29 日出台的一个技术标准，即于 2018 年 5 月 1 日正式实施的《个人信息安全保护规范》，可见我们不是不保护这些东西。规范里面更多是偏于技术领域，侧重于对隐私也就是所谓人格的保护，重点在于规定应采取什么样的技术措施来完善隐私保护。对于财产这一块，杨老师讲到《反不正当竞争法》，事实上我国也已发生了数起与数据有关的不正当竞争诉讼。2017 年 12 月，德国反垄断调查局在调查 Facebook 利用第三方收集用户数据的时候指出，Facebook 的行为中涉及财产利益的部分构成了违法垄断，德国反垄断调查局作出的反垄断规制初步意见已经发出了。这里涉及的问题与传统反垄断法中的问题不一样。传统的反垄断规制涉及扰乱市场竞争的正常秩序或者说涉及价格歧视；而在这个案子里面，Facebook 之所以能通过第三方去做这样的事情，正是因为其有数据优势。就像刚才说的数据被动或主动外溢的问题，其实有时候用户是没有办法决定是主动还是被动外溢的。比如在国外，要上社交网络，除了 Facebook 以外选择余地是比较小的，这个时候是主动外溢吗？其实是没的选。所以，德国反垄断调查局刚刚作出的裁决认为，社交平台虽然在收集数据的过程中没有涉及经济或者市场上的元素，但是当平台把数据拿过去作后续商业开发时，可能就会利用数据囤积来排除竞争，因而就要进行规制。可能大陆法系很注重人格利益，但现在也开始意识到，用户的个人数据不仅涉及人格利益，也有财产利益。在传统的民法领域内，当个人信息保护还不充分的时候，可适当运用《反垄断法》进行市场秩序方面的辅助性规制。所以，我赞同杨老师数据是有财产属性的这一言论。

我们要先清楚用户数据是什么样的属性，接下来才能讨论其归属问题。从人格这一部分或者说人格利益这一部分来看，无论是第几次加工，数据永远是我们的。对于数据的财产利益部分，可能就要考虑是原始的还是二次的，归属可能就不一样。原始的时候我们可以追溯到这个人或者公司，而进行了数据清洗之后，就没有办法对应具体的个人或公司了。那么，此时还会涉及隐私的问题吗？当去识别化后，就不存在人格利益要归属谁的问题，这个时候数据就是冷冰冰的数字了，不再带有人格在里面，这部分我们就只需要就财产而论财产。财产的加工必然体现了劳动的付出，在这个过程中，数据的挖掘者、分析者，就应当对数据产生一定的权利。

所以我想杨老师是不是想先明确这个前提，然后再花很多精力来分析数据是主动还是被动披露，继而探讨相应之财产权的归属。数据被动外溢的时候，因为宿主没有办法控制数据外溢，这个时候挖掘者就不享有权利，可能杨老师是基于这个路径。但是我对数据主动外溢这部分，希望杨老师再仔细界定一下，你认为何为主动，何为被动？例如在网络社交方面，在中国除了微信、QQ，还有什么更合适的选择？除非你脱离社交，否则你觉得那是主动外溢还是被动外溢呢？美国已经有数据公司制定合约，说反正社会公众上网都逃不掉被收集数据，而个人数据是有财产价值的，那干脆这样，用户跟平台签个合约，平台付钱给用户，反正他也控制不了，不如换点钱来；数据公司收集、处理数据之后再行交易，从中获取收益。而且这种交易已经有人真的在做了，据说已经涉及 1 万多人。因为他们也知道任何情况下都无法防止自己的个人数据外溢，他们也从来没有觉得是主动外溢，只是觉得无可奈何——反正自己也掌控不了，那么干脆进行交易获取收益得了。因此，当涉及用户数据权利归属的时候，按照杨老师的逻辑是建立在区分主动外溢和被动外溢的基础之上，那么主动外溢和被动外溢如何区分是很关键的，希望杨老师进一步给解释一下。

易健雄：马老师跟牟老师提的问题很专业，请杨老师回应。

杨明：谢谢马老师和牟老师，两位老师都非常谦虚，问的问题和评论都非常触及核心。我一开始就申明了，讲的都是我的个人观点，肯定会有不同的看法，非常感谢两位老师的质疑。

说到底，数据利用和权利归属是个利益分配问题。如果以效率作为出发点，利益分配该怎么实现、制度设计怎么完成？首先，效率是出发点，这是由方法论所决定的，不认同经济分析的方法，自然不会认同后续的分析。其次，制度配置的路径，这里可以有两个不同的选择：其一，绝对性、排他性权利的赋予，类似于所有权；其二，即采用税的方式。很多国家在环境保护方面就采用的是税的路径——收取排污费，实际上，数据利用与之非常相似。不过，有些学者也提出，需要将环境权上升为跟作为绝对权的所有权类似的权利，我对此不太认同；在生存、发展与自然资源的保护之间，我们该如何取舍？绝对的环境控制当然是一种选择，但并不唯一。不同路径之间不是对错的问题，而是对特定时期特定国家的特定人群来说，当下什么是最重要的问题。对数据宿主赋予绝对的控制权，这是一种传统的制度模式，但可能不是最好的方式。由此我联想到我们现在热议的另外一个关键词——区块链，该技术运用在法律领域，就是配合合同机制来实现利益分配的目标，由于区块链技术可以保障交易过程的精准且不可修改，因而初始赋权就变得不再重要。

另外想说明的是，前述第二个问题和第一个问题是相关联的，从效率还是从人格权的角度来谈数据利用的制度设计问题，是有不同影响的。个人认为，人格权不是对数据利用的绝对控制权，但是数据利用过程中产生的问题可能会与之产生关联。比如说“隐私”的问题，我所主张的是，人们不能用隐私权来绝对性地控制他人对自己数据的利用，但是不代表人们不可以用隐私权来保护自己的利益。如果数据挖掘者利用他人数据时没有达到去识别化的标准，这就可能涉及对他人隐私权的侵犯，权利人自然可以寻求人格权的救济。隐私的问题其实是一个很复杂的问题，民法学界内部就有不同的认识，更不要说知识产权学界。正如前面举的 GFT 的例子。人们对隐私的看法，正像那句名言所说的“一千个人眼中有一千个哈姆雷特”。也有人说不应用“隐私权”的概念，而应当用“阴私权”的概念，他们认为，只有与性有关的、非常私密的信息才需要用这样的人格权进行保护，其他方面的利益则交给姓名权、肖像权、名誉权等其他人格权来保护。在互联网时代，我们其实没有“隐”了，因为人们必须把这些信息留给别人或者传递给别人。那么，就像马老师提到的，隐私权究竟是要解决“隐”还是“私”的问题?“隐私”的边界其实一直不清晰，我也没有办法给出一个让大家都信服的结论。但是，可以明确的是，“隐私”这一概念并不是中国固有的，中国传统概念中只有“阴”“私”“隐”，但没有“隐私”。“隐私权”概念是从西方引入的，但诸如在美国，隐私权的概念也存在争议，既可以是“隐”，也可以是“私”：有人不想让别人知道他是同性恋，也有人觉得无所谓；再比如堕胎，很多人认为这当然算隐私，但也有人认为这只是阴私。我个人会运用经济分析的方法——从预防成本的角度——来界定隐私权的边界，在这一点上隐私权其实与知识产权很像，很多时候只能在个案中进行判断。比如商标权，我认为并不存在一个抽象意义的、一般意义上的商标权（就像范本一样存在）。

回到数据宿主的问题上来。刚刚两位老师都提到的主动外溢和被动外溢的问题，我个人的区分标准就是控制成本，这与方法论相关。如果方法论不是经济分析，可能就不会认可这样的一个划分标准。主动和被动的边界肯定很模糊，但从控制成本的角度出发，可以从一定程度上解决问题——服务于制度设计的需要。什么时候是主动？我的观点是，宿主不施加任何预防措施所实施的行为，因而导致数据外溢，比如上网，由于实名登记而产生的数据外溢结果。什么是被动呢？比如人们看病所留下的与疾病相关的信息，其一旦外溢都是被动的。对于数据的被动外溢，宿主都有采取预防措施来控制外溢的激励，但控制数据外溢会产生预防成本，此时制度设计应当保障宿主的预防成本是很低的。如果是数据的主动外溢，那就需要宿主付出额外的预防成本，比如用户在新浪进行注册留下了相关个人信息，如果让新浪绝对地保护用户的隐私，任何情形下的数据外溢都要由新浪来承担责任，这显然是不合理的。

当然，我这样简单地解释肯定不能消除两位老师的质疑，这里也无法完全展开，有机会我们再交流。

易健雄：感谢杨明教授的回应。我觉得能不能这样归纳，杨老师一个基本的分析方法是经济分析。在他的心目中，不管是牟萍老师提到的主动、被动外溢如何区分，还是马海生老师讲的“隐”和“私”如何区分，所有根基就是能以最小的成本防止损害发生之人享有控制权。杨明老师进一步讲到，如何界定最小成本之发生，这是困难的问题。

杨明：这当然是一个困难的问题。我们现在讨论具体的制度设计问题，要对财产利益进行赋权，其背后必须有理论和方法的支撑。赋权其实也是一个大数据分析的过程，首先，对过去实际发生的情况进行回归分析，继而提出制度设计；然后，经过一段时期的运行，对制度效果进行验证，看是否符合制度设计的宗旨，从而确定是否需要进行制度改进。如果没有进行严格的回归就设计某项制度，后期检验起来肯定是会有问题的。

易健雄：可不可以这样理解：我们说合理、适当，何为合理、适当，还是要放在司法中来分析才能加以界定，但是不能反过来说通过个案去否定立法层面的合理适当，是不是有这样的比喻在里面？

杨明：可以这么说。

易健雄：各位嘉宾还有什么问题想问的？

杨谊：我一直有个疑惑，就是赋权的问题。我一直在思考这个问题，就是大数据的交易规则。我大的想法和杨明教授是相同的，大数据必须利用和交易来产生经济效益，即脱敏以后的二次利用，不管是作为前面人格权的财产性权益的利用，还是作为赋权以后新的财产权利益的利用。我也写过一些文章，和一些老师讨论，仍然有很多疑惑，例如，数据二次利用以后是不是产生了新的权利？有一些学者称之为数据权，它是不是财产权体系中的一种新权利，像专利权、著作权一样？对此就有很多的质疑。基于大陆法系的权利法定原则，要产生一个新的权利是非常困难的。甚至有老师问我，为什么商业秘密只是作为一种权益来保护，为什么不能像专利权一样是一种法定的财产权？我论证的时候，一直比较疑惑，我觉得我的论证包括论文是没有办法去回答这些老师对我的质疑的。刚才一直在听杨明教授所说的内容，你提到对数据的二次利用进行财产权赋权，我觉得您好像是直接定义了它是财产权，但您怎么消除前面我提到的其他人的质疑呢？

杨明：不论是大陆法系还是英美法系，本质上其实是一样的。大陆法系的权利法定原则，是对设置排他性权利的要求，不管是人格权还是物权都一样；英美法系所讲的赋权（entitlement），也必须是在法律上予以明确规定。我的意思是说，对数据利用产生的权利应该赋权，整个数据利用涉及的权利链条包括三个不同的阶层——数据收集、分析和处理、再利用。那么问题就来了，我们是对整个链条进行一体化的赋权？还是说针对不同的阶层进行不同的制度安排？比如，对于数据去识别化之后的利用，对数据挖掘者进行赋权是否就意味着对宿主采用了“责任规则”来保护其数据权益？但是，两种极端的做法——要么都用责任规则，要么从开始到最后都用赋权的方式——都不是一种好的立法选择。所以，我个人倾向于区分不同的阶层进行相应的赋权。

其实，大陆法系在所有权的赋权问题上，并没有对其合理性给出充分的论证。大家比较熟悉的是洛克的劳动财产理论，多少年来，似乎是因为洛克这么说了，所有权产生的正当性就被证成了，进而洛克的理论又被延伸用于证成诸如专利权、著作权的正当性。经济分析的方法能够为我们提供另外的视角来看待赋权问题——赋权对非权利人产生了何种影响？其规避侵权的成本是高还是低？如果赋权使得非权利人的预防成本更高，那么也就是导致了效率下降。刚才我也提及了卡尔多—希克斯效率。赋权是一种制度改进的表现，如果制度改进没有效率，那么赋权就是失败的；反之才是好的、积极的赋权。

易健雄：你所问的是二次利用以后产生的数据权利的正当性问题，凭什么正当化，这个思维是一个传统的思维。我们产生新知识，必定会问凭什么产生，甚至有人问过所有权凭什么产生。杨明老师作了一个回应，就说所有权有时候也没有讲清楚是怎么来的。

今天的主题从数据利用开始，原始数据是起点，而且带有明显的个性色彩，基础有人格权，这是第一个，没有问题。第二个环节是最重要的环节，从原始数据到数据挖掘之间的连接点——杨明教授用的是去识别化，牟萍老师用的是清洗，陈处长用的是脱敏——反正就是最后不指向特定的身份了，大数据也是从个性到共性继而进行群体分析的一项工程。脱敏也好，清洗也好，去识别化也好，这是一个什么样的行为？是创作行为还是加工行为，这个是要考虑的。如果是原始创作，是完全可以产生一个新的权利出来的。我这个思路跟杨明老师经济分析思路是不一样的，看这个思路能不能给陈处长一点启发或者给同学们一些参考。

邓宏光：我今天很有收获。大数据、人工智能是我们现在的热点，我们研究问题的时候，一方面，要看到事物的内部结构，比如说数据宿主与数据采集者或开发者之间的关系，如何理顺他们之间的关系；另一方面，能不能从里面再跳出来看，也许从相对方向可以得到一定的启发。大数据是未来发展的趋势，这不是说我们中国自己的几个公司之间进行比拼，而是中国与国外尤其是美国公司之间的竞争，是数据巨头之间的对战，以及国家和国家之间的对抗。可以说，这种竞争是一种数据战争。

在这种情况下，如果从国家层面来看，也许第一个阶段是要推动大数据产业的繁荣发展。这个前提如果大家能接受和认同，那么首先就要想，我们怎样给大数据公司解绑，而不是先划定条块，进行分割。以互联网公司近十多年的发展来说，互联网产业使得我国在社会整体上都获得了福利增长、竞争优势，这与我国之前这些年对互联网公司、互联网行业管制相对宽松有一定的关系；同样的道理，我国的数字经济要得到积极发展，监管层面上就先要松绑，后面再规范和调整。这似乎在中国来讲是比较成熟的经验，包括改革开放等方面，都是先尝试，试的时候就“放”，出现问题我们再调整、修改、规制，然后再成型。

因此，如果我们这个模式可行，对大数据来说，也许第一步是怎样“放”。这里面可能会涉及的，除了政府激励政策之外，还有一个就是私的因素，因为大家都有“数据泄露”的恐惧。就像杨明教授说的，我们每个人无法知悉自己的数据会被其他人怎样地利用而产生恐惧，所以，很多人原发性地对大数据的开放及使用持谨慎的甚至是敌视的态度。但是未来的发展趋势，确实每个人都是透明的，这个趋势是不可阻挡的。未来每个人都是个符号而已，既然是符号，与符号相关的东西就都是透明的。现在拥有数据最多的不是两大巨头，可能就是政府，未来我们每个人会更加的透明。

我们的恐惧和排斥是基于现在的数字经济实践而产生的，未来越来越透明，那么我们只能这么持续地恐惧或排斥下去吗？我们的制度设计能不能看向五年、十年甚至一百年之后？如果我们的制度设计有助于推动中国的大数据公司、大数据产业的发展，有助于大数据产业对社会各个层次、各个方面的福利提升，那么一定程度地牺牲私人的部分利益也是可以的，因为赢在未来。正因为如此，在考虑“内”和“外”的关系，包括宿主与开发者的权利时，我很赞同杨明教授强调的，我们所有的一切要以效率为核心，包括他前面提到的从隐私权里面衍生出商品化权、公开权——这种公开权实际上是财产性权利，很大程度上来说就是现实生活的需要慢慢推演出的一种规则而已，这是一点感受。

易健雄：感谢邓老师的分享，邓老师的感受比我的感受带有更强烈的市场利益色彩。放眼全球，大数据是将来的大势所趋，我们现在不要讲归属，归属讲的是分蛋糕。我们讲的是做蛋糕，先把蛋糕做大再考虑怎么分，这个思路其实也是有启发性的。我们法学要考虑跟市场、产业、社会的关联。

因为时间关系，老师的提问就到这里，我们把最后的时间交给同学，给同学三个提问的机会。

学生提问 1：杨老师好，我想问一下，你讲二次使用是有赋权的必要的。二次使用是去识别化、去身份化的利用，当事人无法识别的话，怎么通过被动性外溢主张权利？老师直接把权利赋予了挖掘者，因为当事人是无法看到自己的信息是否被利用的，这里的逻辑我没有太听懂。

杨明：去识别化是利用的前提，宿主是怎么发现个人信息被利用的？在实践中，这个肯定是倒推回来的。进行利益分配的制度设计时，我们需要打通数据利用所需之通道，不能用数据宿主的人格权来绝对地控制这个通道，而是应该建立相应的配套机制，如设置数据对等原则或者主动性原则。比如说淘宝平台，其应当定期公布在某个时间段里对什么样的数据进行了分析，在特定情形下还应做到算法公开。未来的数据利用所需的制度设计会更加复杂，但基本点是前述之通道是连续的、不能有阻塞。所以，不是说去识别化本身是一种利用，去识别化只是利用的前提，该机制是为了保障数据利用的通道是连续的。制度怎么设计，有不同的方案，去识别化是说让利用者不知道来源（宿主）是谁。比如我是数据公司，我对数据进行分析以后做成产品卖给另外一家公司，这家公司不会知道数据针对的是谁，这时候可以对数据开发者进行赋权，数据利用的方式不能仅限于传统的许可。再比如说你是我的会员，我可以给你相应的积分、优惠，以便你在将来的各种交易中获得各种不同的好处，这种好处是利益分配的表现形式，而不是产权规则意义上的财产交易。数据产品是挖掘者的，跟宿主没有关系，只不过我们在制度设计上要给宿主留下利益分享的空间，他对数据产品并不享有财产权。这里还有一个问题要澄清，英文里面的“property”跟中文的财产权不是完全对应的，“property”可能是财产利益，也可能是产权；而“property rule”是大陆法系中排他性财产权的救济方式。所以我们每次使用“property”的概念时，需明确我们究竟是何指。“property rule”

是制度经济学上的概念，以这种方式来保护财产权，就是赋予权利人以禁止权，非权利人未经权利人同意，不得使用其财产。

学生提问 2：杨老师你好，我帮没有来的同学问一个问题。用户数据与个人隐私之间的关系如何界定？他举了个例子：一个用户在单位电脑上进行网络浏览，产生了浏览信息和用户数据，就这些信息和数据来说，哪些算是个人隐私的范畴？

杨明：这就要看所留下的是什么样的痕迹了。数据利用旨在分析人的行为，所以数据分析的核心生命力是预测，而预测也是针对行为的。围绕分析对象的行为，商家可以提供相应的产品，政府可以制定相应的政策，等等。一个人利用单位的设备上网，留下了什么痕迹？这个痕迹指向谁，谁就是宿主。在分析的时候，如果留下的痕迹是经常访问的网址，这就可能被识别为是单位，比如他总是利用单位的电脑和网络上黄色网站，结果数据一分析认为这是单位的行为，只不过该结果对数据公司来说没有意义。

学生提问 3：我想问一个问题，正好是今天出现的问题。支付宝今天在发账单，涉及一个芝麻信用让大家确认同意，就引发了一些问题：如果我们同意了，那我们的信用数据就会变成财产利益，芝麻信用可以拿来与第三者分享，分析我们信用方面的状况，可能会和银行、保险机构等共享。这种情况下，看似是我们主动外溢的信息，我们的授权也是概括性的授权，即同意对信用信息进行授权；但是，如果数据应用之后出现风险，后果又由我们本人来承担。具体而言，数据利用的财产性利益我们没有得到（因为这些数据是那些机构拿去分析然后加以利用的），而在数据共享之后，我们借不了款了——这个风险是我们本人来承担的，那这样算是利益平衡吗？我们贡献了我们的数据，但是最后由我们来承担风险。

杨明：这个问题对于制度设计是非常重要的。我们的疑惑在于现在的制度设计解决不了你的疑惑，而我们现在就是要针对这些症结进行制度设计。

在我讲的例子里面，有些金融机构拿了一大堆数据不敢用，就是因为这些公司法律意识比较强，但也有很多公司就正在用，数据歧视、大数据的傲慢就是数据利用所产生的问题，制度设计就是要怎么样去填补法律漏洞。比如说数据挖掘行为，挖掘者只是对数据产品享有产权，如果他在利用的过程中损害了数据宿主的合法权益，宿主就可以寻求相应的法律救济，这是整个数据归属和利用机制中的重要环节。当然还有一个问题，个人维权的成本很高，其实所有的维权问题都存在这一问题，我们需要设计出相关的制度去解决维权成本问题，而不能走极端，从根本上排斥数据利用。

学生提问 3：补充一下，芝麻信用的服务规则中有一条是“您已充分认识到您的收入、存款等信息存在被提供和使用的风险”，因而，消费者只是概括性地授权说“我知道了”。但是，风险真的发生时，消费者只能依赖其他的权利——比如是谁侵犯了我的权利我就去找谁——来寻求救济。这就又涉及合同的相对性问题，我们答应了把信息给平台，但是我们出现问题的时候，又只能找侵权人寻求侵权法的救济。请问：能不能进行制度设计以便消费者能够追究违约方的责任？但是，平台规则往往在条款中规定了各种规避情形，即一旦出现风险平台是不负责的，如何解决平台利用自身的强势来逃避责任的问题？

杨明：这个问题问得很好，我简要回答一下：其实芝麻信用被批评最多的就是你说的这个问题，未来制度设计一定是利益争夺的决斗场，一定会激烈博弈的，需要进行制度设计的地方很多。另外，关于现有制度的利用，比如说产品责任制度，未来这个制度可不可以应用到数据产品之上？对数据挖掘者进行产权赋权，不代表他可以逃避产品责任，我们可能需要一个理论上的转变，将数据产品纳入产品责任的范畴。制度运行肯定是有成本的，具体个例中因为成本巨大而放弃维权是肯定存在的，并不是所有的个体性问题都能通过制度来解决。我个人认为，制度设计层面所需要解决的问题，是社会整体福利的考虑。

易健雄：最后我想说几个感谢。一是再次感谢杨明教授专程从北京到西南政法大学来分享用户数据的归属和利用这么一个重大热门的问题，带给我们很多有利的信息。二是感谢各位老师积极热情的参与。三是感谢在座的同学们，在这个寒冷的冬夜过来参会。四是感谢会务组人员辛勤的付出。感谢各位，讲座到此结束！

文字校对：胡　捷

内容核校：王广震

整理说明：根据现场视频及速记整理，已经主讲人审阅。

第二十讲

商标法不能承受“恶意注册”之重：挑战与应对

主　题：商标法不能承受“恶意注册”之重：挑战与应对

主讲人：汪　泽　北京君策知识产权发展中心主任、中国知识产权法学研究会常务理事、国家知识产权专家库专家

主持人：易健雄　西南政法大学副教授、重庆知识产权保护协同创新中心副主任

与谈人： 任　萍　西南知识产权集团董事长
　　　　袁　野　重庆西南商标事务所有限公司总经理、重庆商标代理行业协会会长
　　　　邓宏光　西南政法大学教授、博士生导师
　　　　黄　汇　西南政法大学教授、博士生导师

时　间： 2018 年 3 月 25 日

地　点： 西南政法大学渝北校区致理楼三楼民商法学院会议室

易健雄： 首先，让我们以热烈的掌声欢迎今天的主讲人汪泽先生。汪泽先生在知识产权领域，尤其是商标领域是一个知名品牌，绝大多数人都听过汪老师大名。他现在是北京君策知识产权发展中心主任，曾在原国家工商行政管理总局（以下简称“国家工商总局”❶）商标局、商标评审委员会（以下简称“商评委”）工作过十多年，后来又担任中华商标协会副秘书长。汪老师还多次参加立法相关的起草工作，比如《商标法》第三次修订，他就曾经是起草小组的成员。汪泽老师称得上是商标领域的“中国好声音”，他的声音值得咱们认真地倾听。

另外，今天的讲座特意邀请了几位嘉宾与谈人，一位是大家都熟悉的邓宏光教授，这是咱们知识产权学科最具活跃力的老师。还有一位是西南商标事务有限公司的总经理，也是重庆商标代理行业协会的会长袁野先生。袁总有二十多年的知识产权从业经验，可以说无论是理论造诣还是实务经验，都是很深厚的。当年黄晖博士在这里作中国知识产权名家讲坛讲座的时候，袁总也是与谈嘉宾。我相信，袁野老师和邓宏光老师今天会带给大家他们的思想精华。

还有一位重量级客人孙海龙教授，他是（重庆）第四中级人民法院院长，也是咱们学校的兼职教授，我本人以及西南政法大学师生都领略过孙院长的风采。还有一位是西南知识产权集团的董事长任萍女士，任萍女士是西南地区知识产权实务界的大腕，她被评为中国 2016 年度商标领军人物，她今天也

❶ 根据讲座的时间点，本篇采用机构改革前的旧称。

专程到会场来。任萍女士以及她带领的西南知识产权集团和咱们知识产权学科形成了战略合作关系。同时，今天黄汇教授也到了现场，黄汇老师对知识产权、商标也是非常有研究的。

接下来，把时间交给今天的主讲人，他演讲的主题是商标法不能承受“恶意注册”之重：应对与挑战。有请汪泽老师！

汪泽：各位老师、同学们，大家周末好！这个讲坛是名家讲坛，之前和之后来的都是知识产权界的知名专家学者，今天晚上的不是，今天只是一个有“名”字的人用一个小时时间发表一下一“家”之言，姑且也叫“名家”。今天跟大家分享的主题与商标法领域的恶意注册有关。我们一开始商量讲什么题目的时候，我想到商标法领域有很多现象给社会和商标法制度本身带来的负担过重，当时就选了一个题目叫“商标法不能承受之重”，后来觉得这个题目给大家交代的不是很清楚，就选择了恶意注册这条线，恶意注册现象的频发，决定了商标法制度和实践需要进行改革和创新，所以最后形成了这样一个题目：商标法不能承受“恶意注册”之重：挑战与应对。

首先和大家分享一个故事，有个微信公众号曾发过一份商评委的裁定，涉及一个商标标志有没有不良影响的问题。我推测可能是小编认为这个标志没有不良影响，就在推出裁定的同时附加了一个故事，说的是苏东坡与佛印大和尚参禅打坐，后来苏东坡突发奇想就问佛印：“我在你眼里像什么？”佛印说：“你像一尊佛在我眼前。”苏东坡又让他猜：“你知道在我心里你像什么吗？”佛印说不知道，苏东坡说：“你在我前面这样坐着，像一堆牛粪。”（笑声）这实际上是一段调侃，回去之后苏东坡和他妹妹说起这个事，他妹妹说：“你眼里有什么，你就能看到什么，人家佛印大和尚心里有佛，就说你像佛一样，你心里有什么，你自己应该很清楚了。”这个故事附在那个裁定后面，可能有暗讽的意思，暗讽在商评委审查员眼里这个商标有“不良影响”就认定该商标有不良影响。在商标法领域，可能大家所接触、所掌握的知识或者见闻等不一样，所以就相同问题得出的结论各异。比如商品类似不类似，两个标志近似不近似，每个人看法不一样，最后解决问题的办法是什么？那就是表决，少数服从多数得出结论，所以很多情况下是仁者见仁，智者见智。

当时商评委裁定的是这样的案子，商标标志就是这四个字母“MLGB”，同学们看到这四个字母的时候会想到什么?（一句骂人的话）这说明大家非常年轻，很多人认为自己就没有想到这层含义，所以他们认为这个商标没有不良影响，但是商评委认定有不良影响。审查员认为这是青少年经常在网上用的一句骂人的话。申请人认为这四个字母不是这个意思，是一句英文“我的生活越来越好”（My Life Gets Better 的首字母缩写）的意思，也有人认为这四个字母没有任何意思。商评委裁定认为社会公众并不理解申请人所述的含义，社会公众大部分人还会将其与骂人的话联系在一起。当然也有人认为商评委的裁定更强化了这四个字母所包含的消极含义。申请人不服，诉诸北京知识产权法院，一个法官加两个陪审员作出了一审判决，判决书上面写了多数人意见和少数人意见，少数人认为没有不良影响，说跟骂人的话联系不是很密切，最后多数人认为还是有不良影响的。所以，商标法里面很多的问题，就是一个少数服从多数的问题，没有绝对的正确和绝对的谬误。

今天讲的只是我个人的见解，并非共识。商标法不能承受之重的“重”，主要体现在四个方面：第一是商标大国，例如，我们是知识产权大国，对于我们从事商标、知识产权实务工作的人员来说，我觉得是比较沉重的负担；第二是我们国家的商标申请量从以前每年十万件增长到现在百万件，基数越来越大，增长比例越来越高，我个人认为是有些失控；第三是与商标申请量剧增不匹配的商标注册程序，如果不对商标法程序进行重大改革，就会给行政机关带来越来越重的审查任务，商标注册申请人承担的责任会越来越轻；第四是恶意注册，我们商标大国是因为什么而“大”，有相当一部分商标是恶意注册或者囤积商标，还有一些是正当经营企业和知名商标企业的防御性注册商标。围绕如何看待和应对上述之“重”带来的挑战，我讲四个方面的内容，供大家批评指正。

一、商标大国的喜与忧

（一）“商标大国”还是“商标注册大国”

“商标大国”？我在商标局、商评委、中华商标协会工作近二十年。有一天我突然发现，我们所宣传的商标大国或者知识产权大国这两个概念有问题。

我个人认为，现在只能说是“商标注册大国”，而不是“商标大国”，我们所说的“知识产权大国”也是如此。因为，虽然中国知识产权登记或者授权量在世界上是大的，但是专利转化率排多少位？我们国家有效商标注册量将近1500万，有多少商标是大家在市场上能看到的？商标有没有活起来，有没有真正起到商标的作用？2017年商标申请量达到574.8万件，比2016年增长了55.7%，基数保有量越来越大，增长幅度也越来越大，今年（2018年）可能突破700万件。这样计算的话，我们商标申请量占世界总量的80%。当然这也涉及统计口径的问题，世界上多数国家统计商标申请量的时候，按照一标多类制度，比如一件商品在1~45个类别申请注册，在欧盟只算一件商标申请，而在中国算45件。中国现在一标多类制度效用不是很大，所以很多企业不愿意用。现在有企业在申请商标的时候，优秀代理人可能都不会建议其采用一标多类制度。国外的一标多类制度与商标申请的分割制度是密切配合的，它们可以将一标多类的商标申请分割成一个类或若干类的申请。因此，统计口径对商标年度申请总量的影响不大。

截至2017年底，我国商标累计申请量2784万件，累计注册量1730万件，有效注册量达1500多万件。这么多年，商标申请量呈成倍增长态势。商标申请量的成倍增加，可能与我们国家的重大改革，即商事制度改革有关，其中有一项登记制度改革，使市场主体的登记越来越方便。市场主体的增长呈现井喷的态势，2016年国家工商总局局长张茅在“两会”部长通道说，中国企业年均增加550万户，一天就有1.5万家企业产生，同时每天也有3700家企业退出。今年（2018年）他在发布会上说，到2017年每天有5.2万户市场主体产生，跟商事制度改革之前相比增长幅度很大。当时他说预计2018年3月，全国市场主体会达到1亿，他在2018年3月1日的时候说是9960万，果然3月16日这一天，在北京市工商局登记产生了全国第一亿个市场主体，当时新闻媒体报道形容市场主体“井喷式增长”。市场主体的增加，必然会带来商标申请主体的增加。大家知道现在人们的商标意识越来越强，所以很多人还没有申请登记企业的时候，就想着注册商标；申请登记企业以后，第一件要做的事可能就是申请商标。加上我们现在不断地说教“产品未动，商标先行”。这就是导致商标申请量越来越大的原因之一，但不是主要原因。如何判断是“商标大国”还是“商标注册大国”，还可以考虑以下两个方面的因素：

一是商标的产生方式。商标并不需要实际使用，通过注册行为，商标局颁发商标注册证，一件商标就产生了。当这个商标仅仅停留在注册证上，或者放在档案柜里，这个能不能叫商标，起不起商标作用？当然是不起商标作用的。如果一个商标没去申请注册，直接出现在产品或者宣传上，这时候有没有起到商标作用？是起到了商标作用的。因此有两种方式产生商标，一种是注册，一种是使用。我们国家现在1500万件有效商标，指的就是1500万件注册商标，而不是市场上实际发挥识别商品来源作用的商标。

二是商标的功能。区分商品来源功能是最基础的，后来逐渐发展出品质保障、广告宣传功能。商标作为财产，为什么要对其进行保护？因为商标通过实际使用产生了商业信誉，这就是它作为财产被加以保护的正当性。从保护消费者利益方面来说，商标法很多制度设计就是为了避免消费者混淆，商标侵权中所说的“容易造成消费者混淆”，就是通过最基本的功能——区分来源的功能来保护消费者的利益。学者对没有被实际使用而仅仅是注册的商标有很多不同的看法：人民大学的刘春田老师称之为“形式意义上的商标”❶；李明德老师认为商标注册不是财产性权利的获得途径，而是获得一项程序性权利❷；当然也有学者不同意他们的观点，认为它就是一个商标，应该受到正常的商标权保护。从2013年《商标法》的修改内容来看，其更强调了商标使用，比如规定在侵权案件中，侵权行为发生的前三年，原告的商标没有实际使用的，被告可以不承担损害赔偿责任，这是商标法制度逐步往使用上回归的迹象。

（二）“商标大国”的隐忧

商标申请量的增长从积极的意义上来说，是全社会的商标意识都增强了，但是我们现在应更多地看到存在的问题。我国为什么会成为“商标大国”？除企业正常经营需要注册商标之外，还有这样几种现象：一是防御性注册，通常是指高知名度商标的所有人为防止他人在其他类别上注册相同或者近似商

---

❶ 刘春田．商标与商标权辨析［J］．中国专利与商标，1998（1）．

❷ 李明德．商标注册在商标保护中的地位与作用［J］．知识产权，2014（5）．

标，只好自己先注册。现在商标服务代理行业有很多人在对大型企业提规划建议的时候，可能都会建议1~45个类别先都占上，这就是防御性注册。他可能不会使用，但也会注册商标。二是闲置商标，就是指很多企业注册商标之后，闲置在那儿并不实际使用。三是囤积商标，有点像恶意抢注商标，很多民事主体其实根本没有能力去用但却去申请大量商标注册。这类商标注册的目的就在于注册以后，在市场上寻找目标，要么找买卖的对象，要么找侵权行为。一个正常的商标权利人是否希望侵权的发生？肯定是不希望的。而对于囤积商标人来说，他就是在家里坐等侵权的发生，他希望侵权人越多越好，这样就可以通过转让商标变现或者通过民事诉讼提升它的价值。上述现象带来了几个方面的隐忧：第一个隐忧是注册商标越来越难。在有将近1500万件有效注册商标的情况下，一个正常经营的企业再想申请商标就变得越来越困难，这也是现在很多从事商标交易的网站或者服务机构的生命力所在。因为很多人认为注册商标这么难，不如买一个算了，而且很多商标买卖网站也是这样宣传的。第二个隐忧是“商标注册产业化，注册商标商品化”。在我们国家出现很多把申请商标作为生意，注册以后把商标变为商品的情形。商标的价值是通过功能的发挥，产生商业信誉以后才有价值。而现在拿到注册证后，商标本身就成为商品，就直接产生价值了。第三个隐忧是商标审查任务越来越重。不知道大家有没有看到过一篇报道，主题是“一个商标审查员的一天”。一位审查员每天会比对一个申请商标和在先的三四万个商标是否构成近似。以图形或者含有图形的商标申请为例，商标局首先要划分该图形的图形要素并录入计算机系统，在审查时计算机系统会根据图形要素将相同或者近似的图形商标调取出来，供审查员进行比对。计算机一个屏幕显示8张图，如果调出几万张图，要显示多少屏才能看完?！为了解决审查效能问题，国家工商总局在广州、上海、重庆设立了3个审查协作中心、123个商标受理窗口、58个商标专用权质权登记申请受理点，接下来还会在郑州设立一个审查协作中心。

（三）商标注册的性质

当下大家热衷于注册商标的原因之一就在于认为商标注册是国家授权，不论是否使用都受保护，都有利可图。商标注册行为性质是授权还是确权？

还是既是授权行为也是确权行为？在学术界有三种不同观点：一是确权行为。行政机关从有《商标法》开始，一般都会采用这种提法，认为商标注册是确权行为。在商标申请注册过程中，行政机关经过对商标申请的形式和实质审查，认为没有违反《商标法》的规定，就会确认一个商标标志和特定商品结合起来产生的一个权利归属于谁，这是比较通俗的理解，并不能严格等同到行政法上的行政确权行为。二是授权行为。认为行政机关在审查以后以国家名义把权利授予民事主体，但是商标法领域的学者们大多不同意这个观点。因为最基本的逻辑就不通，一个民事权利（私权）怎么能通过行使公权力的行政机关授予而产生？三是行政确认。清华大学的冯术杰老师结合行政法进行研究，他认为行政法上跟授权确权有关的行为有三种：一个是行政许可，民事主体本来不能做什么，通过行政许可以后就能做了；二是行政赋权和行政给付，就是颁发营业执照这样的行为；三是行政确认，即行政机关对商标申请注册行为的确认，申请人提交了注册申请，行政机关经审查认为符合《商标法》，对其行为合法性进行了确认，确认结果是由申请注册行为产生了商标权。这是从行政主管机关的角度来看，认为商标注册行为符合行政确认的性质。❶

西南政法大学张玉敏老师对此有过论述❷，从权利人的角度来解释这个行为的性质，她认为商标权是财产权，属于准物权，直接使权利发生的行为是设定权利的行为。商标申请注册行为是一个设权行为，结合民事法律行为理论来看，商标注册行为是单方的要式民事法律行为，所以得出的结论为商标注册行为是设权行为。张老师不同意它是行政确权行为，她认为行政确权首先要有一个权利的存在为前提，然后由国家主管机关确定权利是归 A 还是归 B。

“商标授权确权”的概念是怎么来的？在《国家知识产权战略纲要》首次出现“知识产权授权确权”提法之前，在专利法领域的提法是“专利授权行为”，在《商标法》领域的提法是“商标确权行为”。最高人民法院知识产权庭在制定 2010 年《关于审理商标授权确权行政案件若干问题的意见》时采用了“商标授权确权”的提法，并在征求意见稿中试图对“商标授权”和

---

❶ 冯术杰. 论注册商标的权利产生机制［J］. 知识产权，2013（5）.

❷ 张玉敏. 商标注册与确权程序改革研究［M］. 北京：知识产权出版社，2016：61-65.

“商标确权”进行区分，即商标驳回复审和异议复审是授权行为，撤销复审和商标争议是确权行为。在征求意见的过程中，认为此种划分理由并不充分，最终删除了相关条款，但文件名称仍使用了“商标授权确权”，后来行政机关渐渐地也使用“商标授权确权”这一概念。

从申请人的角度来看，商标申请系创设一项民事权利，即通过特定的程序取得一项权利。而对于行政机关来说，其所进行的一定审查，就是确认行为本身有没有合法性，如果有合法性就产生一个权利。在设权过程中还有一个因素要考虑，就是社会公众，一个权利的产生不能影响其他人的权利，这就需要社会公众参与，即社会公众确认一个商标申请行为是否符合法律规定，这就是商标法上设有公示、公告制度的原因所在，如初审公告和注册公告。另外，还有商标异议制度，即商标初审公告之后设定了三个月的异议期，这就是行政机关在确认一个权利之前征求公众意见的时间。因此，商标注册产生权利的过程是申请人设权行为和行政机关确认行为的过程，因注册产生的商标权是两者结合的产物。

二、遏制商标申请量快速增长的路径

（一）申请主体资格

实际上我们国家对商标注册申请人的主体资格原来是有限定的。1982 年的《商标法》明确规定只有企业、事业单位、个体工商业者这三类主体可以申请注册商标。2001 年中国加入 WTO，《商标法》需要和 TRIPS 保持一致，一个重要的表现就是把“个体工商业者”删掉，以“自然人”取而代之。当时修改的主要理由是说国外的自然人到中国申请商标是没有限制的，对中国人有限制，给外国人以超国民待遇。商标局在 2001 年《商标法》通过以后，解释本条理由主要有：一是原来的规定“内外有别”，也不符合国际惯例，有“苛求国内自然人”的弊端，不利于农村承包经营户申请注册商标，也不利于著作权人、专利权人防范商标抢注行为，不利于财产的继承。二是虽然当时有人担心申请主体放开为自然人以后，商标抢注之风可能会愈演愈烈，但是商标局修法的小组成员认为这是对商标抢注原因的误解，说这是恐抢症的表现，根本原因不是抢注者的身份，而是制度的疏漏。要从根本上解决商标抢注的现象，只有在完善商标确权程序上对症下药。这就是为什么世界上大多数国家都不限制，放开注册主体是对商标制度的完善。实际上通过这几年的表现，我认为当时修法的这个设想已经落空了。三是新规定取消对自然人申请商标注册的限制，体现了中国法律界对商标权是私权在认识上的深化。新规定为那些目前虽不从事但准备在未来不太长的时期内从事工商业经营的人提前注册商标提供了便利。我当时请教他们，如果有人在“飞机”商品上注册商标，实际他又不使用，怎么办？得到的答复是“过三年再撤销”。

从2001年《商标法》开始实施，一直到2006年，在那个期间商标申请量增长很快，商标局意识到重要原因之一是自然人可以申请商标。因此，2007年初商标局颁布了《自然人办理商标注册注意事项》，将商标申请主体缩限为个体工商户、农村承包经营户和其他依法获准从事经营活动的自然人。收回来的依据是什么呢？就是《商标法》第4条“对其生产经营的商品需要取得商标权的”这一规定，你如果没有经营资格，就不会有商品或者服务。这就是我们国家立法神奇的地方，修改的时候有很充足的理由放宽到自然人，五年的实践下来以后发现有弊端，法律条文没修改，但商标申请的主体又改变了。

（二）申请范围

一个申请主体可以在哪些商品或者服务上申请商标注册？如做金融、保险等特种经营的公司，它们商标被自然人抢注以后就无法理解，自然人无法从事金融、保险业务怎么能申请这些类别的商标？实际上关于申请范围在我们国家有一个演变的过程。1988年《商标法实施细则》第10条规定：申报的商品不得超出核准或登记的经营范围。这一规定把商标的申请范围限定得很窄，规定经营或者有可能经营什么才能去申请商标注册，否则不能申请。到2001年的时候这个也放开了，放开的理由是，现在的企业市场主体的经营是多样化的，它有可能今天做房地产，明天做别的。做房地产的公司只能在房地产上申请商标，这不合理，万一它哪天要去做别的产业的时候，申请商标又来不及了，所以范围又放开了。2007年《自然人办理商标注册注意事项》既限制了自然人申请主体，又限制了申请范围，即不能超出经营范围申请注册商标，规定申请的商标和服务的范围，应该以在营业执照上或者有关登记文件上核准的经营范围为限，或者农村承包经营户以自营的农副产品为限。2016年商标局发了一个通告，内容是：“为了适应我们国家经济社会发展的新形势，进一步优化大众创业万众创新的制度环境，切实服务商标申请人，简化办手续提交的文件，自通告发布之日起，我局对个体工商户办理商标注册申请时申报商品或服务范围是否在其核准经营范围内不再进行审查”。这就意味着只要有经营资格就可以在各种商品或者服务上申请商标，这等于又放开了申请范围。

全国2017年商标申请人排行榜显示，前100名当中有30个申请人是个体户，占了30%。2018年1月份商标申请量前100名，有29个是个体户。去年（2017年）一年排名第一的一个自然人一年申请了5700件商标，后来有检索发现其名下共有9000多个商标。此类现象对我们国家商标注册制度是一个很大的挑战。一个自然人个体工商户申请这么多商标，说他不是囤积商标，有可能你们相信，反正我是不太相信的。

（三）申请条件的宽与严

从商标保护的历史来看，因为有商标使用的事实，产生了商标保护的需要；为了保护的方便，产生了注册制度。有张图是在马上面打了一个烙印，可以说这是商标的起源，商标就是一个标记。一开始标记是所有权的标记，这个马放到草原以后，不知道是哪一家的，光靠人喊它有时候会搞错，所以打一个烙印以表示归属，这就是人类历史上使用标记的一个起源。到中世纪，这个标记变成了一个责任标记，比如城墙上的一块砖，标记是哪个窑生产出来的。欧洲行会要求行会组织成员在自己产品上打上一个标记，产品出了问题，消费者按照标记找生产者承担责任。在这两个标记的基础上，逐渐发展成了商标。北宋济南刘家功夫针铺的大白兔是我们国家第一个公认的有记载的商标。通过标记选购商家的产品，区分来源的功能就逐渐显现。商标正是在使用的基础上产生了保护需求，起初通过制止不正当竞争行为的假冒之诉保护商标，后来产生了注册制度。这也是在新一轮《商标法》修改过程中，有人提出商标注册增加使用条件的原因所在。具体来说就是在申请的时候至少像美国一样让他宣誓意图使用，核准的时候让他提供初步的使用证据。

三、相对理由审查取舍之辨

（一）相对理由和绝对理由之分

商标审查分为相对理由审查和绝对理由审查。欧盟只审查商标不得注册的绝对理由，不审查相对理由，多数国家也都不审查相对理由了。在我国，商标不得注册的绝对理由是指《商标法》第 10 条、第 11 条、第 12 条，现在还有观点认为第 44 条第 1 款关于“欺骗手段和其他不正当手段取得注册”的规定也属于绝对理由；相对理由是《商标法》第 13 条、第 15 条、第 16 条、第 30 条、第 31 条、第 32 条。我们现在所说的相对理由审查，实际上是不完全的相对理由审查。现在商标审查主要依据是《商标法》第 30 条“申请注册的商标，凡不符合本法有关规定或者同他人在同种商品或者类似商品上已经注册的或者初步审定的商标相同或者近似的，由商标局驳回申请，不予公告”。从文本解释看，商标审查除了这一条，还应该包括哪些条款？是不是上面的条款都应该包括？但实际上，商标局审查的时候，是不审查第 13 条、第 15 条、第 16 条、第 32 条的，只是一个不完整的或者部分的相对理由审查。

多数观点认为商标相对理由审查是商标局的一项职权，是保护市场秩序，保护消费者利益的需要，因为大量相同或者近似商标的并存，会扰乱市场秩序。我这里是从加大申请人责任的角度来考虑相对理由审查问题的。商标局不对商标申请进行相对理由审查，而只审查它有没有违反法律禁止性规定，申请商标与在先商标相同或者近似的责任由谁承担？我认为应该由申请人承担责任。商标局进行相对理由审查以后，外界可能会认为商标局给这个商标申请有一个背书了，认为与在先商标不构成相同近似才能核准注册。如果不进行相对理由审查，责任就从商标局转移至申请人。大家也会担心说如果不审查，失控了以后，各种各样的商标都会出来，我觉得可能没有我们想象的那么严重。企业名称原来是国家工商总局企业登记部门的职责，以前也要进行审查，后来改成申报制度。出现了有的企业名称很长的现象，有几十个字。比如“云南妈妈说名字太长不容易被人记住网络科技有限公司”。这除了影响我们的观感之外，还有其他影响吗？人家不可能通过这样的名称来识别一个企业，它自然不会用，并不会产生实际影响。

（二）相对理由审查的优劣

1. 优势

一是保护消费者利益，商标法很多制度设计是为了避免消费者混淆。行政机关在进行相对理由审查时，驳回在先商标相同或者近似的商标申请，会避免其同时出现在市场上进而造成消费者混淆。二是保护在先商标注册，保护在先商标所有人的利益。三是维护市场秩序，防止市场上出现很多相同近似的商标。四是减少商标异议和无效宣告案件。从商标核驳量来看可以看出商标局很努力，驳回率挺高，2016 年超过 40%，2017 年据说已经超过 50%。虽然商标局驳回的比例较高，但商标异议和无效宣告案件仍然在增长，这说明什么问题？后续的案件可能并没有因为被驳回的比例高而降低。有的申请即便是商标局认为符合法律规定，可能还有很多权利人认为不符合法律规定，并且启动法律程序。

2. 劣势

一是不符合私权属性。商标权是私权，商标局审查实际上是主动保护私权。处理私权纠纷的基本原则是“不告不理”。商标局认为是近似的，在先商标所有人可能并不认为如此，这等于是商标局主动替其他民事权利人主张权利。二是注册周期过长，今年（2018 年）《政府工作报告》里有一句话：大幅度缩短商标注册周期。注册周期和审查周期的区别在于，注册周期包括商标人拿到注册证的日期，涵盖异议三个月的期限。报告里面说缩短注册周期，到底仅仅指的是缩短审查周期还是注册周期，这还要作进一步解释。三是与市场竞争脱钩。商标作为区分的标记，如果使用人不是刻意与他人的商标作相同或近似的宣传或者使用，两个标记在市场上使用时间越长，区别可能会越明显。商标局驳回率高的原因之一在于商标审查方式和习惯的特殊性，审查员要拿一件商标申请和在先众多商标进行比对。我个人认为，当将一个商标图样和在先的多个图样商标比对的时候，你总能发现近似点；但是进行“一对一”比对时，可能越看越不近似。这也是商评委和商标局在审查商标近似方面得出的结论可能不一致的原因之一。商标局审查员在审查时，是将一件商标申请和几十个几百个甚至几万个在先商标进行比对，从而引证其中一个或者几个商标驳回申请商标注册。而商评委审查员在驳回复审时，是将一件商标申请和在先有限数量的引证商标进行比对，这时候得出的结论可能就不一样。四是“死商标”也是权利障碍。“死商标”现象是指企业不存续了，商标仍“有效存续”。大家可以看看我们国家企业的寿命，这是工商总局发布的《内资企业生存时间分析报告》，2012 年底我国实有企业 1322 万户，存活五年以下的 652 万，占 49.4%；存活五至十年的 32.9%；十年以上的 234 万户，占 17.7%。商标专有权的时间是十年，一个企业拿到商标注册证，就享有十年的权利，但其中有相当比例的企业不足五年就终止了，但其名下的商标却还有效存在。商标审查在这方面可能会出现这样的问题，那就是商标局用于驳回商标申请的引证商标的主体（企业）已经不存在了。那么，从民事权利的角度考量，这个权利冲突还在不在？民事权利冲突一定是权利有民事主体才冲突，而不是两个表象上的权利。有统计表明，每年市场主体关闭量为 30%～50%，但是这些市场主体的注册商标并没有随着主体的退出而退出。还有一个数据是注册商标续展率，对于一件有效注册商标，如果企业也在实际使用，作为权利人一定会去办理续展。但以 2006 年的商标注册为例，2016 年专用权期限十年届满，当年注册的商标量和十年之后的续展申请量对比结果是续展率为 50% 左右，也就是有 50% 的注册商标可能到期是不会续展的，原因有很多，企业因为工作疏忽忘记的可能占很少，多数是企业不关心，有很多是因为商标权利人已经不存在了。再有就是注册商标闲置率，现在没有一个准确的统计说商标闲置达到多少比例，都是采用抽样调查的方法。中国工商报曾经采访过重庆西南商标事务所，该所工作人员称商标局给该所下发了几百个商标注册证，有 300 个都找不到其所代理的商标申请人。当时，重庆市累计有效注册商标 3 万～4 万件，估计闲置商标约 8000 件，占比约 25%。四川和江苏两地也作过类似的统计，分别占 30% 和 15%。当然，这类样本还是太少，如果把它平均起来，大概有 1/5 的商标被闲置。另一个数字也可以间接证明我国的商标闲置率，就是据统计商标局撤销三年不使用商标的申请案件中，因不使用撤销的比例达到 74%。由此可见，我们国家闲置率还是比较高的。

（三）取消相对理由审查的优劣

1. 优势

一是符合商标权的私权属性，双方的私权纠纷由双方自己解决；二是可以加重申请人的责任，如果申请商标侵犯了别人的权利，申请人要承担责任，尤其是给别人造成损失，还应该承担赔偿损失的责任；三是缩短审查注册周期，如果商标的相对理由审查被取消，商标的审查周期是大幅度下降的；四是最大限度避免“死商标”成为在后申请商标注册的障碍；五是保持行政机关的公信力，因为可以避免商标局在审查程序和商标异议程序中就商标的可注册性得出不一致的结论。

2. 劣势

一是商标异议案件增加，会把商标权利冲突问题全部交给异议程序来解决；二是在先商标权人负担加重，商标权人要启动法律程序来保护自己的权益，不能等商标局主动解决问题；三是侵权现象更加严重，也许真有可能其他企业在饮料上再申请一个“可口可乐”商标，也生产“可口可乐”。

（四）关于取消相对理由审查的设想

要对相对理由审查进行改革，如果是担心可能会导致很多近似商标甚至相同商标并存，可以分步走：一是开始只审查相同的商标；二是通过互联网和信息披露制度，借鉴国外第三人陈述意见的制度，比如商标申请完以后，商标局会在网上发布相关信息，在先商标权利人若发现在后申请商标与其相同，可以向商标局提交陈述意见；三是改革商标的异议制度，我们国家商标的异议制度是最具特色的商标制度之一，即如果异议人输了，是不能提复审的，这限制了异议人的程序性权利；四是加大异议程序和无效程序败诉方的责任，张玉敏老师曾在《知识产权》杂志上发表过一篇文章，认为恶意抢注实际上就是侵权行为，要承担赔偿责任；五是加大对恶意侵权的惩治力度，即明知在先的商标权人在实际使用，仍然加以实际使用的，要加大惩罚和赔偿力度。

四、恶意注册商标的规制

（一）不良影响

恶意注册通常分三种类型：一是抢注属于公共资源的符号；二是损害他人商标权益；三是损害他人其他的在先权益，比如专利权、著作权、姓名权等。对恶意注册的规制，在法律适用上出现过一些不一致的情形。例如，有一个企业在第 25 类服装上申请商标“姚明一代”，一审法院认为具有不良影响，因为可能会使消费者误认为和篮球运动员姚明有关。二审法院认为不良影响是指有害社会主义道德风尚、有损公共利益的情形，而“姚明一代”不属于此类情形，但申请商标完整包含“姚明”两字，用在服装上容易让消费者将该商品和姚明产生联系，从而产生误认，构成 2001 年《商标法》第 10 条第 1 款第（7）项规定的夸大宣传并带有欺骗性。2001 年《商标法》“夸大宣传并带有欺骗性”条款在 2013 年《商标法》修改时，修订为“带有欺骗性，容易使公众对商品的质量等特点或者产地产生误认的”。本条款的立法本意不包含二审法院所认为的造成消费者对商品来源发生误认的情形。如果造成消费者对来源产生误认的情形适用这一款，那么《商标法》其他的一些条款就没有意义了。因此，该条款本意是规制使消费者对商品本身的特点比如原料、质量等产生误认，而不包括来源。

《商标法》第 10 条第 1 款第（8）项中的“不良影响”通常都会被认为是一个绝对事由，不是用来保护在先权利的。商标局审查和异议的实践中曾经扩大解释该条，认为不良影响包括产生误认的情形，也包括违反诚信原则的情形。我在商标局做异议审查员时，曾于 2002 年左右处理过涉及哈根达斯（冰淇淋）、摩凡陀（手表）、华歌尔（文胸）以及连卡佛（服装）四件商标异议案，被异议人将与这几个商标相同或者极为近似的标志申请注册在第 9 类“眼镜”商品上。这四件案件的共同点是，异议人提交的证据不足以给予其驰名商标在非类似商品上保护，而被异议人主观恶意明显。当时施行的 2001 年《商标法》没有规定诚信原则条款，最终适用不良影响条款对被异议商标不予核准注册。这里面还有一个值得考虑的问题，就是要认定违反诚信原则构成以不正当手段取得注册或者具有不良影响，是否存在一个“量变到质变”的过程，即违背诚信原则申请一件或者少数几件不构成不良影响，申请十件以上才构成？

（二）其他不正当手段取得注册

《商标法》第 44 条第 1 款规定：“已经注册的商标，违反本法第十条、第十一条、第十二条规定的，或者是以欺骗手段或者其他不正当手段取得注册的，由商标局宣告该注册商标无效……”从立法文本上来解释，本条款属于不得注册的绝对理由，第 44 条第 2 款属于相对理由。但是，从历史发展上来说，其中"不正当手段取得注册"所要解决的恰恰是注册商标具有不得注册相对理由问题。"以欺骗手段或者其他不正当手段取得注册"条款是1993年《商标法》及其实施细则修订时新增的条款，分别为《商标法》第27条和《商标法实施细则》第25条。《关于〈中华人民共和国商标法修正案（草案）〉的说明》指出，目前在注册管理中碰到一个问题，某些人弄虚作假骗取商标注册，还有人以不正当竞争手段抢先注册他人已经使用的具有一定信誉的商标，谋取非法利益。1982年的《商标法》对这些问题缺乏相应规定，针对这一情况，草案增加了一款，就是"以不正当手段取得注册"。由此可见，自立法历史考察，这个条款要解决的就是抢注商标问题。

什么是欺骗手段和不正当手段？1993年《商标法实施细则》第25条对此进行了规定。一是虚构、隐瞒事实真相或者伪造申请书件及有关文件进行注册[1]。二是违反诚信原则，以复制、模仿、翻译等方式将他人已被公众所熟知的商标进行注册的（2001年《商标法》对应条款为第13条保护驰名商标）。三是未经授权，代理人以其名义将被代理人的商标进行注册的（2001年《商标法》对应条款为第15条，现在《商标法》的第15条1款）。四是侵犯他人合法的在先权利进行注册的（2001年《商标法》对应条款为第31条）。五是以其他不正当手段取得注册的。我个人认为，其中，第（1）项是指欺骗手段，第（2）项到第（5）项是指不正当竞争手段。

在2005年的《商标审查及审理标准》中将以其他不正当手段取得注册解释为"指在第十三条、第十五条、第三十一条等条款规定的情形之外，确有充分证据证明系争商标注册人明知或者应知为他人在先使用的商标而申请注册，其行为违反了诚实信用原则，损害了他人的合法权益，损害了公平竞争的市场秩序"。2016年的《商标审查及审理标准》参照最高人民法院《关于审理商标授权确权行政案件若干问题的意见》（2010年）将"以其他不正当手段取得注册"限定为"违反诚实信用原则，损害了公共利益"，"对只损害特定民事权益的情形，适用商标法第四十五条及其他相应规定进行审查判断"。但是，最高人民法院于2017年将上述意见上升为司法解释即《关于审

[1] 我认为这一项就是欺骗手段，指的就是欺骗主管机关。——作者注

理商标授权确权行政案件若干问题的规定》时，删除了其中关于“对于只是损害特定民事权益的情形，则要适用商标法第四十一条第二款、第三款及商标法的其他相应规定进行审查判断”的规定。

（三）诚信原则

诚信原则条款是2013年《商标法》修改新增的条款。在修法过程中，关于是否增加诚信条款存在争议。很多人认为诚信原则是民法的基本原则，商标申请人和使用人当然要遵守的，《商标法》没有必要规定。从商标局和商评委的角度来说，当时不仅想加上本条款，还拟作为具体适用条款，以解决商标法其他具体条款解决不了的问题。但是后来在立法机关未获通过，主要理由是将诚信原则作为具体适用条款导致行政机关权力过大，到底在什么样的情况下适用诚信原则，有高度不确定性。但是，商标局在实践中已经探索适用诚信原则条款，而商评委仍坚持认为诚信原则已经具体体现在《商标法》其他具体条款中，不能直接适用，可以适用《商标法》第44条第1款其他不正当手段取得注册条款加以规制。

最近，在一起商标确权行政案件中，商评委认为诚信原则已经体现在其他具体条款中了，所以只审查具体条款，不审查和适用诚信原则条款。北京高级人民法院二审判决认为应该全面审查，即既审查诉争商标是否违反诚信原则，又要审查是否违反《商标法》第44条第1款，判决虽然评述了申请人申请诉争商标行为违反了诚信原则，但并未直接适用《商标法》第7条第1款，而是适用第44条第1款的规定，认为诉争商标的申请注册不应予以核准。

（四）行政程序与司法程序协调

关于规制恶意注册还涉及行政程序与司法程序的协调问题。

一是依职权宣告无效问题。如果法院在个案判决中认定一个企业申请了几十个在先的知名度比较高、独创性比较强的商标构成了以其他不正当手段取得注册，而个案判决只能针对该案中的诉争商标载明判决意见。在此种情形下，对于判决所列举的其他恶意注册的商标，商标局有没有可能依职权根据生效判决主动地宣告无效，值得研究。

二是司法主导问题。当一个人抢注了知名度比较高的商标，又主张在先商标使用人侵权的时候，法院目前的做法有驳回诉讼请求、判决侵权但不赔偿、既判侵权又赔偿等。在“歌力思”案件中，一审法院判决被告即在先商标使用人停止使用、赔偿、消除影响。二审法院是维持原判，二审法院认为原告恶意抄袭复制被告的知名商号、服装商标不在本案审查范围内，既然一个注册商标为有效商标，就应该进行保护。再审判决从诚信原则出发论述了应该遵循诚信原则，明知他人商标知名度比较高予以抢注，并主张在先使用人侵权，构成了权利滥用，驳回诉讼请求。本案再审判决并没有否定注册商标的效力，法院仍然认为它是合法的注册商标，只是抢注行为及其针对被抢注人提起诉讼“难谓正当”，构成权利滥用。此处的“难谓正当”是否意味着构成不正当注册？这是一个问题。

在解决注册商标之间的冲突上也要发挥司法主导作用。因为商标相同近似的判定具有一定的主观性，导致相同近似的商标通过审查获准注册，从而造成注册商标之间的冲突。对于此类冲突如何解决？在宣酒与南宣贡酒商标侵权与不正当竞争案中，原告在先商标为“宣”“宣酒小窖”“宣酒特贡”，被告在后使用并注册的商标为“南宣贡酒”。由于被告商标采用的是印章形式，既可以认读为“南宣贡酒”，也可以认读为“宣酒南贡”。被告还在酒上注册了很多带“宣”字的商标，而原告的“宣酒”在安徽有较高知名度，原被告双方都在安徽宣城，双方酒瓶的形状、装潢也极为近似。最后法院以侵犯了知名商品特有包装装潢为由判定构成不正当竞争，同时认为不构成商标侵权，原因就是被告使用的商品为注册商标。注册商标之间到底能不能判侵权？在商标审查进行相对理由审查，又有商标异议制度来公示的情况下，法院判定注册商标侵权，可能多数人都不能接受，特别是在后的注册人不能接受。因为商标局审查了、公告了、发证了，使用还构成侵权！其实还是涉及商标注册行为到底是什么行为的问题，是不是有注册证就一定不对在先商标侵权，侵权构成的要件是什么？依据《商标法》第 57 条第 1、2 款，在后使用商标和他人在先注册商标相同或者近似且容易导致混淆就构成侵权，使用在后注册商标即使造成了混淆误认也不构成侵权，法律上没有这样的规定，理论上也不应作此解释。

这里需要思考三个问题：一是注册商标之间纠纷的性质到底是什么？是私权之间的纠纷，还是其中一个注册商标所有人与行政机关之间的纠纷。二是如果抢注了他人的在先商标或者侵害他人在先权利，抢注人反过来主张被抢注人或者在先权利人侵权，仅认定构成权利滥用，不进行注册商标效力审查，是否足以排除侵害和侵害防止？三是在民事程序中可以审查注册商标的效力，那如何实现程序保障，以最大限度地保证审查标准的统一性？如果所有法院都能审查注册商标的效力，可能会出现不一致甚至矛盾的判决。因此，要保证最终的司法审查统一到一个法院。如日本民事诉讼法实行三审制，终审在最高法院；审查一个注册商标有没有效，当事人都有可能把这个案子诉诸最高法院，从而可以有效避免不同法院之间作出不同的结论。

这就是我要给大家汇报的内容，谢谢大家！

易健雄：感谢汪泽先生，下面有请两位与谈嘉宾，看看两位对这些问题有怎样的思考，首先有请袁野先生。

袁野：感谢主持人给的机会，汪泽是我们业内的大咖，也是闻名的学者型领导，今天很荣幸聆听汪主任的讲解。汪主任前半段讲了我们国家是商标注册大国，申请量和注册量升高，已经成为全球第一商标量拥有的大国，后半段讲恶意注册情况。我主要针对前半段谈一些我们实际工作中遇到的情况。

第一是商标注册大国的情况和政策层面有关系。有很多地方政府曾经在很长一段时间内都把商标注册总量当作当地工商局的考核标准，与之配套的是还出现过很多不太合理的奖励或者鼓励政策。重庆曾经有一个区县，对企业申请商标一个商标奖励 5000 块钱，后来执行了一段时间以后发现有问题，有大量的人来领，结果就换成只针对工业型企业进行奖励，再后来觉得这还是控制不住，又换了，说 45 类里面申请同一个商标只算一件。还有一区县是只针对微型企业申请商标作奖励，但是一个只奖励 3000 块钱，所以在一段时间之内，恐怕只是对这种小微企业创业起到了比较积极的作用。

第二是关于不正当或者恶意注册。商标注册申请人在牟利的便利性和低成本方面也是一个问题。注册商标的费用一再降低，从最初的 1000 元到现在的 300 元，企业注册一个商标很便宜，很多企业包括个人就把它当成牟利或者投机手段。我可能不太会用“恶意”来界定他的行为。把《商标法》第 15

条、第 32 条所规定的行为称之为恶意是没有问题的，但是在政府有鼓励政策的情况下，我并没有主动损害谁，我只是在囤积商标，有可能以后会卖出好价钱，这到底能不能称之为“恶意”，我觉得是未必的。但是就现在来讲，这种囤积行为一是注册的成本低，二是即便注册不成功或者被撤销，成本也低。在没有法律约束的情况下，最多也就是拿不到注册商标且没了 300 块钱的事情，这种一本万利没有风险的事情谁都愿意做。另外这种情况也和舆论宣传有关，比如苹果对于“IPAD”这个商标赔偿了 6000 万美金，浙江汽车竞销等案例，通过媒体的发酵，对舆论界产生了很大的影响。目前有很多在全国做得比较上路的商标转让网站也给这些囤积的商标变现提供了一些渠道，我上这些网站去看过，商标标价没有低于 2 万元的。用 300 块钱申请商标，以最低价格 2 万卖，这是多少倍的投资回报率！

第三是企业为了保护自己的商标而大量申请注册，但是它们未必了解商标保护的法律本质。比如有些企业就自己商标的核心要素申请很多个字形字体的商标，但指定的商品是一个。比如®的标志，像可口可乐不打®就只打™，表示这个商标在使用，这加重了国家审查的成本，也浪费了自己管理的成本。

第四是关于防御性商标注册的问题。大家知道在我们国家商标保护体系当中，如果对自己注册的非类似的商品或者服务商标进行保护，只有一个渠道，就是采取驰名商标的方式，但是这样成本很高。企业会算一个账，如果我就把这个商标 45 个全类申请了，即使以后面临撤销的情况，但每个个案发生的成本都比认定驰名商标便宜得多，而且那个时候还可以再考虑我到底撤不撤销，转不转让给人家，这就有很多的路途。我在 2005 年去过日本早稻田大学访问，当时的同行人员对日本学者提出了这个问题，日本学者说日本对企业主商标的使用就视为防御商标的使用。关于防御商标的问题一直存在于中国学术界的讨论之中，并没有在立法中当作一个问题来理解。

汪主任刚才提到他比较赞同相对理由不审查原则，这印证了今年（2018 年）两项改革工作的重点：一是继续缩短审查周期，二是降低驳回率。但是没有提出具体指标，我觉得也应该朝这个方向考虑问题。有的同志担心如果降低了驳回率，潜台词就是要放宽审查标准，这样的话会不会继续导致申请量增加和有效注册量增加。我觉得这跟大禹治水一样，堵不如疏。为什么注册商标这么热，因为它成了稀缺资源。我们汉字的常用字也就3000个，比较好的排列组合已经被注册了，因此越往后要注册好的商标越困难。最早两个字的商标是主流，2000年的时候是三个字，现在四五个字的越来越多，就因为它成了稀缺资源。我们这个领域经常提的两个词：相关公众和一般注意力。什么是相关公众？什么是一般注意力？比如针对车子和房子：现代和本田，按照图形要素来看，一定判近似，但是没有谁买错过；金科和万科都有一个科，有谁买错过吗？没有。针对这些大额特殊的消费品，施加的注意力自然就比较高。相关公众知识结构、认识力也是随着时代的变化而变化的，真的把这些东西都交给市场，没有什么问题。

所以，我们国家如果考虑降低商标驳回率，放宽商标审查标准，应该把商标相对理由审查判断放给市场，这是大势所趋。

这是我今天几点浅显的感受，谢谢！

邓宏光：中国是商标大国而不是强国。我们感觉到现在所谓的商标大国是大而不实，现在的商标数量太多了，以至放眼过去，大家感觉这样起的阻碍作用比推动社会发展的作用更大。

从商标权利人的角度来看，他要保护好自己的权利，想方设法将商标在全部类别注册，同时要防止其他人将自己的商标拿去注册。也就是说权利人要一边守着自己的东西，还要一边防止别人抢自己的东西。这样的话，对产业界里面需要使用商标的人来说，很难申请下来商标。商标现在注册量已经达到1700万了，实际上对社会来说，这起到的阻碍作用确实更大。因此我们就要考虑怎样解决这个问题。假如用现在的方式解决，可以说积重难返，只能隔靴搔痒。从申请注册的途径来看，不管是用《商标法》第44条的规定，还是引入诚实信用原则来解决这个问题，如果没有搞清楚他们这些人为什么注册商标，注册商标是如何变现的，就不能从根本上解决相关问题。

在商标注册和商标维权过程中，最重要的是要回到《商标法》的宗旨。商标确实只是一个符号，注册仅仅是一个过程，要发挥其功能只有通过使用。因此如果要解决我们当下的问题，就要从根本上加强商标使用在《商标法》里的价值和意义。否则，只要《商标法》现在认可只有通过商标注册才能取得商标权，保护的是商标注册专用权的话，那么我们所有的措施都是隔靴搔痒。但是，如果我们回归商标注册的宗旨，这些问题还是可以解决的。因为商标最终要变现，也就是通过诉讼保护自己的权利。诉讼的过程中无非两点：一是诚信，二是要求对方停止侵害、赔偿损失。如果我们诉讼过程中，能识别出来哪些真正是恶意注册，到底他是没有权利，还是他的权利不能得到保护，这两种路径可能在逻辑上、理论上是有差别的。因此汪泽当时专门提到的最高人民法院“歌力思”这个案例里面开了一个很好的头，如果主观上恶意抢注别人的东西，拿别人的东西倒过来打对方，这违背了社会朴实的正义观念，我们要制止这种情形。具体怎样做，还有探讨的空间。根据标题现在来说，商标抢注里面，抢注公共资源是整体来讲最重的一块。司法解释里面也说过损害公共利益、不正当地占用公共资源或者谋取不正当利益就是使用其他不正当手段，但是前面那几种都是相对来说带有一定的价值判断。对于比较宏观的比较抽象的，拿这些标准来解决大批量的注册商标，这个问题是很值得考虑的。就像讲座中提到的有几个自然人，一个人就申请了 5000 多件商标，这个很厉害。对这种情况，我们应该怎样有效地制止、合法地制止，这要体现出很多相应的智慧，需要回到《商标法》的根本上，强调商标的使用，谢谢。

易健雄：感谢两位的分享，袁总补充了注册商标数量大的原因还有行政推动的力量、市场逐利的力量，他认为该交给市场的还是要交给市场。邓老师讲使用和注册之间的关系，还有个案判断与批量问题之间的矛盾或者平衡协调的问题。接下来，任总今天有什么想跟大家分享的？

任萍：我确实也不应该占用这个宝贵时间，但机会难得，我只想说一点。今天来的大多数是我们的大学生们，我想强调一点，现在知识产权确实是需要我们更多的人投入进来，其实未来的大国之争，就是知识产权的竞争。我想请同学们都选择主攻知识产权这一块。

易健雄：黄汇教授对商标非常有研究，而且我读书的时候读过黄老师的文章《注册与使用之间》，我现在还记得这篇文章，有请黄汇教授。

黄汇：汪泽老师是我们商标法研究的前辈了。今天晚上信息量很大，他从司法政策的角度，对规制商标抢注问题提出了自己独到的见解，我都非常赞同。

我谈一点感想。商标到底是什么？注册的本质究竟是什么？对中国目前商标的状况，我有一个不恰当的比喻，“注而未用者王者天下，用而未注者寄人篱下”，目前是这样的格局。注册的本质究竟是什么？我们现在未注册商标都可以驰名了，说他还没有任何的法律地位是不适合的。我认为在我们注册的取得制度上必须进行一个颠覆性的改革。我们从来都认为商标已经驰名了，却要办个手续才获得实质意义上的商标权是多此一举。我一直认为采取德国的方式，是比较合适的。商标就是以注册为原点、以使用为半径、以商誉为覆盖的权利。注册只是为你使用商标提供了一个起点而已，商标权不是注册商标专用权，本身不是要保护注册行为，也不是要保护注册的劳动行为，而是要保护使用商标来创造商誉的创造行为。这恰好印证了刘春田老师的劳动和创造二元理论。

但是我想请教一个问题，汪泽老师刚才提到一个很重要的知识，包括我在授课过程中有可能都是对学生讲错了的。你提到《商标法》第 30 条，在实际的商标审查过程中是不去审查相对理由的，而《商标法》第 30 条是明确规定了违反《商标法》不合法的注册行为应该纳入到审查范围中来。我不知道商标局在实际审查过程中，自作主张地不审查相对理由，这个背景或者原因是什么？

汪泽：可能是我刚才没有说清楚，商标局现在的审查，实际上是不完全的相对理由审查，《商标法》第 30 条后半段还是审的，但是从《商标法》文本解读来说，它写的是：“凡不符合本法有关规定，或者……”“或者”后面是后半段，商标局通常只审查后半段。如驰名商标问题、代理人、代表人或者因特定关系抢注问题，抢先注册他人在先使用并有一定影响的商标、损害他人在先权利的问题等，这些条款商标局在商标申请实质审查程序是不审查的，因为商标局无法掌握相关情况，也就无法进行审查。商标局现在能够掌握的就是在先注册和初步审定的商标，所以他能进行审查。比如在先商标是不是驰名，商标局审查不到，驰名度的高低也审查不到，代理人、代表人的关系同样审查不到，所以我们现在说商标局实践中进行的审查，是"绝对理由审查"加"在先商标的相对理由审查"，是这两个部分组成的。但是从法律规定本身来说，商标局如果有可能，是可以审查的，我想表达的是这个意思。

黄汇：是因为实践中难以操作，不可能实现？

汪泽：即使在审查时发现有人在其他类别申请"麦当劳"商标，商标局也不会直接适用《商标法》第 13 条解决这个问题，而可能会适用不良影响条款。因为，如果适用第 13 条认定申请商标与在先驰名的"麦当劳"（餐饮）商标近似，意味着要认定"麦当劳"（餐饮）构成驰名商标。假如申请人到法院去诉讼，行政机关当被告，法院会不会让行政机关来举证呢？所以，从文本解释上来说是可以审，但是实践操作中会遇到非常多的困难。

易健雄：汪泽老师对其他的发言还有什么回应没有？只有黄汇老师提了具体问题，其他老师都谈了自己的想法。接下来，我们给在座的学生一些时间。第一个机会给西南商标事务所的朋友们。

提问者 1：汪泽老师您好，我是西南政法大学毕业的，后来从事知识产权行业。我们更多的是在实际操作过程中跟客户和企业打交道。对于您今天说的第一个话题，现在有很多的商标大多数不以使用为目的，更多注重商标的防御性、囤积性。我们在工作中也存在很多这样的问题，我们的客户其实并不想注册这么多商标，但是后续的法律程序，比如异议、无效宣告等，都会涉及基础费用和代理的投入增多的问题。汪泽老师能不能从行政、司法角度谈谈有没有一些手段，可以帮助企业在注册过程中，减少基于防御性或者不必要的注册而产生的注册行为和知识产权部门方面的投入？

汪泽：这个问题实践性很强。我个人觉得，对于企业来说，它们存在一个恐慌，就是我不注册，别人注册了怎么办。我觉得要引导企业明白，有些符号为什么你都要占上，有些符号本来就是公有领域的，为什么都要掌握在你手里呢？有一些可能是独创性的符号标志，但是你要把独创性的标志作为商标，按照法律规定你就应该享有权利。比如说一个服装企业，有没有必要因为怕别人抢注，我把其他领域都注册上，这种心态是不是正当地想取得商标权利的心态？当然这可能是企业不太愿意听的，它们愿意听的是相关机构或者法院能够更好地保护在先注册的商标，别把驰名商标的门槛定得那么高，这可能是企业更愿意听到的。

商标类别的划分还有一个原则，就是不会误导公众。即便是独创性很强的标志，别人用在不相关的商品上，也不会误导公众。当然构成著作权的可能是另外一个问题，就是纯粹的标记。没有其他民事权利的时候，企业为什么就不能容忍别人用在其他类别上呢？一个企业如果过多地把一个标志独占起来，增加的是社会成本，增加的是其他企业选择商标的成本，这个成本最终还是由广大消费者承担；其他企业肯定会提高服务和商品价格，最终受损的还是广大消费者和公众。

提问者 2：汪泽主任您好，我很早就非常敬仰您。我 2008—2012 年在万慧达工作，刚回到重庆，今天听说汪泽老师要来讲课，我非常高兴就过来了。我有两个小问题。一是关于《商标法》第 10 条第 1 款第（7）项的问题，之前我发现材料里面欺骗性是指对产品质量、产地等导致误认的，但是很多代理人写案子的时候，凡是靠得上靠不上的条款都会写上去。刚才您也提到，商标局和商评委实际审查案件的时候，很多也适用了这一条款。我有点困惑，不知道他们现在是怎么考虑的？

二是注册商标正当性的问题。我发现北京知识产权法院张法官他们也有一些文章出来，说司法上提倡不但要审查注册商标本身的问题，还要对注册商标是不是正当进行审查，比如刚才说的“难谓正当”。那么商评委、商标局会不会主动地审查这个注册商标是否“难谓正当”？现在司法实践中有没有别的法院实际在这么做的案例？

汪泽：第一个问题关于条款的理解和适用问题，原来的条款是“夸大宣传并带有欺骗性”，指的是标志本身。那一条当时为什么修改？是因为大家觉得“夸大宣传并带有欺骗性”是两个要件，首先一个前提要件是标志和商品结合起来夸大宣传了，另一个要件是夸大宣传达到了产生欺骗性的程度。但是实践中很多标志没有夸大宣传但可能会产生欺骗的效果，比如纳米材料刚兴起的时候，有些企业将“纳米”或者含有“纳米”字样的标志申请注册在服装上，大家会琢磨这个服装材料到底是不是纳米材料，但这是夸大宣传吗？可能不是，不能使用“夸大宣传并带有欺骗性”的条款，转而适用不良影响条款。后来很多“带有欺骗性”的案子都被归入适用“不良影响”条款。立法本意上应该是标志本身和商品结合起来，有没有导致公众对商品特点产生误认，而不应该是来源误认的问题。此外，关于“以不正当手段取得注册”这个条款的适用，商标局一直坚持该条款只能用于注册商标，不能适用于注册前的申请商标和被异议商标，而是习惯适用“不良影响”条款，但是“不良影响”条款经过司法实践被认为都是公序良俗的问题，现在转到适用《商标法》第 10 条第 1 款第（7）项的“造成误认”或者其第 7 条第 1 款的“诚信原则条款”，这可能是实践中的一个变化。

易健雄：到现在所有的流程已经完成了，我最后说两句话。

第一句话，比较宏观，是我自己的体会。商标权这个问题比专利权、著作权都复杂一些，因为它集合了太多二元甚至多元因素，涉及了公权、行政权力、行政效率、竞争法等。你从任何一个方面去看全面的时候，满眼都是问题。但是从立法的层面来看，想用一种制度解决多种问题便会难以两全。这相当于利益平衡，我基于更大的利益，不得不接受一些弊端，才有了这样的制度。所以，同学们以后可以多从不同的视角再看看这个制度。

第二句话，刚刚汪泽老师也提到“难谓正当”，我想说一下我对这个词的理解。这个词不是大陆先使用的，最早是台湾法官喜欢用这个词。王泽鉴先生的判决经常说“难谓妥当”，他不会说你是错的。我觉得这更多是一种修辞的意味，比如我说你长得很丑，你可能很难受；我说你长得不那么好看，可能会好一点。所以这更多是一种修辞的意味。

今天的全部内容到现在就结束了。感谢汪泽先生，感谢在座各位的参与。最后衷心地感谢背后默默付出的会务组的同学们，谢谢大家。今天的讲座到此结束！

文字校对：黎卜纲

内容核校：田晓玲

整理说明：根据现场视频及速记整理，已经主讲人审阅。

第二十一讲

网络版权侵权责任的认定

主　题：网络版权侵权责任的认定

主讲人：丛立先　华东政法大学教授、博士生导师

主持人：易健雄　西南政法大学副教授、重庆知识产权保护协同创新中心副主任

与谈人：曾德国　西南政法大学教授、司法鉴定中心知识产权室负责人

田晓玲　西南政法大学副教授、硕士生导师

胡晶晶　西南政法大学讲师、北京大学博士

时　间：2018 年 4 月 23 日

地　点：西南政法大学渝北校区致理楼三楼民商法学院会议室

从立先：非常感谢易健雄教授的介绍。本人目前在华东政法大学担任科研教学工作，来到西南政法大学这座“法学界的黄埔军校”作学术讲座我倍感荣幸。希望能够通过有限的两个小时，达到交流的效果。

关于题目的选择，网络版权侵权责任的认定，堪称万花筒，纷繁复杂。由于近两年互联网的兴起，尤其是司法界以及产业界的推动，产生了很多富有争议性的网络版权问题和案例。互联网产业产生之初就存在网络版权的问题，但是直到今天，有关侵权责任的认定问题一直充满争议且未形成统一定论。互联网商业化是 20 世纪 90 年代中后期开始兴起的，按理说法律规则应该给予确定性的回答，但是现在仍然扑朔迷离。所以，本人尝试着从这个难点出发。

谈起网络版权侵权责任，往往存在一个误区，即在研究侵权行为时，直接寻找法律规则去解决、认定侵权问题。本人认为，因为知识产权问题普遍应用性很强，且与产业和司法实践紧密结合。所以在解决该问题前，首先需要明确其前提和基础性问题，在此基础上再探讨核心规则如何运用，而非直接套用侵权责任认定规则。谈及前提问题包括两个方面：一是是否属于网络版权的保护对象。二是权利归属是否正确。在明确适格的权利人及保护客体（关于客体与保护对象通常在司法实践和产业实践层面不予区分，此处为了快速说明问题，也不予区分，请大家谅解）的基础上探讨侵权规则如何适用是本次讲座的大致思路。

第一部分——网络版权侵权责任的前提：适格的保护对象。

版权法保护的对象需具有独创性及思想表达。具体来说就是作品的两个构成要件：独创性和能够进行有形形式复制。此处未表述为“固定性”，很多学者及教科书将作品构成要件定义为独创性和固定性。本人认为能够以有形形式复制，简称可复制性，这是《著作权法实施条例》中的表述。只有满足属于著作权法保护对象这一前提，才能主张权利。著作权法的客体是作品，版权法保护的一定是作品，但不是所有作品都受版权法的保护。比如唯一表达、进入公有领域的作品，就不属于著作权法保护的对象，这是达成共识的问题。

但是，在网络版权的问题上，一些侵权责任指向的对象是否属于版权法上保护的作品，都存在巨大的争议。

第一，体育赛事直播的相关问题。体育赛事直播节目本身是否构成作品，是否属于著作权法保护的作品，中国法院既有的判例认定不一：有的认为构成版权法保护的作品，有的认为不构成作品而属于邻接权保护的录音录像制品，有的认为应当由反不正当竞争法进行调整，或既不由著作权法调整也不由反不正当竞争法调整等。该问题涉及诸多产业，其产生的连带效应非常大，司法界、产业界、学术界都非常关注。在表述体育赛事直播时本人称其为“节目”，有法院在一审中将其称之为“体育赛事直播画面”，本人不予赞同。也有学者认为体育赛事直播保护的是信号，但信号是一个技术名词。直播画面通常是瞬间行为的定格，瞬间行为的定格才叫画面。而体育赛事所指向的诉讼对象，是一系列连续画面的组成。所以，用作为一个集合体的“节目”进行概述更为合适。如果将体育赛事直播节目视为保护对象，作为作品其应具有相应的权利，具体的侵权责任也应按照作品予以对待，而非反不正当竞争法。这是需要首先解决的第一个有争议性的问题。

第二，关于电子竞技网游直播的相关问题。竞技本身简单的记录并不是作品，那是对更高更快更强的动作和客观事实的记录，一般人认为直接表现的更高更快更强，比如奥运会简单的记录，不应受到版权法的保护。电子竞技网游直播是否属于著作权法保护的作品这一问题与体育赛事直播节目有一定的共通性，但是得看具体案件指向的保护对象到底是什么，而不能一概而论。

第三，关于视听作品的相关问题。目前仅在《著作权法草案》中将电影作品和类电影作品改成视听作品，显然作品的要求相对较高。但是现在有大大小小的视听作品，大视听作品可能就是电影作品，中视听作品可能就是所谓的类电影作品，以及几十秒或几分钟的短视频的可版权性和平台权利问题如何认定？显然，并非所有视听作品都是著作权法保护的对象。

第四，关于计算机字体的相关问题。随着网络版权的出现，计算机字体的权利如何保护存在较大争议。网络中使用的计算机字体，例如仿宋体等因已进入公有领域，即使计算机字体构成著作权法的保护对象，其也无法受到著作权法的保护。在计算机字体的著名案件中，字库软件中用计算机设计出来的风格不同的单个字体，是否属于著作权法保护的对象，存在较大争议。南京的法院在秀英体一案中认为字库中单字构成美术作品。北京的法院绕开这个问题，以默示许可的方式解释了这个问题，最后不给予保护。关于计算机有创意的单个字体是否构成作品，最高法院通过审理给出了裁判标准，其认为单个字体在一般情况下不构成作品，理由为单个字体是通过软件的形式自动生成的表达，以计算机软件设定好的固定路径生成表达，这种表达达不到著作权法要求的具有创新性表达的标准。本人认为裁判说理不够充分，实际上所有的表达可能都借助着某种工具、技术。例如古时候是拿一根树棍画一幅画，到现在的人工智能生成物是否构成著作权法保护的对象？因为只要借助了技术手段和方案形成的表达具有独创性，无论其借助什么工具，都构成著作权法保护的对象。当然，人工智能问题稍微复杂，对于不可控的人工智能应首先考虑其民法民事主体资格问题。绕过民事主体的适格性而大谈版权保护是没有意义的。接下来，谈谈几个典型案例在著作权法保护对象方面具有的代表性意义。

第一个案例是新浪网诉凤凰网，诉讼指向的对象是中超赛事直播。其实，虽然中超联赛体育赛事节目水平较低，但从版权法的角度看在本质上其与世界杯的体育赛事直播没有区别。从法律性质上理解，应具有相同的对象和客体。新浪网取得了中超公司的唯一授权，表明其可以网络直播中超体育赛事，但因凤凰网未经授权却进行了播放行为，所以新浪网将凤凰网诉至法院。该案例的前提性问题：体育赛事直播是否构成作品？这个问题引起了巨大的争议。

一审法院认为其构成版权法保护的作品，而且使用了“其他作品”的表述。其实这个案件上还有一个重要的事实，本人认为这种赛事直播，应该构成版权法保护的作品而非制品。因为按照对版权法的一般理解、联合国教科文组织和知识产权组织等一般性的观点，也不排除一些学者的个人观点，普遍认为邻接权前面需具有一个本权。因为邻接权包括表演者权、录音录像制作者权、广播组织者权，都是在传播过程中付出了劳动或者进行了价值投资，形成了传播性的价值，所以给予保护。从邻接权的发展历程可以看出，其与版权是不同的。

二审的观点认为赛事直播属于录音录像制品。著作权法保护作品，录音录像制作者对其录音录像制品享有权利，不论是录音还是录像，都是在作品的基础之上产生的，这是双重许可机制，所以这是一个矛盾的问题。本人认为赛事直播构成作品。各国的版权法对于体育赛事直播节目，其实都经历了一个一般性的历程，即最早是通过民法、物权法予以保护，因为当年是没有体育赛事直播形式的。原来都是到体育场馆现场观看，只需将物理空间控制好即可。所以当年世界上著名的案例，一栋高楼建在体育场旁，赛事组织者因高楼里的人可以看到赛事而表示抗议，那么这就是物权没有控制好。后来随着电视的出现，网络的直播更大众化了。对赛事直播实际上是从物权控制到反不正当竞争法的调整，再到如今版权法的规制，这是很多国家采纳的一般做法。但是我国因产业博弈使权利的归属具有巨大争议。在现在的语境下，按照《著作权法》第 3 条规定，很难将其归入某一类作品中去。《著作权法》第 3 条第 9 项规定了法律、行政法规规定的其他作品。有些人认为该条款不是完全开放的，那么限度为何？《著作权法实施条例》第 2 条对应《著作权法》第 3 条，规定保护具有独创性并能以有形形式复制的作品。从法解释学的角度，《著作权法实施条例》是行政法规，也就是说《著作权法》第 3 条具有开放性。当下司法审判中存在两大误区，一是法院会询问原告作品的类别，二是要求原告说出其被侵犯了何种权利。很多法官审理案件时存在该误区，这是不符合民事诉讼法和著作权法目的的。

关于中超赛事直播案件，本人认为赛事直播节目是受版权法保护的作品，因为中超这种体育赛事是无数的连续画面，虽然机位表面上看起来是固定的，但编辑和技术人员在不断采集、选取角度，比如说一个球特别漂亮，抓取的这一个画面可能都构成摄影作品。例如 C 罗的帽子戏法，这样一个单独的特殊画面可能会构成摄影作品。本人认为当前语境下用汇编作品保护赛事直播是完全没有问题的。汇编作品、汇编作品的片段、汇编不构成作品的材料，只要编排具有独创性也可能构成汇编作品。

本案中中超足球水平不是很高，同样知识产权管理水平也很低下。中超公司与新浪网签订了授权协议，但节目制作者是中央电视台体育5频道。中超公司并未就节目如何制作播出与中央电视台签订任何协议。而世界杯、奥运会等体育赛事组织者都与体育赛事节目制定了详细的协议，并写明包括版权在内的知识产权以及不是知识产权的无形财产的相关协议内容，但是中超公司没有签署该协议。如果按照《著作权法》赛事直播构成作品，其就属于典型的委托创作。关于委托创作《著作权法》明确规定，受委托创作的作品，著作权的归属由委托人和受托人通过合同约定；合同未作约定或者没有订立合同的，著作权属于受托人。即按照《著作权法》的规定，中央电视台才是真正的权利人，新浪网并不具有合格的权属。当然，基于这个案例，本人希望类似的体育赛事组织者应该建立起基本的知识产权管理，从权属上解决问题。

第二个案例是上海耀宇诉斗鱼案，上海的法院回避了著作权的问题。原告以被告侵犯其著作权以及构成不正当竞争一同起诉至法院，有的法院受理，有的法院不受理。受理法院判决该案构成不正当竞争。当然电竞直播和体育赛事直播是有本质区别的，关于电竞直播是否存在创造性或其具有多大程度的创造性非常重要。电竞表演者有没有留下创作的空间，是否享有邻接权保护的表演者权利。这个案件我比较同意法院的判决。

第三个案例是搜狐视频诉暴风科技案，有关视听作品、类电作品的使用问题。众所周知，搜狐娱乐视频经常是低端的狗仔队去跟踪记录，这种偷拍能否达到类电作品要求的高度？法院最后判决搜狐视频的娱乐播报是娱乐的新闻作品，构成类电作品。到目前为止，视听作品没有被写入《著作权法》，因此法院解释为类电作品。

第四个案例是字体著作权系列案件，前文已提及。个人观点与最高人民法院判决结果相同，即计算机设计出来的单个字体不构成著作权法意义上保护的对象。但对最高人民法院的判决理由不予认同，本人认为应当用版权法例外原则即唯一表达的例外进行分析。唯一表达的例外是指虽然作品具有创造性，符合著作权法保护的标准，但因表达路径太单一，构成了唯一表达，如果授予权利则会构成对公有领域的侵犯。当然唯一表达有单一的唯一表达，也有集合的唯一表达，其实就是解释唯一表达的例外。例如汉字“一”，可以穷尽各种创作的可能性，很容易构成垄断。所以，本人认为适用这个理由解释更为合适。

目前，类电作品的重要性得到了普遍重视，改为视听作品范围可大可小。修改草案后半句限定是不合理的，前半句即“由有伴音或无伴音的连续画面构成的，能为人所感知”是正确的。

第二部分——网络版权侵权责任的基础：合法的权利归属。

这里存在三大热点问题：一是未经授权的演绎作品，是否可以受到权利的保护？典型案例是人人字幕组 VS 土豆网案；二是创作中的合理借鉴与抄袭剽窃的界限，如金庸诉江南案；三是 AI 作品的著作权归属问题。

第一个有关非法演绎的问题。简单来说，知识产权法中著作权法是最具有民事属性的。人人字幕组是活跃在网络上的一个就各种电影、电视剧为大家义务提供翻译服务的平台，但是它们将未经授权的影视剧进行翻译后直接共享到网络上。土豆网购买了大量美国电影、美剧，并直接将人人字幕组翻译的剧集放至自己网站上使用，人人字幕组主张其应当享有权利。本人认为在一个可控的范围内，如果符合合理使用的条款，是可以构成合理使用的。学习研究是可控的范围，如果在字幕组内部的文件中，或者内部人数有限的微信群等的空间内进行探讨、切磋和传播可能是可控的范围；若上传至网络上，则构成向公众传播，非法演绎后则构成侵权，只是被侵权人是否主张权利的问题。此时只能引入民法中的原则，例如公平原则、不当得利的相关理论，看能否解决这个问题，但是目前为止个人认为著作权法无法解决。非法演绎后如果没有传播可能构成合理使用，但非法传播后就可定性为非法演绎。

第二个为演绎作品的问题。金庸诉江南的案件涉及同人作品，具体而言即网络文学产业是否产生著作权的权属问题。江南在其小说《此间的少年》中使用了乔峰、郭靖、黄蓉等金庸小说中的著名人物名字，但是时代场景发生了变化，讲述的是当代校园的故事，即同人作品现象。本案引起了巨大的争议，同人作品究竟是抄袭剽窃、非法改编抑或是合理借鉴？本人认为应当从三个层次进行分析且个人主张《此间的少年》构成合理借鉴。从《著作权法》作品的角度来看，因文学作品无法添加注释，江南借鉴了金庸作品中的部分要素，并创作出了完全不同的新作品，应该构成合理使用，对此应持较为宽容的态度。否则，不仅扼杀了一个产业，也扼杀了广大文学青年的积极性和需求。

第三个有关人工智能的问题。其中一个核心问题是 AI 由谁控制，如果 AI 已经脱离了人类的控制（当然美国现在都谈 MI，其认为 AI 只是 MI 当中的一个部分），首先需要考虑的是最基本的宪法问题和民法问题，即人工智能是否构成合格的法律上的人格主体。目前 AI 还是由自然人、法人组织、非法人组织控制。在目前的语境下，个人认为，借助任何工具，只要形成有创意的表达且符合著作权法保护对象的要求，就应该被列入保护的对象。关于权属问题，应当注意 AI 本身是由谁控制而作出的有创意的表达，这个权属应该归指向的这个人。这既是著作权法一般的归属规则，又是民事主体一般的归属规则。

第三部分——网络版权权利保护与侵权认定。

关于侵权责任的相关条款如何适用，这里涉及几个问题。

一是权利与条款。网络版权第一案，确定了网络版权保护的先例，北京市海淀区法院扩大解释了《著作权法》第 10 条的“等”，认为不仅包括前面列举的已经出现的传播方式，还包括未来可能出现的传播方式。

通过海淀区法院一直到最高人民法院，最高人民法院请求全国人大就《著作权法》第 10 条第（5）项作出解释。因为我国是成文法国家，在知识产权界法官扩大解释法律的现象普遍存在。

二是认定标准的问题。对于网络版权的侵权，动词性质的可能的网络版权侵权行为包括复制、临时复制、链接、搜索、存储、云存储、转码、聚合、屏蔽、修改、播放等。还有名词性质可能出现侵权的行为：博客、播客、视频、手游、音乐、赛事、播放器、智能电视、网盘、云盘等。这些行为不可能一一写到法律中去，但当某种具体的行为或者案件指向的行为被起诉时，就需要在该技术下探讨适用的规则。在网络版权主张侵权责任时，很多法院没有从传统的一般侵权的责任认定规则出发，转而寻求突破性的标准和规则对案件进行裁判。但是如果把传统版权侵权认定规则和网络版权侵权认定规则进行比对，可能会发现二者之间的联系竟然如此紧密。北京市高级人民法院还在按照一般侵权的四个要件进行考察，可能认为《北京市高级人民法院关于涉及网络知识产权案件的审理指南》（简称《网络知产案件审理指南》）

还具有相当的价值。但是在网络版权侵权面前，关于网络版权侵权责任认定的法律规则，按照法的位阶层次，可以看出其纷繁复杂。

第一层级是法律，能够调整版权侵权，当然也包含网络版权侵权。《民法总则》，如公平原则、诚信原则等是能够调整知识产权的；《侵权责任法》第36条，是指向网络服务提供商的相关内容的；《著作权法》就更不用说；《反不正当竞争法》经常被用来进行补充式的救济和保护。侵权责任制度，中国的民法体系和侵权责任法的体系，大陆法系的传统一直存在。关于一般侵权和多数人侵权的规则，在民事侵权领域尤其是著作权侵权领域经常可以看到，当然多数人侵权中包括共同侵权和非共同侵权。另外，出于英美法的直接侵权或间接侵权，我国判决书中经常可见，现在立法中也把直接侵权和间接侵权引入了规则当中。所以我国立法上既有多数人侵权和一般侵权，也有间接侵权和直接侵权，这是两大法系不同的侵权责任，当然它不是完全冲突的，只是它们源自不同的法系。

三是具体的侵权责任认定规则，包含技术中立原则、避风港原则、红旗原则、服务器标准、用户感知标准、实质呈现标准、链接不替代原则、专有权标准、控制标准、非公益必要不干预原则、最小特权原则、提供标准（《信息网络传播权保护条例》采纳）等。前述几个规则被法院奉为圣经式的规则。简而言之，我们国家的立法分几个层次：法律、行政法规、司法解释。法律、行政法规和司法解释，这是最常见的援引判案依据，法院能够援引判案作为规则明确写进去。避风港原则是规定在《信息网络传播权保护条例》之中的，技术中立原则和提供标准在相关法条予以规定，除了这三个之外，其他的规则在我国法律、行政法规、司法解释里没有任何体现。

以当时引起巨大争议的服务器标准案件为例，服务器标准早期确实非常好用。互联网早期相当一段时间内，只要互联网公司创业，必不可少的条件之一就是购买服务器。腾讯最早的盈利是靠邮局汇款，财务定期到深圳邮局小额取款，其中巨大的投入就是购买服务器。早期的网络公司服务器真的非常重要，那个时期几乎是每个网络公司都有服务器，侵权认定也较为直接。但是近几年，服务器已经云端化了，就几大公司而言，阿里有阿里云，百度有百度云，腾讯有腾讯云，在云端进行复制、链接等侵权行为，打破了原来的服务器的标准去解释新的服务器标准，刻意地用一个标准解释提供标准，个人不予赞同。本人认为坚持提供标准，针对个案用多种方式予以解释。服务器标准现在还没有上升为立法，红旗原则也没有，这些都是法理标准，运用各种法理标准来解释是否构成提供，比机械地用某一个标准来考察它更为合理。

四是侵权责任认定的思路。这三个层级的法律规则，应该如何适用。本人认为应该按照法律的法理和法律一般的原则进行适用，应该秉持先特殊后一般的认定次序。具体而言，信息网络传播权的司法解释对侵权责任认定规定了具体的条款。如果行为人行为完全契合最高人民法院司法解释对应的行为，特殊性规则优先适用。即具体条款有规定时优先适用具体规定，这符合法律的基本规则；如果没有具体规则，再适用一般性规则。一般规则的适用也有优先次序之分，一般法律中《著作权法》应该是优先的，因为《著作权法》相对于《民法总则》和《侵权责任法》而言是特殊法。司法解释可能特别具体，所以优先。然后一般法再适用《侵权责任法》《民法总则》。如果《侵权责任法》和《民法总则》相关规则无法定论，就用一般侵权责任构成要件或者侵权规则。如果这样来穷尽思考的话，最后论证应该会比较周全。

判定侵权责任优先次序的规则也存在适用例外。技术中立原则、避风港原则和提供标准在法律中有具体规定，提供标准是判断是否构成侵权的一般标准，而技术中立和避风港原则是例外标准，这是侵权责任认定中的例外规则。所以技术中立原则也符合这个要求，这是网络版权抗辩的条款。抗辩条款除了这两个专门针对网络版权设计的规则之外，还有《著作权法》，这又是优先次序，其中的合理使用和法定许可是典型的法律限制条款。

以琼瑶诉于正的案件为例，其被评为中国知识产权十大经典案例，但有关权利条款的设计和诉因的选择存在一个明显的瑕疵。原告方在起诉于正和其他几家影视公司侵犯其著作权时只主张侵犯了《著作权法》第 10 条中两个具体权利条款即改编权和摄制权。而法院最终裁判被告停止侵权，消除影响，赔礼道歉，赔偿损失。原告并未起诉被告侵犯其人身权，法院的判决未能体现出程序的实质正义。根据《著作权法》第 47 条原告应主张构成抄袭剽窃，被告生成新的剧本实际上构成剽窃，这种程度已经超出了非法改编范围。就像经典判例《梦里花落知多少》原告方主张剽窃，法院从接触到实质性相似来判断，最后判定构成侵权，侵权方承担全面的赔偿责任。

大百科全书诉苹果案中，苹果手机中的软件商店为他人提供空间，里面可能存在别人提供的软件。何况是苹果，安卓开放性空间对软件商店都具有管理能力和编辑控制能力，无法落入避风港原则的保护范围。而苹果是相对封闭的系统，不管从直接侵权还是间接侵权，一般人抑或多数人侵权，其实都符合共同侵权或者帮助侵权的标准，所以必然承担连带责任。像今日头条这样聚合型的公司如果无法适用例外情形，统一按照侵权的一般规则进行判断，这种系列的案件也可以正视听了。

腾讯诉易联伟达，一审是实质性替代标准，二审是服务器标准，采纳的不成文法中的法理标准。本人非常不同意知识产权领域法官造法，这造成了很多混乱。

信息网络版权和传统版权可能会发生交集，如钱钟书书信案，就存在物权和著作权的重合问题。《著作权法》规定将展览权让渡给持有人，但是这个展览权仅限于展览权，如果在网络上展览，则属于向不特定的公众进行传播，侵犯了信息网络传播权。《著作权法》第10条第（12）项是非常尴尬的，《世界知识产权组织版权条约》（WCT）中规定的信息网络传播权范围比较宽泛，我国在规定信息网络传播权时只是借鉴了WCT里面关于向公众传播权的后半部分。《著作权法》第10条有（17）项，其中有7项都是某种形式的传播，而这本身就造成了困惑和疑问。

第四部分——相关规则如何进行调整的问题。

例如《著作权法》第3条中“法律、行政法规规定的其他作品”，本人认为应当采取开放式兜底条款的解释。只要符合实施条例中规定的两个构成要件，即独创性和能够以有形形式复制，就应受到《著作权法》的保护。

网络版权新型作品归属现在出现了新的趋势，法人作品越来越多，现在法人、非法人组织享有权利的情形也越来越多。而根据《著作权法》第11条，法人作品包括法人组织作品和非法人组织作品，该条款隐含了单位享有法人作品全部权利的情况。权利内容17项过于复杂，从法理上，本人认为财产权就是复制权、传播权、演绎权，从第（5）项到第（16）项，复制权、传播权、演绎权全部都包括在内。第（5）项和第（16）项是复制权的概念，第（13）、

(14)、(15)项是演绎权的概念，从第（6）–（12）项是传播权的概念。

首先是权利限制，合理使用制度现在是个封闭条款，《著作权法》第 22 条合理使用是绝对封闭式的而第 3 条是开放条款，第 10 条也是开放条款。同样在《著作权法实施条例》中把三步检验法原模原样地写了进去，《著作权法实施条例》是对《著作权法》的解释，关于三步检验法与《著作权法》第 22 条的关系，不同人有不同的理解，所以合理使用能否穷尽仍存在争议。其次就是权利利用。再次是侵权责任。责任制度到底是重构还是微调，其实所有的规则都已梳理出来，问题完全可以很好地解决；如果完全推倒重来，不符合大陆法系的基本精神和一般做法。侵权责任的救济，现在呼声非常高的惩罚性赔偿是不是大势所趋，现在各种重要的政府报告、重要领导讲话都强调“加强知识产权保护，建立惩罚性赔偿制度”。惩罚性赔偿的建立真的这么紧要吗？本人对此一直持谨慎性态度。知识产权实际上在侵权以及侵权对应赔偿额度上采取裁量性标准，法官有较大的自由裁量权。并且我国适用全面赔偿原则，国内各大法官在判决书中普遍按照市场应有的价值进行全面赔偿。所以现在的问题是全面赔偿能否落实的程序性问题，而不是该原则还未落实，又加大自由空间，最后反而可能会造成选择性保护和私法救济。惩罚性赔偿对应的是恶意侵权，恶意本身就充满了主观性，需要以何种标准去判断？“明知、应知”是否构成恶意？所以针对恶意提出的惩罚性赔偿，鉴于我国著作权法保护水平和现在的发展阶段，本人认为审慎一些更好。最后就是修订草案，《著作权法》原来的表述是法律责任和执法措施。之前所有都是权利保护，因为《专利法》和《商标法》如此规定；但《专利法》和《商标法》中规定了程序性的条款，与《著作权法》不同。《著作权法》从第 3 条到第 10 条，享有的都是权利保护，这一名字的修改反而不准确了。

文字校对：武家咏

内容核校：胡晶晶

整理说明：根据现场视频及速记整理，已经主讲人审阅。

第二十二讲

关于作品概念的几个基本问题

主　题： 关于作品概念的几个基本问题

主讲人： 李　琛　中国人民大学教授、博士生导师

主持人： 易健雄　西南政法大学副教授、重庆知识产权保护协同创新中心副主任

与谈人： 张玉敏　西南政法大学教授、知识产权学院名誉院长

黄　汇　西南政法大学教授、博士生导师

时　间： 2018 年 6 月 8 日

地　点： 西南政法大学渝北校区毓才楼一楼学术报告厅

易健雄：各位老师们、同学们、朋友们，大家晚上好！我是中国知识产权名家讲坛的主持人易健雄，讲座现在开始。今天举行的是中国知识产权名家讲坛第二十二讲，我们很荣幸地邀请到了今天的主讲人，中国人民大学李琛教授。李琛老师在整个知识产权界很有个性，虽然是知名教授，但其实身上没有太多的头衔，除了中国人民大学教授、中国知识产权法学研究会的常务理事以外，就是联合国教科文组织版权与邻接权讲席主持人。李老师重质不重量，文章并不是很多。她在《中国社会科学》上发表了《“法与人文”的方法论意义——以著作权法为模型》《质疑知识产权之“人格财产一体性”》等理论性文章，代表性专著包括《论知识产权法的体系化》《著作权基本理论批判》等，其中《中国社会科学》是中国顶级的社会科学类杂志。就我个人而言，我常读李老师的文章，也时常为李老师所惊叹：在这样一个娇弱的身躯里面居然有这么强大的思想力量！今天晚上大家将会感受到李老师的思想力量。今天晚上还有一位特别的客人，就是汪泽老师，他是名家讲坛第二十讲的主讲嘉宾。另外，今天邀请了两位嘉宾，一位是尊敬的张玉敏教授，张老师是西南政法大学知识产权学科的创始人，至今仍然是西南政法大学知识产权学院的名誉院长。另一位是西南政法大学的青年才俊黄汇教授，他现任《现代法学》副总编，具有深厚的知识产权基础理论功底，不管口头还是笔头都是有真功夫的。欢迎各位！今天的主题是“关于作品概念的几个基本问题”。下面咱们把时间交给李琛老师，有请！

李琛：各位老师、同学们，晚上好！谢谢易健雄教授的介绍，也非常感谢尊敬的张玉敏老师和其他各位老师。

今天很高兴跟同学们来聊聊关于作品概念的几个基本问题。我先交代一下为什么会选这样一个题目：一是因为“作品”是著作权理论里的一个基本概念，但凡是基本概念，基本问题就是说不完的。如果是更基本的像“创造”，那它基本上就是一个哲学概念了。一个学科里面最基本的问题，往往都要走向哲学。所以，不管哪个专业的博士，我们都叫 PhD（Doctor of Philosophy），因为这个时候就要研究基本问题，而基本问题就涉及哲学问题了。二是最近确实有很多实践中的争议，又把作品概念的问题提出来了。比方说今天我们可能会提得比较多的，是关于体育赛事直播的性质问题。当然，我关注的倒不是具体的结论或个案的判断，而是在裁判要旨里面，几乎全面地涉及了作品判定的问题，很值得我们理论界来关注。三是我觉得讲座最好不要仅仅是情报交流，而是能够上升到方法层面。我记得原来有一个学者讲，大学能给我们最好的东西是什么，就是在所有知识点都忘光了之后，留下来的那一点点。比如今天晚上可能应该出去玩，去散步谈恋爱，你在这里浪费了两个小时，将来你把这些东西都忘了之后，还有没有剩一点点。我们把它当作一个模型，来示范一下怎么对话，怎么分析一个问题，法律解释应该怎么选择。中午跟易教授吃饭的时候我也说，为什么要把“法教义”和“法解释”放在一起说，法教义似乎带有一点宗教的色彩，因为我们中国知识产权领域的基本矛盾还是发生了变化的。原来我们看重立法，有什么不足我们就说要修法。但是现在我们发现，很多时候并不是法律本身有什么问题，而是我们对于法律的理解、概念的理解缺乏一些最基本的共识。我们习惯说“我认为”，凭什么你认为？我们怎么阐释自己的理据，这是很重要的。作为法律共同体，我们有基本的共同信仰，所以这个层面上，我爱用“教义”来表述。“法解释”更多的是技术层面的问题。

作品的概念分为内涵和外延。第一，作品概念的内涵，内涵的形式就是定义，我们会分析一下定义的构成要素。为了帮助理解内涵，我们还需要知道它跟它邻近的概念的关系。作品是狭义著作权的对象，广义著作权还有邻接权，这二者之间是什么关系。第二，作品概念的外延，外延就是我们法律会具体列举的作品类型，这种类型化的含义是什么。最后我们会适当地超脱出来，给理论选择一种建议。

第一就是作品定义的要素。定义是对概念的表述，概念是描述一个事物的本质属性。什么是本质，什么是非本质，是取向于目的的。打个比方，我问易教授，你觉得某某怎么样？他不会马上回答我，而是会反问我，你想干吗？想介绍他入党是一种说法，给他介绍个女朋友是另一种说法，把他推荐给法学院当院长又是一种说法。所以，要结合目的来看，什么才是最本质的特征。法律的定义，一定是专注于它的规范功能，与规范无关的，我们可能就把它扔了。所以在这个所指方面，有两个方面的考量，一个是实质性的——它能不能最好地服务于规范功能。打个比方，按逻辑学的规则，标准的定义表达可能是属加种差。我们看到中国的立法上，把作品的属概念落到了“智力成果”上；如果我们看日本的著作权法，则是“独创性的表达”。从文字上很难去评判高低，但如果你结合规范功能来看，“表达”就有一个优越性。这里有一个扣，扣了一个思想表达二分法，暗示了不保护思想，这是最能彰显它的规范功能的。“智力成果”这个表述就很宽泛了，思想叫不叫智力成果呢？反而会引起一些争论。结合你的目的，就能够决定取舍。

形式上我们要合乎逻辑，避免冗余。冗余有一个实际的坏处，就是法官写判决的时候，某个要件其实是没用的，可还是要再写一下——为了证明它是作品。本来三个要件就足以判定了，但因为立法里面多了一个，所以加重了论证的负担。举个例子，法条里面除了说作品是文学艺术科学领域内的，是有独创性的，还加了一个“并能以某种有形形式复制的”。这句话有大量的问题。首先，“形式”一定是有形的，没有无形的形式。其次，能复制，就一定是以某种形式复制，不可能是无形的复制。所以，它表达的就是“能复制的”。大家想一下什么是不能复制的，抽象的东西是不能复制的，只要它是具象的就一定能复制，所以表达里面就包含了“可复制”。这样的要件，除了你写判决的时候要多写一句，没有什么太大的意义。

从学理上来讲，包括从各国法律和国际条约上，达成共识的要素有三个：一是文学、艺术、科学领域内，二是作品应该是表达，三是具有独创性。其他的比如“可复制”就是一种冗余。后来修法的时候草案里面又换了一种说法——“可固定的”，我估计可能也是在借鉴的时候有点没有说清楚，因为出现过“固定”这个表述的，是在一些版权体系国家。比如说美国，在作品的保护要件中有一个“fixtion”，它是说“已经固定下来”，那是他们的传统。我们要不要学美国，把“已固定”作为一个要件呢？我考察了一些说法，一是说你不固定就不好举证。这个理由不充分，举证不举证是诉讼上的问题，跟对象是不是作品没有关系。它是个作品，我没有办法证明作品存在，但是也不能把证据要件变为实质性要件。二是参加外国学者讲座的时候，我问他们，他们给出这样一个答复：美国宪法里面有一个“版权与发明条款”，宪法里面对“作品”用的词是“writings”，从词的字面来看就是“写下来的东西”，因为宪法的原因所以有一个固定的要件。这个我也不相信。还有一种说法有一定的道理，还是基于很实际的目的——不固定就传播不远，也就是说我鼓励你把它固定下来，固定下来之后更利于传播。这有一定的道理，但也不是很有说服力。因为这个要求是要著作权人自己把它固定下来，比如我今天在这里演讲是一个口述作品，如果我自己没有录音或者事先没有一个稿子就不受保护了，但是你们感知到了，有可能你们在底下偷偷固定了，为什么我没有固定就不受保护了？有人固定了，发生纠纷了就说明传播出去了。所以即便有一些法域把它作为一个保护的要件，我认为也不是很好的经验。

“固定”能不能成为个别作品的保护要件？这主要是体育赛事直播的案子里面有这样一个观点：如果将体育赛事直播解释成是电影作品，就一定要有固定的要求。这是从立法对“电影”的定义推出来的，立法说电影作品是摄制在一定介质上的。从逻辑上来讲，如果一般情形下作品没有这个要求，那么你对个别作品施加一个特别要素，否则就不是作品，这是没有道理的。但是我们可以退一步理解这种表述，说“固定”是电影作品的要件，可能有一点言不达意。这个观点并不是想说如果它已经是电影作品了，仅仅因为没有固定我们就不保护它。它真正想说的是，如果没有固定，就不符合电影作品的特征，所以不能归到电影作品类型里面去，因为判决想解释的是这个对象能不能放进电影作品里。即使我们按照这样来理解，也有人不认同。为什么在《伯尔尼公约》里面，除了电影它还加一个“以类似摄制电影的方法”？为什么要加一个“类似”？这里面就有一个措辞，我们在移植过程中是有所丢失的，《伯尔尼公约》里面说的是“以类似的方法表达（expressed）出来的”。因为制定《伯尔尼公约》的时候，这个争议就已经存在了。有人关注到有电视作品，电视直接就播放出来了（并没有摄制在一定介质上），但是对于观众来说，没有什么区别，看到的都是可视可听的。因为有些国家要固守文化传统，要加“固定”的要件，所以在这里面加了一个弹性的规定，就说只要是以类似的方法“表现”出来就可以了，而没有说一定要以类似的方法“创作”出来。但是我们在移植的时候，可能没有注意到这个用意，所以我们的立法还是表述为“以类似摄制电影的方法创作的作品”。

作为一个解释者，我们要关注什么才是重要的。就像我们读文章一样，这个法条的字眼是什么，我们有没有抓住大要。在这个法条里面是“摄制”很重要，还是“类似”很重要？加一个“类似”，就是要适应技术的发展。“摄制”是基于当时的经验，重复一下他所熟知的创作手法而已，如果你只被“摄制”吸引的话，你就没有抓住大局。大致的方向抓住了，那看我们的立法还有没有解释空间，空间只要去找肯定是有的。现在有观点说，最后呈现的直播画面跟任何一个单独的摄像机录制的内容都是不一样的，因为有一个导播的选择问题。我们为什么一定要这样解释呢？我们完全可以认为，每一个镜头其实已经摄制在某一个摄像机上了，只不过最后呈现的时候是经过选择组合的而已。其实你只要定了方向，你觉得你更应该往哪个方向走，总是有办法的。

下面，我侧重讲一下三要素里面的两个，一是领域限定，二是二分法。另外一个独创性，会放在和邻接权的对比里去讲。

第一是领域限定，我很长时间也是不关注的。现在有两种说法，一是比较主流的，看各种解释《伯尔尼公约》的注释类作品一般告诉你，不要管什么作品，只要是文学、艺术、科学领域类的我们都保护，强调开放性。我看到学者介绍，《伯尔尼公约》的这句话是从法国早期的一些双边条约抄来的。法国人当初表述这个，到底要解决什么问题，我还没有去查证。但是我看法国学者的教材里面，也不会去刻意解释“领域限定”的意义。但是，我发现日本学者作了一个有意义的解读，他们认为领域限定的目的，就是强调它不是一个产业领域的表达。而且我估计，中国台湾地区的学者可能受日本理论的影响比较深，在台湾地区学者的书里也基本是这样解释的，文学艺术科学领域强调的是它区别于技术创作。也就是说，我们要把著作权跟工业产权划分开。我个人认为，不管当初法国人是怎么想的，日本这种解释有道理，我们可以接纳。

我讲一下我的理由：第一是因为工业产权和著作权的区分是有必要的，但是这种区分用其他两个要件完不成。因为外观设计也是一个表达，是有个性的，显然也是有独创性的，我们可以把这个用起来。这个区分很重要的意义，就是它对公众的限制程度是不一样的。打个比方，这个话筒也是很好看的，它跟传统的话筒相比，线条更纤细，有一定的曲度，很优美。

我买这个话筒，不买另外一个话筒，当然跟它的美感是有关系的，所以这是一种产品设计。但是有没有美到那种程度呢，它坏了，不能再当话筒了，结果易健雄老师还偷偷拿去摆在办公桌上当个雕塑来看，这个区别是非常重要的。如果它是一个作品，那么我写一篇文章《今年话筒设计流行新趋势》，配一张这个话筒的图，那么我就侵权了，侵犯了著作权。但是它如果仅仅是个产品设计，那就不侵权，因为我并没有在话筒上去再现它的设计。所以，你把它当哪个来保护，对公众行为的限制程度是不一样的。工业产权里面没有人格权，产品设计都是有一个流行期的，大概流行十几年就要换，跟作品是不一样的，所以保护期也较短。原来也有一些学说是借别的条件解决这个问题的，比方说我们会看到德国学者讲实用艺术作品的时候，他们会说对这个的独创性判定标准应该更高一些。我觉得这样说逻辑上也是存在一定问题的，标准应该是一样的，不能区别对待。与其那样说，还不如说我不能轻易地把一个非作品认定为属于文学艺术科学领域内，就是它没有进到这个领域，不能随便让它进入这个领域。我觉得把这个要件用起来，可能会更好一些。

怎么来适用这个领域限定，我有一个想法。我们设计了不同的权利，对不同的权利设置了不同的控制程度。我们可以尝试倒推，从权利的设置倒推一下对象的区别。著作权的权利控制的是什么？复制、发行、传播等，其实控制的就是对作品的感知或者认知。审美性的作品，我们要感知，比如看一幅画，看一部电影，你不能随意传播让别人看到，因为看到了价值就体现了；认知性的作品比如地图，它不是审美的，而是我看了地图就知道怎么走了，产品设计图也是我看到了就知道怎么设计了。所以作品是满足我们感知或者认知需求的。因此，相应的权利设计，也是对感知或者认知的一种控制。但是，产品设计就不是这样，这个话筒不是说你看一下就行了，而是我要在产品上把它做成这样，从而增加对消费者的吸引力，让消费者买这样的不买那样的。所以，它控制的范围，我们在专利法里面有一个术语叫“实施”。实用艺术作品这里面也有翻译的问题，“实用”就会带来误解，因为我们日常认为地图也是实用的，但是那不是法律上的“实用”。法律上讲的“实施”，是我要把这样的设计放到一个产品上去，所以就不仅是控制你的感知了。

日本的司法实践是这样，判断一个实用品的外观能不能同时作为一个作品，就看它还能不能同时被看作是一个纯美术品，纯美术品就意味着它有独立的感知或者认知功能。如果我们把话筒做得非常漂亮，做成飞天的形状，可能话筒功能丧失了之后，我们认为它还可以摆在桌子上去欣赏，它还具有独立的感知或者认知的价值，这个时候它不妨同时也能作为一个作品来保护。

如果是这样的话，我想能不能给我们两点启示：一是如果把这个要件理解清楚了，立法还有没有必要对实用艺术作品打造一个特别的规则。《著作权法》修订的思路，是想在作品类型里面加一个实用艺术作品，保护期是25年。这样做也有一定道理，毕竟跨了两个领域，对它的保护应当适当加以限制。但我还是认为，其实主要矛盾不在于给它保护的时间长一点还是短一点，而是不要随随便便地让作品领域之外的表达进入到作品领域里。如果我们能够把领域限定理解清楚、用好，不轻易让产业设计进到著作权里面来，问题就不是很大。反过来说，假如它真的是美到那种程度，有独立的感知或者认知价值，我们也没有道理对它进行歧视。二是在实践中我们有一些争议，是不是把这个领域检验的环节跳过去了。像有一段时间引起热议的计算机字体字库的问题，同意保护的就说它有独创性，不同的字体之间有足够的区别。我恰恰就是在思考字体案子的时候，突然想琢磨领域限定，也就是从那一年开始，讲课的时候我把这个也拿来分析一下。计算机字体设计虽然也是有美感的，但是它是否具有独立的感知或者认知的功能？我举个例子，一幅图上面是方正舒体设计的“铮铮铁骨”，下面是一幅书法作品“铮铮铁骨”，两个铮铮是一模一样的。作为字库，一定要统一，不能变来变去；整体风格也是统一的，每个字都是独立的，没有呼应关系。而书法作品里面有一个规则，一般在一幅字里，如果有同样的字一定要变一变。这两个“铮铮”刻意写得有区别，包括三个金字旁都是有区别的，而且骨离开铁要远一些，如果靠太近可能有一些拥挤，所以是有一个布局的。这是书法作品，满足你的感知；但是字库为了能用，能够充当文字处理的工具，恰恰就要把我们刚才讲到的书法作品里面的美感特性去掉。有一个字体设计师讲字体设计跟书法的区别，他说有一点很重要：脑子里一定不能有呼应的观念，字跟字之间是孤立的。两个字紧一点可能就是呼应，比如我写李琛两个字，写在一起可能要有呼应关系。但是写成字库的话，我不知道你怎么组词，所以不能有呼应关系，而且是绝对的统一标准，不像书法一样刻意要有一些区别。如果它不能满足我们文字处理的需求，你会单独地欣赏它吗？如果到了这个程度，又何必费劲设计参数，就打出四千多个字来卖字帖就行了。所以，我个人认为字体设计属于产品设计的属性。我写简历的时候，需要更加肃穆的感觉；如果打广告，我就要一种更活泼的字体。我冲的就是这个，它的美感跟应用的目的是不可分离的。大家可能对具体结论不一定是同意的，我只是提出，至少这是个可以讨论的问题。

我们看到在为数不多的保护字体的法律文件中，遵循的法理都是工业产权的保护法理。比如《保护印刷字体维也纳协定》，特别强调在编辑文本的过程中再现字形设计，不视为复制。意思就是我只有在一个造字工具上再现了才构成复制，才会构成侵权。这个法理其实跟外观设计的法理是一样的，并没有当成作品来保护。我们现在看到的“飘柔”案和“九层妖塔”案中，权利人试图控制的是它的感知价值，把它当作一个作品。

还有一种可能，刚才说它有没有独立的感知或者认知价值，如果这里有十个人，五个人认为有，五个人认为没有，怎么办？但凡在这个模糊区的时候，我们就要去思考一下价值取向是什么，我们朝着最贴近它价值取向的方向去解释。所以，我们就要追问一句，实用艺术作品单列的规范目的是什么？是为了强调它可以获得双重保护，还是为了强调保护的受限性？显然是后者。随便混淆两个领域，对公众造成的限制比较大，而且条约里面说对它给予短期保护就可以了。在模糊区时，如果认为美感不是很明显，有人认为有，有人认为没有，我们就把它解释为没有，不放在著作权里去保护。

第二是思想表达二分法的规范意义。我们有的时候要避免一种错误，就是用语言带动语言。我们看到一个表述，本来这个语言后面是有一个思想的，后来我们却把它的初衷忘记了，只从语言上面去作推演，实践中就出现了一种误读。二分法的本质是什么？简单来说就是为了划界，有些东西是抽象的，我们不能保护。抽象就是无限，无限能生无穷的有限，一个东西越抽象内涵就越小外延就越大。比如我想个点子，符合这个点子的东西都是我的范围。“Idea”这个词来自希腊语，本意是“看见”，后衍生为“相”。柏拉图的

"理念"指的就是"共相"。他的观点是，每一朵具体的花都是因为它有花的"理念"，每一朵花都是一个殊相，但是花的一般是共相，对于共相的东西我们不能保护它。后来翻译成"思想"之后，很多东西都丢失了。一旦把这个忘记了，以语言带动语言，我们就开始进行一种小学语文式的解读。我推测这种误读跟我们受的语文教育是有关系的。我读书的时候就是这样的，语文课从来没有教过我们如何去欣赏美，而是全部变成了寻找中心思想和段落大意。所以本来这个要件是告诉我们共相的东西不能保护，但是现在有的裁判里面出现一种误读，认为作品一定要反映思想，把这个变成保护要件了，这就是把司法活动变成小学语文的判断了。以"没有反映思想"或"不能完整地反映思想"否定作品的存在，这是比较糟糕的一种解释，绝对不能以语言带动语言。

另外，我稍微再提一点，二分法的目的既然是要避免权利是无限的，那么它能不能对字体的案子分析也提供一些启示。如果把字体当作作品去控制感知价值，结果是比较可怕的，因为你只要用一个字库，理论上来讲你可以生成无数作品，但是具体的书法作品是不可能有这个效果的。我这个学期特意报了我们工会的书法班，比如老师这一节课教我们四个字，这个字是哪来的，那个字是哪来的，是有具体的时空限制的。而字库里的字，抽象出来就变成了参数，变成工具之后可以生成无限。这也是我们形成价值取向的时候可以提供的启示。

第三是关于作品与邻接权对象。因为在司法实践中，现在有这样的一种观点，说作品与邻接权对象的区别在于独创性的高低，不仅仅是有无。比如电影作品和录像制品，即便你论证出体育赛事直播的时候也是有取舍的，有十几个机位切换，导播有选择，也不能直接认为是电影作品。它可能有独创性，但独创性不够高，最多只能是录像制品。这就导致一种立场，因为有邻接权的存在，所以认为某些表达只有具备较高的独创性才能构成作品。如果这样的话，影响当然是超越个案的，所以我们有必要很好地讨论一下。

邻接权是很麻烦的，每一次讲到邻接权的时候我都非常头疼。很多教材说邻接权是传播者的权利，那就意味着权利的对象是传播结果，但是传播结果跟与作品不是反对关系。演绎、创作是不是传播？也是传播，传播结果本身也有可能是作品，但是为什么把它们分开？传播结果与作品的划分依据又是什么？

现在有两种解释，第一种观点认为邻接权的对象不具有独创性。这是从反面说的，就是告诉了我们它跟作品的区别是什么，但是没有告诉我们它为什么能够产生一个邻接权。“没有什么东西”是不能拿来论证权利的，你得告诉我它因为“具备了什么”，才能产生邻接权。所以，我们还可以再追问一句：邻接权的对象跟复制品的区别在哪里？因为复制品也是没有独创性的。很简单的一个例子，按照《著作权法》第 10 条规定，复制的行为里面有录音、录像，也就是说有一种复制品就是录音复制品或者录像复制品。录音复制品和录像复制品上能产生邻接权吗？凭什么把人家的东西复制一遍就产生权利了呢？录音、录像复制品和作为邻接权对象的录音、录像制品的区别在哪里？国际条约基本上对“录音制品”的定义都没有很好地揭示出它能够产生权利的依据。录制品，说是任何对表演声音和其他声音的录制。今天有一个同学征得我的同意，在这里放一个录音笔，他就由此变为录音制作者了吗？这是录音制品呢，还是对我口述作品的复制呢？如果我们要解释的话，就要拿“录制品”和“复制品”两个概念来解释了，二者是有区别的。第二种观点认为邻接权的对象创造性要低于作品。那表演是不是就一定比汇编作品创造性要低？是不是就一定比你用一个傻瓜相机拍出来的摄影作品创造性低？不一定。最麻烦的是没法量化，我们只能定性。高和低怎么来量化，说不圆。如果我们在法律制度或者理论里面发现有一个东西是说不圆的，它很有可能就是历史原因造成的。

邻接权制度形成的过程中有很多非逻辑因素，首先是作者权体系的作品观。不是所有国家都有邻接权，主要是作者权体系的国家认为，作品要反映人格，所以就对某一些行为有偏见。比如他们认为表演还是在反映那个作品，而不是在反映表演者自己的人格，所以把表演说成是技艺性的行为。法语里面认为艺术家是一个翻译者，但是它自己也说不圆，如果不反映人格，怎么会有表演者人格权呢？这是一种偏见。其次是利益斗争，因为最初的时候邻接权人很希望在《伯尔尼公约》里面加几个权利，但是那时《伯尔尼公约》已经被定位为是作者的权利，作者群体不太愿意加。这个斗争最鲜明的体现就在《罗马公约》的开篇，“本公约的任何规定都不能有损作者权利”。

如果我们要在现有制度之下给一个说法，我尝试这样来说：邻接权的对象是在传播作品的过程中，形成的独立于作品的结果。它有新东西出来，这样才有理由产生一个权利。当然这样的划分是法律强加的，是一个非逻辑因素的结果。由于法律的强加，尽管某些邻接权的对象在事实上有独创性，比如表演，但这不具有法律意义。因为法律已经作了一个简单粗暴的处理，所以在法律上仍然被视为是无独创性的，取得权利的依据依然是劳动或投资。因此，在法律意义上解释邻接权的存在，不能认为是划分独创性的高低。

关于其他邻接权对象，虽然理论上解释很费劲，但是实践上麻烦不那么大，因为法律都划定了。在狭义著作权里没有“表演作品”，那么只要是表演就受邻接权保护；没有“录音作品”，所以它是录音制品，就扔到邻接权。最麻烦的是“视听表达”，著作权里有“电影作品”或“视听作品”，邻接权里又来了一个“录像制品”，问题就来了。

我们来分析一下“录像制品”的移植是不是成功。即便是在承认邻接权的国家或者条约里面，也很少有规定“录像制品”的，比如《罗马公约》里面就根本没有“录像制品”。我从用语上以及原来版权局负责立法的人的知识结构上推断，有极大的可能是受德国法的影响。但在德国法上，所谓的“录像制品”要解决的是什么问题——翻译过来叫“录像制作者权（film producer's right）”，主要指的是电影制片人。德国法和版权体系不一样，和我国的立法也不一样，它们的电影制片人不是电影作品的著作权人，所以为了强化他的地位，就给了他一个邻接权。就是说虽然对电影作品没有著作权，但是在载体上有一个权利，所以就有电影作品著作权和电影载体的邻接权之分。但我们国家在电影作品那已经承认了电影制片人是电影的著作权人，所以我们就没这个问题了。这个表述其实更像是借鉴了德国法另外一个条款——活动影像，说的是“未作为电影作品受保护的影像序列及影像声音序列”。简单来讲，就是不符合作品条件的影像表达或者视听表达。我们的“录像制品”讲的就是电影作品以外的，所以我们的立法更像是借鉴的这一条。但是借鉴的时候，把这两条都吸纳了，就导致我们的规定比德国法还要严苛。假如我们把“录制品”去掉，就是“活动影像”这样的表述，即便法院认为它（体育赛事直播）不构成电影作品，肯定也满足了“活动影像”的要求。因为之所以不保护它，就是因为还没有固定，还没有“录制”。其实德国法也没有“录制”这个限定，只要生成了视听表达，即便没有独创性，我也给你邻接权。所以，我们本意是要借鉴“活动影像”与“电影作品”的划分，但又引入了“录制品”的限定。

即便把“录制品”这个限定拿掉，我们有没有必要学德国法加一个有独创性的视听作品和无独创性的活动影像呢？我提个问题，在影像的录制中，是不是会比较自然地包含最低的取舍？这个可能也是大多数国家不去涉及录像制品的原因。就像我们拍照片一样，看似很简单，就拿手机对着你按一下，怎么就出来一个作品了呢？《伯尔尼公约》对摄影作品也允许只保护 25 年，就是因为那时候大家是心存疑虑的。现在我们知道了，首先我要选一个对象，然后是不是要高一点，是不是要把你的帽子取下来或者切掉，这就是独创性。另外，德国人在静止的影像里面也有摄影作品和普通照片的划分。有人就会追问：为什么我们国家立法不区分静止影像，只区分活动影像？这个逻辑有什么道理？而且德国法的立法技术在实际上影响没有这么大，活动影像的保护大多是准用电影作品条款的，而我们的电影作品与录像制品的保护程度区别很大。

大家看看摄影作品保护的国际趋势是怎样的。《伯尔尼公约》里面与电影类作品使用措辞最相近的，是“摄影作品和类似摄影的方法表现的作品”。这些很相近的作品之间，它们的区别慢慢地被取消了。在 WCT 里面，摄影作品短期保护的条款不适用了。为什么摄影作品保护期比较短？原因是这样的规定不违反《伯尔尼公约》，《伯尔尼公约》提到保护二十五年就够了。也是因为那个时候，对于摄影行为构不构成创作，它的独创性来自哪里我们还心存疑虑。现在我们就越来越清楚，尤其是随着技术和商业模式的发展，但凡有商业价值的影像制品，取舍都是越来越高了。我跟体育赛事主办方交流的时候，他们说会把直播作的像纪录片一样。所以，我们解释的取向不必将错就错，假如某个条款是不合理的，就让它闲置在那，让它在沉默中灭亡。另外，邻接权的设计虽然不合逻辑，但目的是拓展保护，不能因为它的存在反而限制了作品的保护。

第四是作品外延类型化的意义。不同的条款里面类型化有不同的作用，比如说权利的类型化限定比较重要。权利的类型化有多大，义务的范围就有多大。如果扩大解释的话会影响到大家的利益。但是作品、艺术的发展这么活跃，归纳到哪个种类，不是很重要。作品的类型化是例示性的，而非限定性的。作品类型化有两个方面的好处：一是找法便利，二是便于与某些特别条款衔接。因为我们有一些规则是针对特定作品的，比如说美术作品的原件所有人可以行使展览权。这里有一个“美术作品”，正好前面归类了，也便于表述以及跟后面的衔接。但是现在裁判里出现一个观点，认为如果找不到法律列举的具体作品类型，就不能保护它，其实不应该是这样。

寻找法律依据的技术，首先是现有类型表述中的弹性空间，“类似方法”或者“其他方式”。大家一定要注意，有一些法我们可以先去晃一晃，看能不能放进去，如果晃不动就算了。但在选择类型归属时，必须从规范匹配的角度考量。我们一定要结合规范功能，从规范匹配的角度去考虑。现在有一个关于喷泉的案子涉及作品归类问题，法院没有对喷泉进行归类，被告就抓住这个点上诉，你告诉我喷泉是个什么作品。有学者说归到视听作品，因为是个音乐喷泉。但是我个人认为应该归到艺术类作品，因为喷泉显然也是设置在公开场所的，如果它是作品的话，也要适用设置在公共场所的艺术品的合理使用规定，这就是从规范匹配和衔接的角度考虑的。如果放不进作品的类型中，可以从“其他法律、行政法规”的可能解释入手。我认为只要大方向确定了，可以耍一些滑头。比如《著作权法实施条例》里有一条是作品的定义，我们可以把《著作权法实施条例》认定为“行政法规”，只要符合关于作品定义的规定，我认为就是“其他法律、行政法规”规定的。

最后提一下对法律解释的建议。第一，“大德不逾闲，小德出入可也”。我认为我们在司法解释的时候，也应该秉持这样的立场。我刚才作了很多示范，例如说“摄制在一定的载体上”可以怎么解释，对“其他作品”可以怎么解释。如果单单从文意上来讲，当然是有一点勉强的。因为立法本身并不完美，要解释得特别干干净净也不太可能。我的观点是，只要“大德”不逾闲，也就是不越界，“小德”出入可也。但千万不要反过来，就是有很多说明，找了很多角度，但都是在“小德”上反映。第二，我认为不要太看重立法本意，“其他法律、行政法规”到底能不能这么解释？也许有些参与过立法的人士说，立法本意是一定要在法律、行政法规中明确规定的。立法本意就一定优先吗？有一种很苛刻的说法，说立法从它颁布那一天起就过时了，就像刻舟求剑似的。立法本意的援引应当是为了克服文义僵化带来的不合理，而不是剥夺文义中蕴含的合理解释空间。有时候这个“本意”是落后的，是不符合时代需求的，可能就是一个不合目的的“本意”。我认为如果有一种解释是符合现实需求的，又能符合文义，能比较好地顺应变化，这种解释就是优于立法本意的选择。这一次修法的时候，有人就建议把《著作权法》第3条最后一项改为：文学、艺术和科学领域内其他具有独创性的表达。

易健雄：从整个体系来讲，李老师这个演讲应该只是作了一个前言，因为时间原因，下面有请两位与谈嘉宾张玉敏老师和黄汇老师。首先有请张玉敏老师！

张玉敏：听了李琛教授的演讲，收获很多。本来我已经退休了，这些活动一般都不参加了，但因为是李琛教授来，所以一定要过来听听她的一些见解。

今天这个讲座，我谈谈我的感想。李琛教授从“作品”的概念入手，来谈著作权法上的问题。从权利对象入手来研究法律问题，这应该说是法学当中一个非常基本的研究方法。我一直非常赞成李琛教授的观点，研究法律问题首先要认真地研究权利对象，把它的本质特征搞清楚。我认为这是我们学习法律的一个非常重要的方法。今天李琛教授的讲座给我们做了一个示范。如何运用方法来深入分析理论上和实务中发生的问题，这是我的第一个想法。

接下来，我想请教李琛教授两个问题：第一是现在民法典的编纂正在紧张地进行中，您在《论知识产权体系化》一书中讲到，如果我们想制定一部真正的民法典，根本问题不是知识产权法如何安放，而是如何实现知识产权法的体系化。在知识产权法尚未体系化之前，知识产权入民法典的准备是否充分值得深思。现在《民法总则》已经出来了，有一条对知识产权的对象作了规定。目前我们看不出民法典编纂中对知识产权还有什么进一步的考虑。这一点，我想请李琛教授再给我们多讲一点，您认为现在知识产权入民法典的条件是不是已经具备？第二是您在《论知识产权体系化》这本书和后来的一些文章中都批评了著作权的人格权和财产权一体化的问题，认为著作权实际上是财产权，对这个观点我是赞同的。您在讲的过程中，也提到了现行法律吸收了两个不同的法系的一些规定，导致了一些矛盾的存在。我想知道的是，您在著作权和财产权、人格权关系上，有什么新的思考？是把著作权当财产权来设计，还是说在现有的体系下进行改造？

李琛：谢谢张玉敏老师，张玉敏老师坐在下面给我很大的鼓舞。关于民法典的问题，虽然我们现在理论比较薄弱，民法的研究是不是足以支撑民法典的制定尚有疑虑；但是如果说做这个事已经定了，这个事本身我们不讨论的话，那么我认为把知识产权放进去，应该也是不讨论的。民事权利最重要的就是人身权、财产权。我们要制定 21 世纪的民法典，它跟原来的法国民法典、德国民法典最大的区别是什么？就是现在社会财富的结构发生变化了，无体财产远远超过了有体财产。知识产权这么重要的一个具体权利，你不去研究它，怎么可能提炼出一个非常好的一般性财产权呢？所以尽管总则里面涉及知识产权，就是这样寥寥几句话，但都存在一些问题。因为长期以来，民法学的研究和知识产权的研究相互隔膜。我一直认为知识产权的发展不能脱离民法，而民法领域要发展也不能把这样的一个很重要的具体权利忽略了。在制定民法典的过程中，如果我们把知识产权纳入进去，本身就是有利于民法学体系化和知识产权体系化的，也能够推动学术共同体对话。现在非体系化很重要的原因就是原来的研究格局，我是研究知识产权的不懂民法，我是研究民事权利的不懂知识产权，大家都觉得很坦然。

我个人还有一个看法，要求在民法典中设置知识产权，意味着将来教材的形式会发生变化，包括课程设置，我认为这个很重要。可能通过今天这个讲座大家也能看出，我比较关注隐性的事物，比如价值观、认知方式，这些比显性的规则比如法条更有意义。形式的东西往往是会影响实质的，所以这是我的一个出发点。

关于人格权的问题，我写的文章基本上是从理论上来谈的。著作人格权与民法人格权有很大不同，它是由不那么靠谱的预设推出来的。说作品反映人格，这只是一种文化观。一个东西反不反映另一个东西，是你看出来的。但是说一个人的生命健康是主体不可分割的一部分，这是一个经验事实。正是由于这个原因，所以著作人格权的普适性没有民法人格权那么强，这是从理论上来讲的。而从务实的角度来看，原来没有，加上可以；但是原来有，要把它拿掉，那是很难的。那怎么办？还是我们的老办法，就是靠解释。我们要用一些解释来尽量消解这个制度可能带来的一些负面效应，比方说对于有一些约定只要不涉及公序良俗，比如说约定署名但不涉及学术造假这些问题的时候，我们可以尊重契约自由。另外用语上，我们也可以避开，不要使用“权利转让”或者“权利放弃”，我们说这是一个“处分行为”或者“行使行为”。因为他是不是署名，署真名还是假名都是权利的行使。所以，形成一个价值观之后，用一些技术让它能够说得比较圆，这是到目前为止我的想法，谢谢！

易健雄：下面把话筒交给黄汇老师，有请。

黄汇：非常开心也非常荣幸有机会见到李琛教授和汪泽教授携手共进来到名家讲坛。

今天晚上李老师的讲座，一个最核心的，带给我强烈的感受的主题，就是法教义和法解释的处理问题。法教义学和法解释学发展到今天，它的发展模型、发展态势、发展进度，在不同的国家可能有所不同，在不同的个案中也有不同的选择。李老师在处理著作权的很多基本问题上，力图构造一套行之有效的可以有效弥补成文法或者制定法不足的解释学方法，这恰好是我们当下在立法资源不足，法教义学发展不够成熟，甚至法教义学发展再成熟也不可或缺的东西。这是我总体的感悟，也是对我自己很好的启发。

接下来我谈一些自己的感想：第一是涉及作品构成要件的问题，它到底是可固定的还是不可固定的，是能够被有形形式复制加以反复利用的还是不能？美国版权法要求作品可固定，因为它是和大工业化生产相联系的，是在机器大生产的背景下创设出来的，因此强调可复制性。我们诞生《著作权法》的时候有没有这样的背景？因此在我们的著作权立法中似乎舍弃了这样一个要件，比如口头作品成了我国著作权法保护的对象。登记、固定和交给国家博物馆归档，是美国 1790 年版权法（要求作品获得保护）的三个必备要件。但是随着加入《伯尔尼公约》，美国为了扩大本国知识生产在国际利益中的博弈，也放弃了这些要件。《伯尔尼公约》是一场著作权全球化、现代化的革命，还是著作权的一个悲剧，我们还不好说。这是我对李老师讲的“有形形式”和“可固定”的问题的感想。

第二是著作权法到底要不要以“科学、文学和艺术领域”为要件，我同意这个要件的存在是有必要的。著作权法和专利法、外观设计法对价基础不同，对价机制不同，逻辑基础也是不同的。著作权法要限制的是剽窃，专利权法要限制的是技术被他人无偿利用，剽窃和利用不是等同的概念。技术领域的对象到著作权领域，会不会影响对价机制？我们把技术事项纳入著作权保护的时候，尤其要谨慎，当年计算机软件纳入著作权保护的时候，世界上有多少批评的声音。所以我赞同坚持这样的标准，有利于保护对价机制的实现。

第三是邻接权的问题，邻接权的对象和著作权法保护的作品以及作品复制行为，三者如何区分？其实我也很困惑。这样的区分，是为了适应现有的立法体系，但邻接权保护对象和著作权保护对象真有那么大的差距吗？我非常赞同，邻接权之所以在历史上被孤立出来，成了有别于著作权的制度，实际上是因为在著作权和邻接权利益博弈的过程中，著作权群体担心邻接权群体来拦截自己的既得利益。从世界比较法的范围来看，版权事业发展比较好的国家，并没有区分邻接权和著作权。值得我们反思的是，现在我国著作权领域中区分二者的时候，更多是看独创性程度的高低。著作权法要保护的就是独创性，作品源于作者就行了，作品独创性的高低，不过是法官自由裁量的工具而已。我赞同这样一个观点：知识产权法和其他东西如果有区别，就是创造和劳动的区别。邻接权保护的对象，只要具有独特的个性特点，就可以成为著作权的保护对象，而不在于独创性的程度高低。

最后李老师对法律规定的类型补充条款还作了解释，在作品类型化的同时用补充条款扩大作品解释范围。今天的讲座，没有脱离李老师一贯的艺术之美、诗性之美、价值之美，我特别受启发，谢谢李老师。

易健雄： 非常感谢黄老师的分享，黄老师没有向李老师提问，李老师暂时就不回应了。接下来把时间交给同学们。

学生提问 1： 李老师好，我想问一下最近遇到的体育赛事直播画面、网络游戏直播画面这方面的问题，关于“类电作品”之外其他有伴音和无伴音的连续画面，是按照德国的活动图像保护，还是按照美国的视听作品保护，抑或按照中国的录像制品保护，这三者哪一个比较好？

李琛： 其实我的观点基本上已经藏在讲座中了。我个人认为，就是一个独创性的有无问题。我们不应该因为有录像制品的规定就反过来把视听作品的独创性提高。现在赛事直播有很多机位，也有择取。我不太懂球，但是我听有的球迷告诉我，他一看这个节目就知道是不是主场的台在播。可能一个犯规，导播认为这是很恶劣的，就不断回放，但是另外一个台可能就略过去了。这里面是有足够的取舍空间的。

刚才讲到录像制品和视听作品的划分，我提了几个疑问，还借用了摄影作品的发展趋势，就是说这种划分是不合时宜的。我们要有这样的取向，就是说不是有了“录像制品”（条款）就一定要用，只要这个表达有独创性，就解释到作品里去，不要舍不得那种不合时宜的条款，谢谢。

学生提问 2： 李老师好，我想问一个关于实用艺术品的问题。您讲到我们不应该把工业领域内的东西划分到作品里，是不是可以理解为，如果某一个实用艺术品可以达到美术作品保护高度，我们就用美术作品保护；如果具有实用性，可以在工业上大规模生产的，我们就用外观设计保护？那如果出现了空白，比如某一种实用艺术品是手工制作的，生产不成规模，并且实用性大于艺术性，这个坏了之后我可能不会放在家里作为艺术品摆起来，这样的实用艺术品在当下的立法范围内，我们应该如何看待？虽然是手工制作的，不会被大批量生产，被侵权的可能性并不是很大，但是它作为一个领域的划分，是不是也应该得到相应的保护？如果考虑保护的话，我们应该如何保护？

李琛：这个跟手工不手工没有关系，我的基本看法是，在没有实用功能的时候，看它的感知价值是不是足够。如果足够的话，它就可以享受双重保护，也没有必要去给它单设一个特别规则的短期保护。现在问题是不要随便把感知价值不够的东西解释成作品，因为有的学者说这会涉及一个问题：假设这个设计申请了外观设计专利，到期后一般公众觉得感知价值不够，所以认为已经进入公有领域可以（自由）使用了，但权利人又反过来主张著作权，这样给其他人造成的影响比较大。这就是为什么在模糊区的时候，要解释成不能获得作品的保护。那么就看能不能享有外观设计保护，如果不能，还可能得到反不正当竞争法的保护。所以，我觉得还是有足够的保护依据的，谢谢。

学生提问 3：李老师好，我想问的问题可能有点违背您最后说的法解释的建议。因为我还没有进入具体的知识产权法学习，问题可能不是很专业。您刚才说我们对于作品的理解，把“反映思想”当成一种保护的要件，是一种我国语文教育引发的误读。但是我的想法是，这里“反映思想”的“思想”和语文教育中的“思想”，应该是有所区别的。语文教育中我们经常被要求概括文章的中心思想，这里的“思想”是可以被写出来的，我觉得它被狭义化了。法条中的“思想”应该是广义的，可以是感性的也可以是理性的，可以是写得出来的也可以是写不出来的。这里对于法条中“思想”的理解是不是太狭义了？谢谢老师。

李琛：你刚才讲感性的理性的，那都没有法律意义，法律根本不关心这个。之所以引一个二分法，是说有一些东西是允许共享的，抽象的东西是不能获得保护的，而不能望文生义，认为作品必须包含思想。如果不反映思想或者思想不完整，我就不保护，这是非法定角度的保护。我为什么会这样推测，就是因为我们把作品的“思想性”看得太重了，没有思想就不反映价值，这是把美学上的判断和法律上的判断混淆了。沈从文先生说，你们想要的思想我从来不知道是什么东西。其实作品就是作者的一个表达，你说这个表达反映了什么，其实依然停留在一个很抽象的层面，这都是我们自己解释出来的。既然思想是共享的，我们就不能说是“这个作品”的思想，因为是共享的，没有所属的关系。

你说你还没有正式学知识产权，那么你把这一堂讲座忘了之后，要留一点：我们法律上看问题，一定要有法律意义，与法律无关的我们不关心。就这一句话就够了。

学生提问 4：李老师好，我想问的是针对一个特殊的案例，2015 年十大知识产权案例之一的“歼十案例”。有观点认为，按照《著作权法实施条例》的规定来看，模型作品是为了展示、试验和观测用途，（按实物）进行一定比例放大或者缩小做成的制品。有学者认为，飞机模型作品和飞机其实是同一种表达。飞机之所以设计成这样，肯定是实用性大于艺术性，按照老师您刚才对作品的定义，它肯定要归于工业领域而不能作为作品来保护。但是著作权法中把模型归类为作品，模型是为了观赏，所以艺术价值要大于工业价值。如果对模型给予著作权保护，而对飞机不给予著作权保护，是不是会有冲突？另外，模型如果是 1∶1 复制的，完全没有任何独创性的话，是否应该归类为作品？

李琛：你认为飞机可以是作品吗？

学生 4：不可以。

李琛：对，因为它没有独立的感知价值。关于模型作品的问题，立法表述上是说根据实物按照一定比例做成的，这就麻烦了，因为按照实物一定比例，可能就是一个复制行为。这个问题也是缘于我们有时候简单地把日常语言引入到法律语言中来了。你想简单地理解这个问题，可以这样想，模型作品跟产品设计图、工程设计图是一个逻辑层次的，唯一的区别在于一个是平面的，一个是立体的。

比如说我想提一个新的天体理论，为了把这个天体理论讲清楚，我可以画一个图，也可以直接做一个模型，它也是对我思想的阐释和表达，并不是根据一个实物按照具体的比例做成的。你可以关注一下，为什么修改草案里面曾经有一稿，把它改为叫“立体作品”，就是因为实践中提出过这样的问题。除了飞机以外，曾经还有多孔虫的案例。一个研究海洋微生物的科学家，在显微镜下看到了多孔虫，就作出一个模型来。当地就想借这个模型做雕塑，(将模型) 放大复制，法院认为侵犯了这个模型作品的著作权，那如果这个虫子就是长这样的怎么办？其实都是表述的问题。

学生提问 5：李老师好，我不是知识产权专业的，但是我挺感兴趣的。著作权保护和专利保护比如实用新型、外观设计之间，是不是有吸收的关系？我是这样想的，比如已经给你专利保护，即使存在比较高的观赏性价值，那它已经被专利的保护吸收了。或者从物权角度来讲，我个人感觉知识产权也是特殊的物权，对于一个有体物的保护，是不是只用一种物权保护？这是我的一个想法，想请教一下您。

李琛：你这种观点也是有的，包括有一些国家也是这种立场，比如说为什么把保护期缩到二十五年，其实就跟工业产权差不多。但是另外一种看法认为，它就是有独立的欣赏价值，我为什么不能享有两种保护，我就有能力把它做得这么漂亮。所以，你可以思考一下，他的这种价值观能不能说服你。这就是对一个问题的不同看法。商标也是一样，一个作品很漂亮，本来就是一幅画，有著作权保护，也可以许可给别人作商标，同时可以享有商标权的保护，这个是没有什么问题的。

学生 5：如果当作艺术品的话，报废以后怎么办呢？

李琛：比如说花瓶，花瓶有插花的功能，也有可能不插花，就摆在那看，不一定要报废。他可能先申请了外观设计专利，外观设计到期了怎么办？我们可以对产业竞争持宽松态度，也可以有另外的态度，就是它还有独立的感知价值。也有国家认为，到期以后在产品上用是不侵权的，但是我如果拍摄成图片，作为纯作品意义上使用就侵犯著作权，也有这样处理的。

易健雄： 感谢李老师，因为时间关系，同学们的提问环节暂时到这里。接下来我想说几句，李老师的讲座信息量很大，很多东西我没有办法系统地回应，只能碎片式地回应。

第一，如何理解李琛老师今晚的讲座。我担心同学们不知道李老师讲这么多基础理论干什么，李老师的问题点在于，如何用这些最基础的理论概念分析实践中的问题，尤其是司法实践中的问题。这可以归纳到法解释范畴去，因为时间限制，李老师有些话也说得比较含蓄，可能要有相关知识背景，知道李老师是针对哪个问题、哪个案例来讲的，才能接收到李老师的信息。大家如果在讲座以后还有兴趣，想更深刻地去理解李老师的信息的话，我建议你们去读一些案例，一个是字体案例，一个是中超联赛的案例，再一个是喷泉的案例。你们去看了案例以后再回顾李老师讲的话，就可以更深刻地感受到李老师讲基础理论的意义。

第二，李老师的解释方法，是从所谓的本质主义出发来理解问题，挖掘到原点之后，再落实到个案。另外一种方法是实用主义方法，或者说是从结果出发的方法。有的东西在具体案例当中，基础理论解释不清楚的时候，就放到结果去看，A 方案导致什么结果，B 方案导致什么结果，哪个结果更能为我们所接受然后再来倒推。这两种方法大致等于法教义学和社科法学的关系。这两个东西可能同学们都比较陌生，因为知识产权很少讲法教义学，但是民法讲民法的法教义学，刑法也会讲刑法的法教义学，这个相对应的是社科法学。比如美国，更多会讲实用主义，概念法学受到很多批判。但是我想说你们了解法教义学与社科法学的时候，多看看其他相关文献，然后再来看这个问题。

我对这两个问题的看法是，一是我本人对教义这个词比较排斥，因为这个词带有很浓厚的宗教背景。某种程度上虽然它有点高大上，很神秘很专业，但有的时候会误导大家对“法解释”的理解，讲教义的时候会忽略现实生活。

二是社科法学强调从结果来看，但它不是不懂逻辑，而是出于某种社会因素考虑，必须要跳过逻辑。美国有法官就说这是传统，用传统对抗逻辑。李老师就是以逻辑提出问题的，哪里逻辑不一致那肯定是问题。大家以后不要忘记逻辑的重要性，包括你们后面作研究也好，实务也好，一定要注意逻辑的严谨性，甚至要做一些关于逻辑的基本训练。

第三，法教义学和社科法学有没有结合的可能性。它们不是互相排斥的，一定是可以结合的。我顺便给大家推荐一本书，冯文生的《推理与诠释》，建议大家看一看。法教义学和社科法学结合在一起的方法，我相信恐怕就是诠释学。总的意思就是，文本不是死的文本，文本独立于作者。李琛老师讲的最后一个词叫“立法本意”，其实我不同意我们讲“立法本意”这个词。以我的理解，没有所谓的“立法本意”，只有立法目的，立法目的是由文本决定的。如何解读立法目的，不同的人有不同的观点。

我们一定要区分三个概念：日常用语、法律术语与法学术语。有时候法学术语和法律术语来自日常用语，不过是有裁减的，如果不作这些区分，用日常用语本来的意思考虑法律问题，就会出现逻辑的混乱和混淆。如果要质疑的话，就应该质疑法律这个裁减得不得当。

因为时间限制，今天的讲座就到这里。非常感谢李琛老师！感谢汪泽老师、张玉敏老师、黄汇老师！感谢到场的同学和会务组的同学们，今天的讲座到此结束！

文字校对：周　霞

内容核校：黄　骥

整理说明：根据现场视频及速记整理，已经主讲人审阅。

第二十三讲

未注册在先使用商标的保护

主　题：未注册在先使用商标的保护

主讲人：李雨峰　西南政法大学教授、博士生导师

主持人：易健雄　西南政法大学副教授、重庆知识产权保护协同创新中心副主任

与谈人：李晓秋　重庆大学教授、博士生导师
邓宏光　西南政法大学教授、博士生导师
黄　汇　西南政法大学教授、博士生导师
周清林　西南政法大学副教授、硕士生导师

时　间： 2018年10月23日

地　点： 西南政法大学渝北校区致理楼三楼民商法学院会议室

易健雄： 各位同学晚上好，欢迎大家来到中国知识产权名家讲坛的现场，今天在这里举行的是第二十三讲，主讲人是大家非常熟悉，也非常喜爱的李雨峰教授。李雨峰老师是中国知识产权法学研究会副会长、重庆知识产权保护协同创新中心主任、最高人民法院知识产权司法保护研究中心特聘研究员。

今天李老师讲的主题是“未注册在先使用商标的保护”。这个主题在商标法中是比较重要的专题，而且还涉及商标法和反不正当竞争法的关系。今天的与谈人嘉宾阵容非常强大，首先介绍来自重庆大学的教授、博士生导师李晓秋老师，李晓秋老师也是我敬爱的师姐；还有西南政法大学的邓宏光老师、黄汇老师、周清林老师，大家都是非常熟悉的。

另外还有咱们的老朋友，李慧敏——李处长，李处长是重庆国际知识产权投资集团的处长。重庆版权中心的王主任也过来了，还有教研室的很多老师都来到了现场。李老师主讲完以后，咱们可以深入地交流。

下面把话筒交给李老师，有请李老师开讲。

李雨峰： 谢谢健雄！他作为名家讲坛的操刀人，一年前就跟我说搞个讲座，但是我一直没有想好讲座内容。另外，非常感谢几位专家，特别是晓秋和慧敏董事长，同时十分感谢教研室的老师们。

今天为大家分享的题目是“未注册在先使用商标的保护”，虽然这个题目在商标法上比较小，但是非常重要。我主要给大家分享四个问题：第一，现有法律规范的问题与疑问；第二，未注册在先使用商标的规范体系与属性；第三，未注册在先使用商标的法律机理；第四，未注册在先使用商标的法律构造。所有的讨论以条文为基础，不一定是实然的，更多是应然的。现在我提出一个观点来，我深信等会儿大家会有讨论和质疑。我认为民法的先占可以为商标法提供基础，这个观点肯定会造成质疑，因为知识产权界的很多老师认为民法上的很多理论是无法移接到知识产权法上来的。因此今天请来了周清林教授，他的任务是为我辩护。

关于第一个问题，先看一个案例。格鲁鹏公司于2008年在国外注册其商标并且在中国已经使用，2010年另一家在中国的公司对该商标申请注册时，原告格鲁鹏公司就以商标在先使用为由申请驳回商标注册，商标局驳回申请后，格鲁鹏公司又申请复审。这里的问题是我们如何来理解未注册在先使用商标对于注册商标的一个抵抗力。

再看一个在《商标法》修改之前最高人民法院的一个案例。在这个案例中，最高人民法院有一个观点：知名商品特有的包装、装潢等具有《反不正当竞争法》上的财产权益，应当可以转让和继承。[1] 我的观点是知名商品特有的包装、装潢也可以作为未注册商标来保护。

由此引发的问题是：既然中国是通过商标注册取得商标权的，那未注册的商标在我们中国法律上的意义、地位该如何来理解？如果说严格地贯彻注册取得商标权这个制度，那未注册的商标在中国是不能获得保护的。但是在理论上，通说认为商标的本质是商誉，保护商标就是保护商誉。商标使用会产生一定的商誉，因此尽管没有注册，但是使用并产生一定商誉的商标可以获得一定程度的保护，这是一个基本判断。在《商标法》上围绕着未注册商标有一些规范，其中主要的几条：第13条第2款，这是《商标法》要求申请注册商标人不能复制、摹仿或者翻译他人的未注册驰名商标；第15条，要求代理人、代表人为被代理人、被代表人申请商标注册的时候，不能把别人的商标当成自己的商标注册；第32条，商标申请人不得损害他人现有的在先权利，也不得以不正当的手段抢注他人已经使用并有一定影响的商标；第59条第3款，是注册商标的例外，也是我们讨论的重点。修订后的《反不正当竞争法》第6条第（1）项，禁止经营者使用与他人有一定影响的商品名称、包装、装潢等相同或者近似的标识。《商标法》和《反不正当竞争法》这几个条款共同构成了规范未注册商标的一个规范群。由于《商标法》第13条第2款的规定相对成熟，所以不予讨论；第15条代表人和被代表人、代理人和被

[1] 最高人民法院（2013）民提字第163号民事判决书。

代理人的特定关系也不去讨论。因此，我主要讨论《商标法》第32条后半句以及《商标法》第59条第3款和《反不正当竞争法》第6条第（1）项。

就目前来说，关于未注册在先使用商标，在学理上观点是不一致的，称谓也不一致。有的称之为商标先使用权，有的称之为商标先用权。不同的称谓表述，表现了给予这些称谓的人对未注册在先使用商标的价值看法的不一致——到底是一种权利还是仅仅是一种利益？因此，前面称谓的不一致导致理解的不一致，这源于我们对《商标法》上一些看法的理解不成体系，当然我认为是不成体系的。比如说现在更多的人对未注册在先使用商标把握的仍旧只有《商标法》第59条第3款，实际上除了第3款之外还有第32条后半句，以及《反不正当竞争法》第6条第（1）项。

这种对法律条文理解的不一致、不成体系，给我们带来一些问题：第一，我们到底如何来理解未注册在先使用商标的属性，是一种完整的排他性权利，还是一种抗辩权？第二，《商标法》第3条明确规定注册取得商标权。既然注册取得商标权，那为什么还要保护未注册的商标，保护未注册商标的法理基础是什么？第三，在法构造上如何来理解未注册在先使用商标保护的条件和法律效力？

以上是我认为目前存在的问题。澄清一下在讨论未注册在先使用商标的时候有一个比较，即一定是和它相同的或近似的另外一个在申请注册或者已经注册的有效商标，一定是一个比较的概念。我们要理解未注册在先使用商标，首先，要考虑它和他人的已经申请注册商标之间是什么关系。比如甲有一个商标，乙也有一个商标，这两个商标相同，甲已经注册了，但是乙使用在先，要理解乙使用在先的时候，一定需要考虑甲的行为。其次，未注册在先使用商标，被另外一个人在市场上刻意摹仿复制的时候，未注册商标使用人有没有权利制止这个行为？由于他没有注册，他制止他人使用的基础是什么？最后，未注册在先使用商标能不能转让，能不能继承？这就涉及未注册在先使用商标到底是一种积极的权利还是一种消极的抗辩权。

第二个问题，简单跟大家讨论一下未注册在先使用商标的规范体系和法律属性。未注册在先使用商标引发争议的都是在注册取得商标权的国家，如果在使用取得商标权的国家就不存在这个问题。因为我本来第一个使用，就可以拥有商标权。在注册取得商标的国家，注册是取得商标权的途径，而商标在先使用人又没有注册，那么该如何协调二者之间的关系呢？个人认为在理解未注册在先使用商标的时候，一定要结合注册商标来理解。注册商标的权利效益的边缘、边界等决定着未注册在先使用商标的一个生存空间。《商标法》第3条规定了注册取得原则，无论对注册的性质如何理解——到底它是一种授权还是确权，目前来说，注册是取得商标权的唯一途径，这个是没有问题的。如果冠上这个原则，未注册商标是不能使用的，更不会产生权利。《商标法》第7条、第9条、第32条规定，申请使用商标一定要符合诚实信用原则；第45条规定已经注册的商标如果是他人以不正当手段抢注的，在先使用人五年内可以请求宣告无效；第57条第（1）项和第（2）项对侵权行为有明确规定：在相同的商品和服务上使用与他人注册商标相同或近似的标识，这是一个绝对原则。这个时候未注册商标是不能用的，一定构成侵权。

总结起来，《商标法》上关于未注册在先使用商标有三种规范。第一种，直接调整未注册在先使用商标的法律构成、法律效力范围的规范，由《商标法》第59条第3款直接规定。第二种，《商标法》第32条规定禁止他人抢先注册。第三种，《商标法》第33条关于商标异议的规定。另外，立法上有关于注册取得商标权原则以及注册商标权效力范围的规范，这种规范形式上看调整的是注册商标，实际上勾画的是注册商标的外部边界。意味着在注册商标的外部边界和未注册商标接壤的时候，如果注册商标的范围大，未注册商标有可能构成侵权；如果范围小，未注册在先使用商标就有可能是合法的。

关于诚实信用的规定，这属于注册商标和未注册商标共同遵守的一个原则。这个原则是很重要的，尽管我认为在《商标法》中没有必要规定，因为我们可以直接引用《民法总则》中的一些既有规定。但是现在《民法总则》《商标法》《反不正当竞争法》都明确规定了。实际上这一条特别重要，尤其是在具体的法规范没有明确规定时，我们可以适用诚信原则来直接处理因商标引发的纠纷。事实上，在我国司法实践中就有大量类似案件，特别是这两年在反不正当竞争法领域的互联网案件，很多法官就直接依照其第2条进行判案。当然这个行为我们是支持还是反对是另外一个问题了，但是这个实际情况是存在的。

相应的，这个逻辑关系就呈现出诚信原则对注册取得商标和未注册取得商标都有一个统摄关系，注册商标涵盖了未注册商标的界限，原则上如果有一个标识和已经取得的注册商标相同或者近似，哪怕你是在先使用商标，理论上也应当是禁止使用的，为什么？因为我们是注册取得原则。因此考虑到公平起见，给未注册商标一个生存空间，它必须达到某些要求。关于未注册在先使用商标的合法有几个条款，第一个是《商标法》第 59 条规定了侵权例外；第二个是可以禁止他人抢注；第三个是可以禁止他人使用。关于上述逻辑关系大家可以看 PPT 上这个图作一个参考。

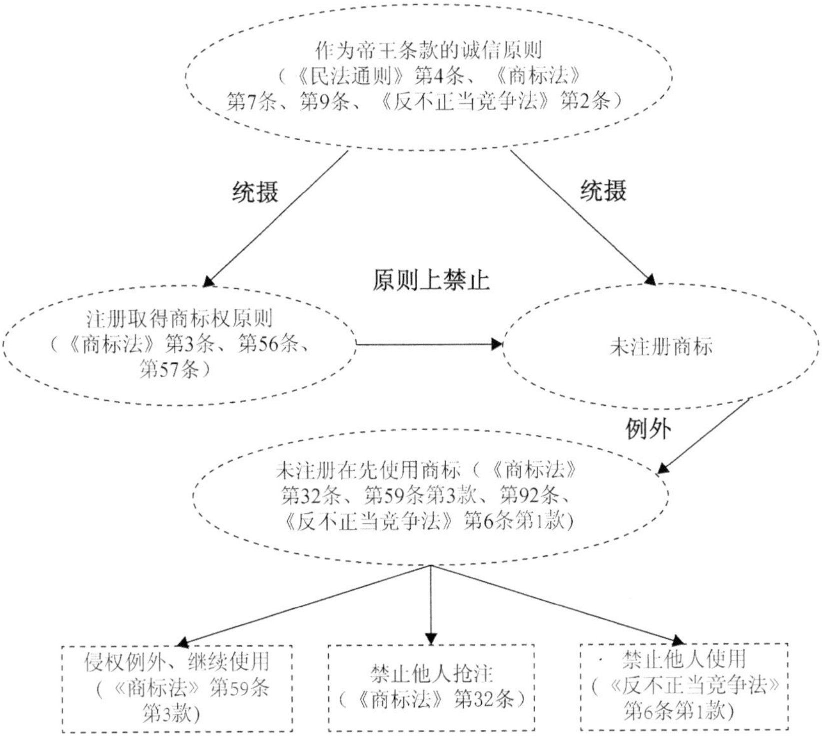

关于未注册在先使用商标的法律属性，现在学界理解也不完全一致。2013 年中国修改《商标法》之前，有的学者认为注册取得是一个根本原则，在先使用的商标尽管有一定商誉，但没有任何权益。[1] 2013 年《商标法》修

[1] 董炳和．商标在先使用的法律意义［J］．法学，1999（10）．

改之后，相应认识也发生了改变。

现在有三种观点：一种把它（在先使用商标的属性）理解为一种积极的权利，另外一种把它理解为一种消极的权利，还有最常见的一种是把它理解为注册商标效力的例外。

第一种，积极权利。即对于商标的在先使用人而言，这个商标是很积极的并且有重要内容的一种权利。在立法中有两种情况，一种以德国为代表，德国商标法第 4 条明确规定，注册和使用都可以取得商标权。然后在其第 12 条规定了在先使用商标的一些平等地位。德国法很宽泛，将它规定为积极权利。与此类似，丹麦商标法第 3 条规定与其几乎相同。另外一种代表是日本商标法，当然对日本商标法的理解，就连日本学者内部也不一致。日本商标法第 32 条承认了商标积极使用的权利，要注意日本商标法在承认在先使用权利的时候是在商标权一章中来解释的。按照体系解释。日本也是把它作为商标权来理解的。除了日本之外，韩国、意大利的规定都和此近似，把它理解为积极权利，当然积极权利不一定是完全的权利。

第二种，消极权利。中央财经大学一个老师认为未注册在先使用商标是一种消极的权利，不具有积极的权能。该怎么理解这个观点呢？其实就是指不能转让，不能许可他人使用，不能禁止第三人在相同或类似商品上使用商标，也无权要求第三人进行损害赔偿。

第三种，注册商标效力例外说。《商标法》第 59 条第 3 款规定，注册是取得商标权唯一的合法途径，对在先使用商标权的保护，是基于一种公平的考量。这个时候在先使用商标构成了注册商标效力下的一个例外，但它到底是一种权利还是其他一般利益，法律没有说。这是我们讲的三种观点。

我个人倾向于它是一种积极权利，下面我说一说理由。

我认为消极权利只关注了《商标法》第 59 条第 3 款，忽略了在先使用商标在竞争法上的意义，实际上我国《反不正当竞争法》明确规定，在先使用人有权请求损害赔偿。我们没有在《商标法》中规定，但是在《反不正当竞争法》中规定了，并且德国、日本等多个国家的反不正当竞争法都有相似的规定，这就说明立法上是有所支持的。

另外，我认为注册商标效力例外说，也就是第三种观点，它的好处是理解了《商标法》第59条第3款；但是没有把第59条第3款和《反不正当竞争法》结合起来，对于未注册商标没有给它一个体系性的理解，这种理解我认为片面了一点。我个人感觉消极权利和注册商标的例外说都没有否认一个事实，即注册商标也好，未注册商标也好，都蕴含一定的商誉。我们保护这种商誉，但是商誉会不会就使商标上升为一种权利？这个很重要。不是所有的商誉、利益都可以上升为权利，必须有一个东西在，这个东西就是合法性的问题。冯象曾经写过一篇文章——《腐败会不会成为权利》，因为腐败对腐败的人而言的确是一种利益，但是为什么它不可以上升为权利呢？因为它的正当性受到质疑。

未注册在先使用商标中间蕴含的利益能不能上升为权利？按照现在的研究，于飞认为利益上升为权利应当满足三种要求[1]：第一，要具备归属效能，确定利益归哪一个主体；第二，排除效能，利益主体有没有排除他人来干涉其利益的可能性；第三，社会典型公开性，利益应当有一定的公示方法。我基本认为未注册在先使用商标可以上升为一种权利，那这种权利不仅仅是消极的，它还有积极的内容。

下面讨论第三个问题，未注册在先使用商标的法律机理。首先，讨论使用、注册与商标权的本质属性。大家知道在世界范围内存在三种取得商标权的方法、原则，或者说立法例。第一种是使用取得商标权，典型国家就是美国，谁在某个商品上使用商标，无论是否注册，其自然而然拥有商标权，发生纠纷的时候，只需要向法院证明你使用了即可。第二种取得方式是申请注册，国家工商局允许商标注册之后就取得商标权，当然是有配套条件的——要有全部的主管登记机构，还要服从先申请原则。第三种便以德国和日本为典型，认为注册和使用都可以取得商标权。

大家想一想如果注册和使用都可以取得商标权，那注册和使用是什么关系？我们首先看注册，关于注册在取得商标权的关系中，常见的有授权说和确权说。授权说和确权说基于一种判断，知识产权的产生有两个来源，一个是民事主体的创造性事实，一个是国家机关的审查行为。创造性事实是起源，

---

[1] 于飞．侵权法中权利和利益的区分方法［J］．法学研究，2011（4）．

国家的审查行为是根据，这就是授权的观点，由此产生授权说。在这种观点中，国家行政主管机关的权力是很重要的。确权说以民事主体的市场行为作为依据，国家授权以市场主体的行为为基础，商标反映的是一种利益，利益只有在使用中产生，那这个时候市场主体的使用行为给商标权奠定基础，国家主管机关的授权行为只是一个公示。这个是两种观点。

我想说的是国家主管机关的授权行为不可否认发挥了重要作用，但是能不能理解为国家主管机关的授权行为就是商标权的基础？在讨论现代法的时候有一个假设，即由一个自然状态到非自然状态——政治社会的转变。在自然状态怎样，然后到政治社会怎样，有了政治社会之后，例如洛克就认为建立合法的政治权威的目的就是要保护个人的自然权利。但是在政治社会中自然权利必须在实证法上由法条明确规定，任何权利的维护都要借助于国家机关的公行为，这就意味着国家机关行为十分重要。但是能不能理解为国家主管机关的行为就是民事权利产生的基础？我认为这一点值得质疑。知识产权学界提出知识产权公权化的观点，还有更多的人愿意从政策层面去理解知识产权，我认为也有道理。但是如果过多从政治层面去理解知识产权，去理解民事权利，会使民事权利的界限和内核发生很大的不确定性。因为政策最大的特点就是可以随时变，这会不会导致知识产权基本权利的内核经常变？当然我还是很赞同张玉敏老师对国家授权行为的一种观点，即申请与注册行为分开，国家机关对于商标的授权行为分为民事主体的单方申请行为和国家工商局的授权行为。然后民事主体的申请行为是一种单方授权，申请行为是民事法律行为，国家的授权行为只是一个辅助。这个观点给我的启发就是，无论是确权说还是授权说，国家机关的作用对于民事权利而言，只是辅助性的。这是我的判断，待会儿大家也可以讨论。

其次，我们怎么来看商标权益的法律基础。我估计这个可能是今天晚上争议最大的。我感觉首要应该关注注册和使用的共同特点，根据《商标法》的先申请原则，国家授权的时候把权利给了最先申请注册的人。在美国最先使用商标的人有商标权，无论在注册制的国家，还是使用制的国家，“最先”是根本性的。能不能理解为注册和使用之间有一点共同点，对注册取得商标权的国家，我们认为注册是取得商标权的条件，对使用取得商标权的国家我们认为使用是取得商标权的基础，在法哲学上注册和使用不可能同时都是商标权的基础，除非注册就是使用，但是注册和使用不相同，我们就反推注册和使用只能有一个是商标权的基础。我的观点是抽离它们的共同点，最先申请和最先使用的共性是“先占”。先占有三个条件，第一，标的物无主；第二，事实上的占有；第三，所有人必须以所有的意思占有标的物。第一个和第三个没有问题，比如无主的标识，公共领域的符号，我自己用在商品和服务上，这个没有问题。第三个我以所有的意思占有标识，标识用在我的商品和服务上，没有问题。关键是第二，先占人对无主物的事实占有。著名的民法学家史尚宽、王泽鉴、梁慧星等都认为在著作权、商标法上存在准占有。❶

大家想一下，我们在讨论任何问题的时候，都是要引证的。比如我跟黄汇教授讨论问题，在我们相持不下的时候，我必然引证第三个人的观点。当然如果你去质疑，为什么要引证第三个人的观点，第三个人就对吗？那也不绝对。我只能说多了一个人而已。

先占作为私有财产权的基础，是自然法学家讨论比较多的。当然到底先占是行为本身还是行为的结果给它的效力，这都无所谓。只是说先占给我们取得财产权提供了一个理念上的依据，或者我认为先占为最先使用和最先申请提供了共同的法理依据。这是我的基本观点，当然这里还要处理很多问题。

比如我认为，先占是一种基本的道德，不只是存在于法律规范中，实际上在社会生活的各个方面都存在先占。比如先来后到，为什么先来后到？这是一个基本秩序的问题。为什么古代要立嫡长子为皇帝，因为“先来后到”，先占在社会生活中是被大家认可的。如何来理解先占、注册和使用之间的关系，如果先占是商标权的基础，那注册和使用是干吗的？我个人认为注册是给先申请的人，使用是给先使用的人，这个时候注册和使用是先占的表现形式。商标的本质是使用，没有使用就没有价值。我认为先占使这个财产取得了权利，使用使财产价值有所增加，这是两个问题。如何理解先占、使用和注册之间的关系？我认为注册和使用解决的是技术上的问题，先占解决的是

---

❶ 史尚宽. 物权法论［M］. 北京：中国政法大学出版社，2000：605；王泽鉴. 用益物权·占有［M］. 北京：中国政法大学出版社，2001：385；谢在全. 民法物权论（下）［M］. 北京：中国政法大学出版社，2011：1243.

基础问题，先占让商标有了权利，注册则取得全国统一的商标权，并且具有很强的公示性，使用是在这个范围内解决技术问题。

大家想一下，实际上先占反映的是无主财产和主体之间的关系，避免浪费。这是在前法律社会都有的一种秩序，不只是在法律领域，在社会、经济领域都有，将先占赋予合法性，是法律对自然秩序、对前法律秩序规律的理解和尊重。如果我们设定的法律制度和之前假设的自然秩序是不一致的，那意味着什么呢？意味着我们要通过法律制度来修改民事主体的行为，这个成本太高了。如果我们顺从这个自然秩序，而这个自然秩序又不是那么影响公共利益，那这种成本是很低的。

我再强调一次，把先占作为商标权的基础是理念上的、是规范的、是应然的，不是法律上的，法律上没有这么规定。有的人说先占是古罗马时候的，那个时候还没有商标权。我认为财产取得方式和财产制度本身是不矛盾的。这个制度在古罗马时就有，但不影响我们用这种制度解释商标权的合理性。

第四个问题，未注册在先使用商标有哪几个条件以及它的法律效力是什么？我认为有三个条件，而且这三个条件只有第一个条件争议最大。第一，在先使用人在注册商标公告前使用了该商标。第二，产生了一定影响。第三，在先使用人主观上有善意。主要是对《商标法》第 59 条第 3 款的理解，商标注册人申请注册商标，但他人已经在同一种商品或者类似商品上使用与其注册商标相同或类似商标，注册商标专用权人无权禁止，但可以增加一种标识。问题在于有一种观点认为，未注册在先使用商标如果要获得保护，第一，他要先于商标的申请注册；第二，他要先于商标注册人使用商标。这是两个在先，例如我是在先商标使用人，然后你是商标注册人，一个我要比你申请在先，一个我要比你使用在先，我认为这个理解是荒谬的。

另外，在先使用人在注册商标前，法条上规定的申请注册前应该怎么理解？到底是递交文件的时候，还是递交结果形成公告的时候？我理解的是形成公告的时候，作为一个未注册商标所有人，在使用商标的时候不想注册，那我还有没有去查他的这个动力？为了防止侵权是有可能的。另外，一个商标还未公告，目前工商系统查不到，所以我认为公告前更合理一些。

前面你如果承认在先使用商标是一种积极权利，后面这几个效力都应该成立。

第一，可以作为他人注册商标的异议事由。如果他人将和你商标相同或者近似的商标申请注册，你就可以提出异议，当然异议的时间只有三个月，所以在先使用人可能来不及异议，或根本不知道。

第二，在申请注册商标被授权之后五年内可以请求宣告无效，这是一种相对无效的事由。当然五年之内你要做一些动作，过了五年你就再也不能请求宣告无效了，除非达到驰名商标的程度，且对方恶意，就不受五年的限制。

第三，注册商标效力的例外。就是和一个已经注册的商标相比，尽管那个商标是注册取得的，但是你作为在先使用人，你的效力是他注册商标的例外，他管不着你。就是《商标法》第 59 条第 3 款的规定，前面这三项都是被动的。

第四，可以转让、继承。我承认在先使用商标有积极内容，所以为什么不可以转让、继承？但是有一个例外，除了你之外还有一个在国家工商局公告的注册商标，那就要考虑转让商标会不会引起混淆，其实这种可能性是有的。所以我建议和营业一起转让，是一种连带转让。

最后，防止他人对自己商誉的侵占。未注册在先使用商标被他人刻意摹仿、复制，作为权利人可以向法院起诉。当然起诉的时候要有证据，英国法上一般是由假冒法来处理，在中国可以用《反不正当竞争法》。

我总结一下，我认为也可能是引起争议的，在我国《商标法》上有三种商标权益类型，第一种就是注册商标的权益。注册商标在全国范围内具有积极的权能，然后权利人可以转让它的商标权。第二种在先使用商标的效力比注册商标的效力要低一点。它也有积极权能，但是效力范围在原有的范围内。第三种在他人注册商标之后，又开始使用该商标而产生的权益。这种情况通常来说是不允许的，但是由于历史原因，曾有一段时间有很多国企允许另外一个企业长期使用，然后这两个商标在各自范围内形成自己的消费群体，现在最高人民法院大量的案件判决可以共存。对这种后使用的未注册商标的消极权利，只能在原有范围内使用，只能抗辩，不能转让。实际上我这个观点和英国法上的相关规定类似，把注册商标和在先使用商标分为两种，注册商标有很强的财产性，非注册但有商誉的商标，也是积极的权利，但不是很强。

总结一下，未注册在先使用商标是一种积极权利，它的基础和注册商标相同，就是先占，它可以转让继承，理解未注册在先使用商标必须考虑到和已经注册商标的关系。我今天的讲座更多地是考量后面这两个因素，这是我今天的一个简单观点。谢谢大家!

易健雄：感谢李老师，李老师用仅仅50分钟的时间，给咱们呈现了他的观点。李老师观点里最有独创性的部分就是讲注册与使用共同的前提或者说理念上的基础就是先占。接下来把时间交给各位与谈人。

李晓秋：第一，我特别赞成这一点，即引用民法当中的先占原则来论证未注册商标何以成为一种权利。我赞成用民法固有的制度或者原则来论证。但是先占是不是能论证未注册商标可以作为一种权利呢，我还没有想得很清楚。但是在一篇文章里面，我也用了关于添附的规则来解决商标的问题。在这个思路上我是赞同的，但是关于它是不是一种权利，我有点疑惑。第二，雨峰教授在谈到未注册商标论证核心观点时，认为它是一种积极的权利。而且他的论证表达上面从积极权能，原有范围，能否转让，让我感觉未注册商标和注册商标的差异仅仅在权能行使上面可能就只有行使的范围不一样。

李雨峰：未注册在先使用商标一定包含有条件，是有一定影响的商标。

李晓秋：这个有共识。我担心这样一种制度设计会不会有可能在一定程度上掏空了现有的注册制度？因为我们有这样的一种认识，目前注册原则还是一个根本，而且根据注册原则我们想到的结果就是他享有这种商标专用权，而未注册商标，我认为他是有权益的，但是如果真的要有权利，那么我确实没有理解这种权益如何上升为权利，可能雨峰教授也带过了。如果要有权利的话，必须要有三个要件。我最担心的是这样一种制度构造，会不会对我们现在的注册制度造成太大的冲击，甚至彻底掏空，是不是成了另外一种表象，那就是让我们采用使用制度，即以注册制度为名，实际上行使用制度之实。我承认商标固有的这种价值，商誉的产生是基于使用，但我以为在现在这种情况下，可能采用商标注册制度更利于取得权利，我觉得这还是根本。谢谢!

易健雄：谢谢，晓秋是有限赞同雨峰教授的观点，下面有请邓宏光教授。

邓宏光：我既不是赞同，也不是否定，我只是疑惑。疑惑来源于这几点：第一，你提到核心的观点是占有或者是准占有。准占有我们就从含义这个角度来说，准占有它准到哪里为止，哪些地方又不能准？这是我们必须要考虑的。否则的话，我们如果说都是占有，就直接拿过来就可以了，为什么要加一个准字？有些地方可能准不了，是要比照它吗？有些情况为什么比照不了？这就涉及第二个问题——它以何种方式来进行所谓的占有？你的观点好像是使用或者注册都是属于占有的一个技术问题。

李雨峰：对。先占是取得商标权的基础，注册和使用解决的是技术问题。

邓宏光：也就是使用是一种先占，注册还是一种先占，那么如果两种先占碰在一起的时候，谁先占呢？凭什么一个“先”在使用，一个“先”在注册？两个都是先占的时候，有一种先占就来了，凭什么一个先呢？这是第二个疑惑。

第三，刚才的准占有，你在解答晓秋老师时说是前提基础，先占是针对经过使用具有一定影响力的商标。那这里面的准占有，按照你所说的占有的三个要件里面第三点，我占有的意思一定要达到全国范围内很有知名度吗？第二个要件是事实上占有标的物，是不是在全国很有知名度的时候就是事实上占有了，如果没有达到而只是在一个范围内有一定知名度就不是事实上占有了吗？我们确定事实上占有的标准在哪里？你凭什么是这样划分这个标准的？这是我对占有现在想到的三点疑惑，当然也许不排除后面还有很多疑惑。

李雨峰：我深信越解释你疑惑越多。（笑声）

邓宏光：关于效力问题，提到积极的效力，积极和消极是相对而言的，是相对什么而言的，评判标准是什么？这是值得我们考虑的问题。传统上所有的权利都是既可以自己用也可以排除他人干涉，排除他人干涉如果是我们的消极效力，或者是消极的一面，那我们说，你那个消极效力是不是相当于别人告你的时候，我可以躲一躲，消极效力和传统的是不是有一点差异？

李雨峰：实际上不是我的，这是我引用的观点。

易健雄：邓老师其实还是以中立的态度表达了反驳的意见，疑惑后面藏着更多的疑惑。下面有请黄汇老师，他对商标还是相当有研究的。

黄汇：谢谢健雄教授。雨峰教授是我最崇拜的一个师兄，带领着我游弋在法学和知识产权法学的海洋。当年他读博士在四楼，我读硕士住三楼。包括清林教授，是哲学界的一个代表，是西南精神的一面旗帜。

说实话，如果就这个问题来思考，在听讲座之前还更清楚，听了以后我反而没有结论了。首先谈一个方法论的问题，我觉得李老师今天晚上的讲座有一个本质性的回归。可能在十年以前他的研究方法更多是社科法学，强调部门法和其他法学部门之间有机的耦合，强调它们之间的互动关系。这个就是时髦的社科法学，《枪口下的法律》《著作权的宪法基础》都是典型。其实讲座没有什么好评的，听讲座你也不要寄希望于在讲座上获得什么知识，你只要感觉到知识扑面而来就行了。我觉得这个讲座达到这样的效果就 OK 了，今天晚上专业和非专业的都来了，盛况空前。为什么说是一个回归呢？李老师长期关注的是交叉学科研究，其实我也带有这种痕迹。今天的讲座似乎又回到所谓的规范法学或者法教义学的立场，也是这几年比较时髦的法教义学。我们可能不去讨论部门法之外的更多法理，更多听到的是他在规范法学系统内部，所谓的法教义学就是脱离了部门法和部门法之间、部门法和法理学之间以及与其他社会科学的对话机制，回到了商标法本身的逻辑体系来考察制度和制度之间的关系，它如何去配置、运行、解释，从而让这个制度更加规范、合理、有效，更加符合我们的认识。这是我觉得他重要的一个改变，我很钦佩。这两年中国学术界作法教义学研究的人超过了法解释学和社科法学。所以这是一种比较好的立场，在思考一个问题的时候，你完全否弃了社科法学的立场，能够在规范法学内部找到一切解说的逻辑，这是比较困难的。

今天晚上我最疑惑的一点，按照雨峰教授的习惯来看，首先你会明确研究这个东西要解决的问题，但遗憾的是今天这个讲座中似乎没有感觉到太多。其实你要论证所谓的在先使用商标是一种权利，不管是什么学说，是不是权利，你解决它是不是权利的动因是什么？你需要解释什么问题？你能解释什么问题？这是我觉得我需要向李老师请教的。其实我最近也很疑惑，我在写另外一个东西的时候写了两三万字还没有写完，我也在纠结这个问题，在先使用到底是不是一种权利？至于刚才所提到的具体问题，我一直认为将商标注册制度引入到商标法当中来，在目前世界范围内贯彻得比较好的，对未注册商标贯彻保护比较好的无外乎是英国。为什么这样讲？在很大程度上它引入了注册制度，你去看英国的商标法，其实它对未注册制度只字未提。因为英国有非常发达的普通法体系，它的普通法体系为英国的未注册商标提供了接近于注册商标的保护。这种范式似乎可以给我们提供一个思考，注册和使用，或者在先申请、在先使用都可以成为商标权取得的一个逻辑起点，似乎在英国法的这两套所谓的识别系统、商标权保护系统当中我们可以得到很好的启示。中国对于在先使用商标的保护存在很多难以解释的问题，包括是不是权利，能不能许可，能不能继承，能不能成为一个准意义上的所有权？目前这些问题是学术上难以解释的，我觉得问题可能还是在于注册制度的本质是什么。我认为商标注册制度就是国家和商标注册人之间的一份社会契约，国家给出的注册制度实际是一个要约邀请，商标注册人去注册那是要约行为，最后要通过使用取得商标权，那是承诺。为什么说通过使用的承诺才真正意义上获得了商标权呢？这是因为国家花很大的制度成本保护你的商标，目的是什么？目的是刺激你使用，从而通过你的使用创造商誉，为这个国家产业经济的发展和商业文明的繁荣提供帮助。如果你的商标仅有一个在先申请的特权，而实际上没有使用，这个注册只是法律赋予你的一种虚拟的特权而已。

因此，在我看来一个未注册但有一定影响的商标，甚至是一个在先未注册的驰名商标，就好比是违反计划生育出生的一个婴儿，你法律上能不承认他是人吗？整个商标法要保护的基点是什么？我认为整个商标法的注册制度只不过是固定的商标权利的一个起点，使用才是商标的半径，而商誉才是整个商标权的覆盖，这才是本质。20 世纪以来的商标法引入注册制度的目的是什么？不是让你强制使用，而是更好地保护使用，如果整个商标法逻辑认为引入了注册制度就把使用制度牺牲了，我觉得这是商标注册制度最大的原罪。李老师今天晚上这一套所谓的方法论或者解释论也好，还是规范意义上的体系化的逻辑思考也好，都试图从规范法学的意义上，为未注册在先使用商标如何保护、如何定位、如何认识提供一套认识论基础。我不知道我的总结对不对，但我还是希望李老师回应，你解释这个东西的出发点和最终目的是什么？这是我的评价，谢谢大家！

易健雄：黄老师发言的时间比较长，内容也比较多，我帮大家梳理一下。黄老师从无结论开始，但是实际上他讲了四个方面，首先是表达了师弟对师兄的崇拜之情；其次对于李老师从社科法学回归法教义学这个研究进路表达了赞赏之情；再次表达两个之情以后，对李老师这个问题的研究意义表达了疑问，其实是最彻底的否定；最后否定完了以后，给大家讲了他的两个观点：第一个是他的研究结论，注册是商标人跟国家之间的一个契约；第二个是黄老师以前也讲过的，其实商标就是一个话语权的问题，一个圆规以注册为圆点，以使用为半径，画圆以后商誉也就出来了，这是黄老师给大家传达的信息。

下面有请周清林老师发言。

周清林：说实话我是不敢“发言”的，嗓子倒是有点“发炎”。（笑声）确实我对知识产权不懂，但是只要坐在这里总要说几句。我总是觉得知识产权很怪异，为什么呢？刚才黄汇教授说这是一种交叉学科研究，很明显已经排斥了知识产权法可以适用民法的基础问题，如果知识产权法属于民法就不是交叉问题了，而是在民法体系里研究这个问题。当然知识产权学科和民法学科已经独立了。我听后觉得李雨峰教授和黄汇教授、邓宏光教授、晓秋教授讲的看上去有很大的差异，但其实差异不大。

李教授讲的未注册商标的在先使用，实际上他想要达到的目的是在现行规范体系里面保护未注册在先使用商标，并且回到使用是它的权利本源上面。但是我觉得就像《物权法》有一个登记一样，《物权法》中我把房子建好了，我不登记，房子是不是我的呢？从《物权法》来讲肯定是我的，但是我的权利是有限制的，如果没有登记就不能流转，不能转让，不能进入市场流通。

所以实际上对中国来讲，在任何的司法体系里面可能都有两套秩序，只不过另外一套秩序因为研究方法的问题被忘记了，即行政管理秩序和权利秩序。私人之间的秩序关注的就是权利秩序，而权利秩序来自哪里呢？我很赞同大家的观点，来自在先使用——先占。当然先占包不包括注册先占可能存在疑问，因为从根源上来讲注册最终能不能先占这个问题还没有定论。实际上，我觉得注册是一种行政管理秩序，行政管理秩序对权利的意义在哪里呢？就像登记一样，主要是一种推定，首先推定你会用，结果你没有正当理由不用，我就给你撤销。这是不是一种行政管理的策略？目的仍然是为了使用而服务。如果要追根溯源，行政管理秩序实际最终还是来自权利秩序，为私权服务。

李雨峰教授从私权角度追溯设立权利的根源，这点我是完全赞同的。行政管理中要有实质东西，比如我给你注册商标，但是商标不是你的著作权，也不是因为独创性、新颖性而受到保护的，那肯定是为了商品的问题，所以你获得注册商标，最终仅仅是一个策略或者技巧的问题。我觉得指向的目标仍然是在先使用，因为使用而享有这个商标权。那我不能理解的是，未注册在先使用商标为什么还设定要求有一定的影响力呢？如果纯粹按照这个理论推导，是不应该设定这个条件的。如果设定这个条件，就将自己已建立在使用基础之上的，基于使用的这种先占模式而设定的私权，又设定了一个条件，而并不会使得所有的商标使用行为都获得商标权。所以我觉得可以从行政管理秩序和权利秩序这个角度去思考。

易健雄：咱们清林老师说得不多，观点很明确。第一提到了作研究的时候除了关注权利秩序还要注意行政管理秩序，更重要的是要关注行政管理秩序与权利秩序之间的关系问题，这确实是一个大问题。而且我听到清林教授提到了我非常关心的一个问题，咱们讲的是在先使用同时有一定影响，这个在先使用有一定影响这几个字，在体系化的逻辑上总像一道坎挂在那里一样，我跟清林老师是有同感的。

然后咱们的老朋友李慧敏部长有话说，有请。

李慧敏：雨峰教授，我赞同你关于未注册在先使用商标在一定情况下具有积极权利的这个观点。

第一，商标就是一个用来区分产品和服务来源的标识，这个标识一旦使用，形成了一定的市场影响力，就成为品牌。我在实务界干了30年深知对于企业来说品牌就是市场。

第二，在哪种情况下未注册在先使用商标具有积极权利？就是在标识设计得非常具有显著性和独创性的情况下，这种情况基本上就是权利人使用这个权利，首先就有一个先占的权利、在先的权利，那就是著作权的权利。按照著作权法，一旦你的作品创作完成，就自动产生著作权。在此情况下，李教授我认为你的观点是正确的。

还有一点，我特别赞同你刚开始说的，《反不正当竞争法》设定的包装、装潢在某些程度上具有类似于商标的作用，有个案子我在美国打了两年，就是叫商业外包装权。这个权利在世界范围内都是早已确定的权利，除了中国。

第三，今天我受益匪浅，黄教授、周教授他们说的一点，其实我们在实务界发现不管是未注册商标还是注册商标，商标法要保护的核心是使用，所以在商标法里面，即使是注册商标，如果连续三年不使用，任何第三方都可以有权撤销这个商标权。

尽管大家对未注册在先使用商标赋予这样那样的权利，但实际上我在知识产权界那么多年，不管是地方也好，还是我们作咨询的高端客户也好，他们所有的商标品牌的权利都是通过注册获得的。第一，力帆这样的企业在海外全球169个国家都注册了商标，因为未注册在先使用商标没法进行资产评估；第二，中国企业的产品和服务走到海外去，哪怕在英国、美国，如果没有在当地注册商标，没有在当地进行官方备案，一旦遇到商标权益的纠纷就会很被动；第三，即使是使用在先原则的美国，实际上我们要去证明使用在先，并且具有一定影响力，那个证据的收集是非常困难的。谢谢大家！

易健雄：李部长有几个关键词，第一讲品牌就是市场，品牌很重要。第二讲显著性很重要。第三讲到使用是核心，然后商标权是通过注册获得的。未注册商标很难评估，在国外打官司，要找在先使用证据比较麻烦，当然这是证据层面的问题。

李雨峰： 谢谢各位，实际上大家越不赞同，表明我的观点越有创造性。我讲几个前提。第一，我试图给商标法搞一个统一的基础，或者搞一个逻辑起点。现在一个是注册，一个是使用，对于这两条线，我试图找一个起点，这个逻辑起点既包括注册，又涵盖使用。至于说这个逻辑起点是不是先占本身不重要，这是一个需要说明的问题。第二，我从来没有否认使用在商标法中的重要地位。晓秋的问题在于会不会掏空注册制，我认为是不可能的。怎么可能会掏空注册制？刚才李慧敏部长用事实证明，全世界都在注册商标，所以根本不用考虑这个问题。在理论上未注册商标和注册商标能不能找一个基础？商标法一味坚持使用特别重要，为什么还要保留注册制？

顺便回应一下黄汇老师第二个问题——解决什么问题？解决的是如果你是一个未注册在先使用商标人，他人使用你的标识，需不需要授权？你有这个东西，在百年之后，你儿子能不能继承你的商标？我没有说商标法上怎么去处理。法律效果方面，第一是注册商标的异议，第二是宣告无效，第三是注册商标效力的例外，这三个在《商标法》中有明确规定，第四是在最高人民法院的案例中，知名商品特有的装潢也可以作为未注册商标，只要在商品和服务上起到区分作用的都是商标，无非是有没有注册而已。还有最后一个效果——解决授权问题。当然我写文章的话，最后会搞一个立法建议。

宏光教授最关注的是准占有的问题，先占作为取得财产权的基本方式，当然首先是原始取得，我估计到目前为止否认的不多。另一个先占取得财产权，当然是有设定的，事实上占有有体物。但是后面的发展和以前不一样，以前认为有体物不存在就无法市场管理，但是在理论上我们仍然可以比照这个先占，那怎么办呢？就有一个准占有的概念出现。在事实上占有某个物，你可以构成先占，到后面有一个其他的东西叫作准占有，再到我们今天讨论商标的准占有，无非是两个步骤，性质是一样的。你还有什么问题来着？

邓宏光： 使用和注册都是先占的基础吗？

李雨峰： 注册隐含着先申请的原则，你是第一个申请的我才给你授权。考虑先申请还是先使用的问题，现在《商标法》已经很明确说了，如果你是先使用，注册在后，当然再怎么说它有一个时间差别，肯定是先使用、完全使用这个问题；如果注册在先，使用在后，也叫先注册，这种情况完全可以用注册商标的异议事由，它是不可能的。你这个问题技术上是可以解决掉的。

清林教授没有完全赞同我的观点。你说的私权的秩序和管理规范，我认为管理规范越少越好，甚至我认为在必要的时候可以放开市场，典型的哈耶克自由主义者认为管得越多就越无效率。我一直在思考一个问题，我盖一个房子原始取得，不登记不能卖，凭什么不能卖？这是我自己的财产。当然这个东西，里面还有不同的价值取向考虑。

我之所以用不到一个小时的时间，是因为知道这个问题肯定会引起争论。

黄汇：我觉得李老师这个讲座其实问题本身不重要，他带给了我们这种有争议的氛围，这是我在西南政法大学这么多年知识产权讲座中很少遇到的，这才是越稀缺的越值得保护，越值得珍爱。我认为他用这五点来证成未注册在先使用商标是一种权利，恰好是一种“谬论”。上面三种外加注册商标被宣告无效的理由，这四条绝对不能作为未注册在先使用商标是权利的一个证明，它是注册制度之下对未注册商标权利的有限保护，实际上是承认它程序性权利的一部分。第五个也不是理由，第五个恰好是回应最高人民法院这个案件，提出了这个事实，而为什么可以转让恰好是需要去证明的一个问题，而他用需要证明的问题来证明他证明逻辑的正确性。

李雨峰：你理解错了，我说的未注册在先使用商标是一种权利，基础在先占，这个是表现。

易健雄：这个意思我明白了，不知道黄汇老师明白李师兄的意思没有？

黄汇：再讲两点于你有利的，宏光教授提到的占有问题。民法上的占有，从古罗马到今天占有的改变，就是观念的改变，传统的占有是对物的有形支配去占有，今天讲的占有在很大程度上已经有观念占有。不仅仅是去占有有形物，间接占有何尝不是观念占有？借给别人，寄存在别人那个地方，你实际上已经没有控制它了，你靠的是法律的观念占有。但是前提是有所有权的。在今天，占有的形态已经发生了改变，我们不能停留在占有要取得所有权，一定要通过实体去控制它，如果这样认为，那知识产权就没有保护起点，这是需要澄清的一个问题。

我再提一个对你有利的观点，从法理学的角度讲，利益何以上升为权利？这是成型的理论化的一个表达。从法理上来看，权利也未必是一个周严的权利，即并非所有的权利内容都具有的时候才是权利。比如抵押权为什么叫权利？代位权为什么叫权利？完整的代位权甚至连支配性都没有，只是一个相对权，凭什么叫权利呢？甚至租赁权也是权利，它也没有完整意义上的像所有权的权利内容。所以我们提权利的时候，切不可将所有权作为参照系，我们整个研究范式中有一个误区，总是认为权利一定是比照所有权，完满、完整性的权利才是权利，其实今天权利的形态已经从追求完整的支配开始向追求权利所包含的实质意义上的权利支配在转化。这两个恰好是有利的支撑点。

李雨峰：完全赞同。

易健雄：感谢黄老师，下面请王处长发言。

王处长：不好意思，今天来晚了。我请教雨峰老师一个问题，雨峰老师说不管是注册还是使用，这两种取得商标权利的方式的基础是先占，基础是一个什么含义？在先使用商标虽然没有注册，仍然取得一定的权利，雨峰老师强调是一个商标的确权，是一个自然权利。基础是指先占是取得实质上的权利，还是暂时的权利？举个例子，对于注册的先占和在先使用的先占，事实上占有的对象肯定不是一个东西。注册的先占有可能没有使用，就先占这个符号，然后可能没有使用就注册，最后经过公告获得权利。这时先占是一个符号，可能本身还没有使用，而在先使用这种先占其实也是一个符号，商标权利人利用这个符号指代商品和服务上有一定影响的商誉。在先使用占有的东西是取得实质性的，而前面注册的先占只是暂时的一个权利。通过现有商标法，如果你抢注了别人在先使用并取得一定影响的商标，是不是确权的时候可以否定它？希望李老师解惑。

李雨峰：也可能我表达有误，注册商标和未注册商标它们取得权利的共同基础是先占，但里面有一个问题，先占在注册制而言强调的是先申请，所以注册取得的国家规定先申请原则。另外一个问题，先申请和先使用都是先占的具体表现，我再强调一次是观念上的，不是《商标法》规定的。

为什么讲这个问题？我想在保留注册制的前提下可以使用这个基础。注册制国家都是先申请，哪怕没有使用，仍然给商标权，恰恰证明了我的理解不会像晓秋教授说的会推倒注册制，反而会给注册制一个基础。在中国最早强调注册到后面强调使用，最早强调国家机关的授权到现在强调市场主体的单方行为，我试着再往前走一步，这是一个知识的讨论，认识一致是不可能的，认识不一致才是常态。

易健雄：谢谢李老师，这是他第三次重复他的观点：先占是根本，是理念，而注册是先占的具体表现形式。

曹博：李老师是我的大师兄，也是我的老师，同时也是我的学术偶像。今天非常荣幸有机会向李老师请教。我不完全同意李老师的看法，有四个问题，第一，这个可能和主题不直接相关，知识产权的研究究竟有没有独特的方法论？这个问题之所以提出，是因为前一段时间投一篇文章，一个专家对我的退稿意见是作者不懂知识产权独特的方法论。

第二，先占和商标法讲的商誉，或者显著性如何连接在一起？有没有不产生商誉的先占？更进一步来说，商标权法益的根基究竟是什么？注册和先占只是标记，不是一种法益。我们不能够直接借用有体物上占有规则的含义，有体物的客体和法益是统一的，占有客体就占有法益，但是先占商标只是一个标记，还没有产生法益。

第三，同时使用商标并且都没有注册的情况下，在不同地区使用。比如小肥羊这个案子，一开始有一个地区，比如内蒙古的使用人去注册没有通过，后来北京注册人去注册通过了，理由是投放的广告比较多，开的门店比较多。

这种情况经济学上称为赢家通吃，这个和先占是不是不符合？

第四，在转让未注册在先使用商标时连同营业一并转让，这是不是对商标财产化的现实的一种消极做法？

周清林：你们都没有很好地理解雨峰同志的观点，我来概括一下，不知道对不对。雨峰师兄的观点：第一，注册制度能够取得商标权，这是一个前提；第二，未注册使用的商标也应该获得商标权，还有那么多法律进行规定。如果在认定逻辑前提的基础上寻找它们的共同点，肯定就只能是先占。使用可以获得商标，注册也可以获得商标，时间上来讲就是在先占有。他为整个商标法寻找到的逻辑基础，是毋庸置疑的。其实我们争论的点不在这里，争论点在于注册能不能真正作为商标权的来源？还有注册的目的是什么？如果跳出这个现行《商标法》的规范基础，追问一个问题，注册为什么能够获得商标权？实际上还是要使用。大家讨论的下一个问题，跳出了雨峰师兄的论文逻辑基础，回到质疑整个《商标法》的体系合不合理，如果不采取注册制，采取使用制怎么办？我觉得这是另外一个问题，当然作为学术探讨这是可以的，但是可能已经超越了论文的逻辑设计前提。

另外，占有和准占有的问题。占有和所有权的关系，不是指间接占有的观念。实际上根本不是一个平面的总和的模式等于所有权，所有权不是等于用所有权人的观念去占有、使用、收益、处分。比如甲把房子租给乙，他的所有权是通过收益权能体现的。我们创造一个概念——间接占有，否则就否认你的占有权。一旦租赁合同消灭了，这时候所有权就不会体现为收益，就体现为占有和使用，而处分权始终没有体现过。所有权与占有的关系，并不是平行的、并列的总和关系，而是对应的关系。我基于所有权的意思去占有，那就是所有权的体现。这是我对民法学界间接占有的理解，其实这样的制度不应该存在。另外准占有，就是无体物准用关于占有制度的规定，不能指向有体物。

李雨峰：曹博士的第一个问题我回答不了，关于知识产权有没有独特的研究方法，我认为没有或者说还不成熟，如果有的话就不会搞民法的先占了。因为民法上很多制度没有挑战性，大家一致认可。讨论问题有一个前提，就是大家从一个共同认可的起跑线上往前走，但是在知识产权领域（有时）各种观点是互相否定的。

第二个问题，先占如何解决商誉和显著性？先占表明了一个点，这个点你有了财产的资格，至于后面财产的价值则是通过使用。举个例子，甲乙两个人对同一个商标都在使用，甲先使用了一两个月，乙过了一个半月之后又去使用，但是可能乙使用的规模大，积累的商誉也更大，这个时候权利给谁？通常情况下给前面那个人。反推商誉和使用有关，但不是保护他的基点，基点是第一个先使用的人。

曹博士的第三个问题没有听得太清楚。第四连带转让会不会消解商标法？在注册制下，原则上只有一个商标权，引起混淆的可能性不大。既然在保留注册的前提下转让在先商标的使用，就有可能已经有一个注册商标在市场上，现在将在先使用商标再去转让，有可能导致保留使用权时，市场上至少出现两个相同商标。其中也有一些信息问题，在先使用商标权没有注册，在全国的效力受到影响，就有可能产生混淆。为了坚持商标法防止混淆的原则，我提出来最好是连同转让。

邓宏光：我认为这个问题非常有价值意义，而且思路清晰，只不过在表达上，或者在解决先占与使用、注册这三角关系的时候，我们能不能构建一下。我赞同雨峰教授说的使用和注册都是先占的一种方式，而技术问题通俗地说就是表现方式问题，那如果有几种先占的时候，谁的先占是有效的呢？这是后面关于不同的先占相互发生冲突的时候需解决的问题。《担保法》中也有类似情况，作了登记的肯定是优先的，如果没有登记，那么就会有其他的处理方法，其他制度里面照样会解决同样一个权利发生多种形式的时候谁优先的问题。先占的两种力量比拼过程中也可以用这个方式，设计一套制度来解决使用与注册两者之间的关系。比如说如果因为使用而具有了一定的显著性和知名度，先使用的占有力就很强，就能够直接对抗后面的注册。但是如果仅仅先使用，力量非常小，别人的注册就会把你覆盖，就对抗不了注册。如果以这个逻辑，前面所说的两者之间的冲突问题能不能周延一下。今天讲的是未注册商标权的保护，但是从整个论证过程看有这几个内容：第一，未注册商标是一个权利；第二，为什么是权利？还阐述了权利的基础在于先占；第三，这是一个权利，并对外表现出各种相应的权能。如果能够对某一个问题，例如我们凭什么取得所有权？用这一个标题，就谈先占产生了相应的权利，把一个问题透彻化，也许力量更大一些。当然这是个人的一点意见。

学生：我赞成李老师的观点。我想对李老师的观点进行一个概括或者总结，请李老师确认一下我的理解对不对。首先我觉得大家把过多的注意力放在了先占制度上面，但是李老师其实一直在说，未注册在先使用商标成为一个权利，它的起点基础是先占；但是大家可能忽略了一点就是在先使用的这个标识一定要达到一定的影响力，这个时候它才能成为一种权利。李老师刚才也说到了，一个利益要成为权利的话，要满足三点，第一归属，第二排他性，第三要具有社会典型公开性，所以李老师的观点是不是未注册在先使用商标能不能成为一个权利还要分情况来看？首先先占是没有问题，但是关键看到底满不满足这三个条件，这三个条件是民法上面的概念，在商标领域是不是就对应着您说的使用达到一定的影响力？

李雨峰：腐败为什么不能成为权利？虽然它前面两个条件都构成了，但第三个社会典型公开性不具备，所以不能成为权利。

学生：我觉得要区分情况，重心是在判断商标到底是不是具有影响力。

李雨峰：第一个是资格条件的问题，先占能不能成为商标权的基础？后面在先商标保护的程度和财产价值是另外一个问题。

田老师：我理解你问的是先占占的是什么，是标识本身？还是使用之后所获得的商誉？我觉得在使用和申请上面，这两者占的对象是不一样的。我重复曹博这个问题，请回应一下。

另外，今天讲座要往前走，李老师认为使用和申请都有一个共同的源头，它的权利来源于先占，来解决在先使用并有影响力的商标具有商标权并进行一定保护的问题。现行的注册制，注册就有商标权，没有注册就没有商标权。但如果你先使用了并且有一定影响，产生一定的法益，那么就该思考如何保护，如果用反不正当竞争法来保护，这样的制度安排是不是比你所谓的找一个统一的起点会更实用、更妥当？为什么要用这样的思考方式把这个问题提出来？

李雨峰：其实是一个爱好问题，我承认没有这个先占，《商标法》和《反不正当竞争法》运行也没有问题。与我原来写的重塑侵犯商标权的标准一样，普通商标是混淆标准，驰名商标是淡化标准，从理论上往前推一下找一个共同点，涉及我追求一种民法的，或者知识产权法的逻辑自洽的问题。

第一，我没有否认标识和商品之间的关系，先占申请的不是标识本身，标识本身是不能成为一个先占的。实际上就申请而言，我把我的标识向国家商标局提出申请，一定和商品分不开，先使用也是一样，必须要放在商品上面。

第二，我还非常反对商标财产化运作的观点，再财产化都不可能完全脱离商品和服务。当然也有很夸张的，电视广播中我们知道某一个商标，但是不知道卖的是什么东西，这种很常见，但是并不否认它的商标仍然指向某个商品。标识本身不可能成为财产，这个观点我是坚持的。

学生提问 1：我有两个问题。第一，关于未注册在先使用商标这个提法，因为在注册制度下，注册以后才能获得商标，没有注册怎么能用商标称呼它呢？在美国法上，称为未注册商业性标识。

第二，我认为在我们国家商标法上有一个逻辑错误，不知道老师赞不赞同，注册之后才给予保护，并且鼓励使用，还规定有使用的义务。在美国法上，你先使用，并且鼓励你的使用，同时还鼓励你去注册，注册以后给你更好的保护。我认为后一种逻辑更可靠、更合理。在我国现有的注册和使用泾渭分明的制度下，能否构建一个把注册和使用作为过渡，在使用之下提供一定程度的保护，注册之后给予更强的保护的制度呢？

李雨峰：第一个问题你认为注册的叫商标，未注册的不叫商标，这个我不作回答，你这种理解过于僵硬。第二个关于制度构建的问题过于宏大，我们私下再进行讨论。

学生提问 2：各位老师好，我的问题比较简单。我现在在国企做兼职律师，以前企业对商标以及知识产权这块不是特别重视，通过今天的讲座能不能得到这样一个信息：司法实务界对未注册商标保护力度在增强，从而也给我们透露一个比较有利的信息？

李雨峰：未注册商标保护力度很小，不能转让，但是至少法院在个案中存在这个趋势，而且是从 2013 年就已经开始了。

学生提问 3：如果先占是商标权的理论基础，如何用这个逻辑去解释存在多个使用人的情形，是不是都可以称之为先占呢？

李雨峰：只有一个，最先的才叫先占。

学生提问 4：如果有几个人在注册之前就都已经使用，那只有一个人可以拥有吗？

李雨峰：比如说我是注册人注册了商标，但是宏光和你都使用这个商标，而且都在我注册之前使用，都产生了一定商誉，你们俩是不是都构成在先使用商标人？这（个问题）是提得最好的问题。实践效果往往可能是这两个人都可以使用。但是如果按照我极端的观点，只有其中一个可以。

易健雄：我认为这个问题逻辑上是不复杂的。

学生提问 5：各位老师好，我是 2015 届本科生。我们讨论的时候并没有讨论商标权的性质，我坚持王迁老师的商标权是禁止权的观点，如果按照这种脉络进行阐述，未注册在先使用商标本身就属于那种法无禁止皆自由的范围，本来就可以用。注册只是赋予了它一个支配权，相当于一个对世权，如果没有注册的话，就相当于未登记的动产抵押权一样，其实还是取得了这个权利的。如果顺着这个脉络下去的话就不需要再讨论。

后面关于保护也是没有问题的，刚才我们讨论到底是一个事实还是权利，就算有这个问题，可是我们对事实也可以进行保护，比如说占有也是一个法律事实，但是依然可以进行保护，并不影响受保护的现状。

李老师今天的讲座出发点是商标权包含自用权，还是只有禁止权？受保护到底有没有问题？

易健雄：王迁老师提的观点，商标权本质上是禁止权，不在于自用不自用，关键看你能不能禁止别人。这位同学想请问李老师对这个问题的看法。

李雨峰：这个同学观点理解错了，是我的东西我当然可以用，我更强调的是禁止他人使用。在先使用商标没有什么区别，我可以用，我也可以防止声誉的侵占。自用肯定是没有问题，强调的是商标禁止他人的方面，是不矛盾的，换了一个说法而已。

易健雄：我最后说几句话，关于李老师这个问题我很赞同。刚刚周清林老师讲的一句话，大家要明白李老师的用意在哪里。一个有效的讨论要倾听，要开放，不然很容易形成看上去很激烈，但是自说自话的情况。那么李老师到底讨论的是什么问题？其实他一再强调，他更关心的是一个体系上的问题。他从未注册在先使用商标的保护问题这个原点出发，但是这仅仅是一个原点，然后发现使用可以获得某种权利，注册也可以，从体系上就必须要问两个行为都可以得到商标权，背后有没有一个共同的基础。这个问法如果从实务角度来讲有人认为没有意义，何必呢？但是如果作理论的体系化研究，这个问题就变得非常重要。如果你不对两个不同的东西之间抽出共性，就不会有体系化的理论。就像讲知识产权一样，当初讲智力成果，后面拿着一个商标进来，理论上努力想统一，那就要看创造性智力成果跟识别性标记背后的共性是什么；如果不抽出来，知识产权就不成为知识产权。可以罗列二，就可以罗列三，就不能成为统一的理论。

凡是对这个问题比较执着的人，实际上是理想主义者，实用主义不会关注这个问题。另外，这个问题是典型的法教义学上的问题，只有放在体系下才有意义。法教义学以德国的概念法学为基础，讲究整个体系内部的高度自洽。首先要搞清楚这个概念，这个行为在这个体系之内是什么意思，再走出去看这个法如何与外界发生关系。社会法学研究其实已经是法与它外界的其他学科或者外部世界的一个关系问题。这两种研究方法从来都不是矛盾的，实际上一个在左端，一个在右端。李老师的重点是放在法教义学的概念之内的，第一，问题非常明确，研究的是什么；第二，概念清楚；第三，问题和概念清楚以后，逻辑保持一致性。它的力量其实也就是在这个地方，用逻辑意识去发现问题，去解决问题。只要进入这个世界，就会发现李老师这个里面可能遍地都是问题。比如讲概念问题，作这个研究的时候每一个概念都要清楚，李老师提到的权利和权能、权益和法益，从传统民法上讲都是有特定含义的，不能随便使用。比如权益，你要问在什么意义上使用这个权益，是跟法益相对应，还是什么都指？当然不能什么都指，必须要讲出在哪个地方使用，权益跟权利并列以后构成一个权利的内部构造，这是做法教义学的一个基本功，如果这个不过关，后面的讨论会因为概念混淆不清而无意义。

讲逻辑一致性，李老师把先占作为更高的概念，那么什么叫作先占？先占其实有一个时间上的先后顺序问题，先来后到。比如我拿一个东西，就有体物而言，我拿以后别人不会再拿，先占背后有天然的独占性。如果放到知识产权，商标是一个信息，本质是可共享性，我可能不是先后，而是同时拿到这个东西。在这个问题中，先占如何处理同时的问题？我以我的意思来补充，没有想到补充错了。当同时使用，同时占有这个东西你怎么办，这是要解决的问题。

还有一个问题，咱们讲先占，先占的前提是对无主物的占有，整个知识产权讲知识，信息领域是无主领域吗？知识是处于无主的状态还是处于人类共有的状态？如果在共有的状态，如何做到一个人去先占？比如拿到标记符号，放在商品类别之上，标记、符号肯定是公有领域；但将标记放在特定商品之上，就这个空间而言他是独特的。那这个地方是不是还是人类共有的？要解决这两个前提问题以后，再进入注册、使用后面去讨论。我觉得周清林老师提到有一定影响这个话，它就是一个坎卡在那个地方。

李雨峰：第一，我从来没有提权益这个词，我只提了权利和利益，利益必须通过一定的途径上升为权利。这里民法上对权利和利益的划分，保护方式都不一样。

第二，既然是信息可以同时先占，我们假设这个概念是存在的，实际这个概念是不存在的。今天讲逻辑，“先”就不可能是同时的。假设先占同时存在，共存制度没有问题，可以解决。

第三，先占是一个资格，是一个条件，价值再大，那是使用显著性的问题。共有和无主的问题，凭什么说这个东西放在地球上就是无主物，知识就是共有？凭什么说是共有的，共有到什么程度？如果把大家共用的一个词用在商品上，看上去是把共有的东西放在这个地方来。如果这么讲，假设不用先占理论，你把共有的一个东西放在商标上，不是侵权吗？同样解决不了这个问题。

另外在一个财产领域被控制的符号，在另一个财产领域就有可能是无主的。比如说著作权法上美术作品有可能被别人拿去申请商标，但是受著作权限制，这是不矛盾的。我深信我无论回应多少，大家一定有更多的问题提出来。辩论本来就没有一个最终结果，谢谢！

黄汇：有两个小问题要这样去思考。第一，我们讲先占。其实洛克在自然法哲学中提到过共有世界的状态至少有两种，一是积极共有，一是消极共有。积极共有认为你所有的商标要经过共同许可，另一种认为我们只是所有，要获得这个商标就还要在符号基础上开发商誉。可以凭先占来实施，但要区分积极和消极共有。

第二，我个人认为如果从绝对意义上来讲，所谓两个人共同开始占有的情况，实际上是不可能的。我们这里讲的不是占有苹果那个符号本身，商标权保护的占有，一定是添加属于自己的东西那种占有才能产生洛克讲的所有权的正当性。你必须剥离原物的世界，添加属于自己的东西，洛克的劳动理论也建立在先占的基础上。我们不能认为两个人同时占有这个符号，美国的《兰哈姆法》，规定了并存使用、同时开始使用，这是法律上的抽象，其实我个人认为在美国的判例法上也有，而且还是考虑注册制度之下同时使用、同时注册。同时注册可以考量，但是两个人同时开始使用，这个时候《物权法》讲的先占不需要有一定影响，而商标法要求有一定影响。物权法上这个物本身就有价值，所以先占本身就有价值，对于一个符号商标而言，先占不能产生商标法上的价值，必须使用了才产生影响，而产生商誉价值的时候，才有保护的可能。所以商标法讲的先占有一定影响和物本身不需要影响是不同的。商标权是一对多的权利，甚至是消费者和商标使用人共有的权利。要澄清这几个概念，先占到底是占什么？物权法上讲不需要影响，物权本身和商标权本身出发点不一样。

田老师：先占是资格，是起点，使用是财富的积累。

李雨峰：易老师认为因为不是无主物所以不符合先占的条件。黄汇老师认为不影响，是消极共有问题，先占和使用是分开的，先占背后包括的劳动、使用、要求并不影响先占是商标权的前提和基础，这是不矛盾的。

黄汇：这个讨论最根本最有意义的还是宏光教授提出的问题，先申请是先占，实际上使用也是一种先占，最后这两种先占发生矛盾，怎么处理才是问题的根本。我们引入了注册制度怎么解决这个问题。

易健雄：李老师和黄老师的逻辑已经不一致了。

李雨峰：他的理解跟我的辩论是两个问题。

易健雄：李老师重心是放在先占上，后续的使用不过是增量的问题，既然如此使用就没有意义。而黄老师认为使用很重要，不使用就不能接受，先占就没有使用那么重要。你们俩的观点重心是不一致的。

黄汇：注册以后就是先占吗？注册以后我用了和没有用又怎么解决先占

问题呢?

邓宏光: 先占是一个社会概念，我在翻译关于先占的条文时，比如捕鱼，到底最开始做记号的是先占，还是捞上来的人是先占。先占肯定是社会以一种共识最后形成的。不是说大家一用就是先占，先占要达到一定的公示，通过使用达到一定的规模，具有一定的影响。对判断谁先用我们要有一个界定的标准，如果有一个更猛的后来居上，也有可能。因此这就是解决后面我跟黄老师两个人很关注的问题的关键：在解决先占的过程中，即从先占到取得权利，两者之间还有漫漫长路，到底谁能笑到最后，这是两种力量碰撞的问题。

易健雄: 增量不用考虑。

李雨峰: 我从来没有否定注册制度，也从来没有否定使用。先占是把符号用在商品上，这是一种持续的状态，把符号用在商品上，如果不是使用，是什么?

易健雄: 如果先占是商誉加在标记以后产生的，那么第一点就不重要了。

周清林: 如果一开始使用就说明这个东西是你的，那么就必须要回到商标权是一个排他权，能够排斥他人的干涉上。

易健雄: 时间关系，今天的讲座就到这里。再次感谢雨峰教授，感谢各位!

文字校对：江浩澜

内容核校：何　莹

整理说明：根据现场视频及速记整理，已经主讲人审阅。

第二十四讲

互联网不正当竞争的认定

主　题：互联网不正当竞争的认定

主讲人：黄武双　华东政法大学教授、博士生导师

主持人：易健雄　西南政法大学副教授、重庆知识产权保护协同创新中心副主任

与谈人：邓宏光　西南政法大学教授、博士生导师
　　　　黄　骥　西南政法大学讲师、中国人民大学博士

时　间：2018 年 11 月 10 日

地　点：西南政法大学渝北校区致理楼三楼民商法学院会议室

易健雄：各位老师、同学、朋友，晚上好，欢迎大家来到中国知识产权名家讲坛的现场，我是主持人易健雄。今天在这里举行的是名家讲坛第二十四讲，我们请到的主讲人是华东政法大学的教授、博士生导师黄武双老师。黄武双老师的讲座算是跟我的一个迟到约定，因为去年（2017 年）我就跟黄老师约过一场，而且做好了各种准备，但一直没有成行；今天借白天举行的第三届高端论坛的机会终于成行了。黄老师既是学者又是领导，非常忙，这一次讲座能够成行非常不容易，在这里对黄武双老师表示感谢！

黄老师今天主讲的题目是“互联网不正当竞争的认定”。我先介绍一下黄老师以及来到现场的几位嘉宾。黄老师相关的头衔和身份非常多，在讲座的推广词里都有，我这里只想说一个，黄武双老师是《反不正当竞争法》修改课题组的负责人之一，受托调研并起草《〈关于禁止互联网不正当竞争行为若干规定〉建议稿》。而且大家知道新的《反不正当竞争法》已于今年（2018 年）1 月 1 日实施了，里面有一条专门针对互联网上不正当竞争行为的条款，即第 12 条“互联网专条”。但是这一条如何适用？这是现在面临的问题。因此黄老师基于这一特定的背景选择了这个题目。

除了黄老师作为主讲人以外，我先介绍两位因今天开会而请来的老师。一位曾经也是中国知识产权名家讲坛的讲师，他就是李扬教授，他是法学界里激情昂扬的诗人。另外一位是更难请到的中山大学的谢晓尧教授，我对谢晓尧教授仰慕已久，因为我以前作《反不正当竞争法》研究的时候就看过他写的不少材料，包括他的书，他的书已经脱销买不到了，我今天向他预定了一本。李扬教授和谢晓尧老师对反不正当竞争都有相当的研究，所以今天来到了现场。另外还有两位与谈人，一位是咱们非常熟悉的邓宏光老师，另外一位是西南政法大学学科新晋教师黄骥老师，他去年（2017 年）刚来任教，现在是西南政法大学的讲师。黄老师为人诚恳，做学问也是比较扎实的。另外，会上还有其他老师也来到了现场，咱们就不一一介绍了。

现在让我们以热烈的掌声欢迎主讲人黄武双老师以及各位现场的嘉宾，欢迎你们！下面把话筒交给黄武双老师，有请黄武双老师。

黄武双：非常感谢西南政法大学的邀请和易健雄老师周到的联系，想组织一次学术活动确实不容易。去年（2017 年）因为天气的原因，飞机没有起飞就没来成。

我刚刚完成的《〈关于禁止互联网不正当竞争行为若干规定〉建议稿》主要是源于《反不正当竞争法》第 12 条。第 12 条里规定了四种情形，在立法的时候本来是希望用它来规制互联网领域的不正当竞争行为的，但是这四种情形出来以后，大家发现根本就没有情形落入其中。因为一旦明确规定了几种情形，大家就很容易从表面上把它们规避掉，而且互联网的乱象还有很多，该怎么办？所以市场监管总局说还是要制定个制度规章来规制。也正是这个原因，我有一段时间经常出现在这样一些研讨场合。因为我的稿子比较微观、技术层面也比较多，所以基本能通过验收，很快就会向社会征求意见，你们可以提出意见。

互联网领域不正当竞争的行为有很多，我们可以随便举出一些例子，法条里面可能根本就没有规定。比如说现在中国有中文的域名，大概在 2010 年的时候，国务院就强制推行中文域名，因为它说这涉及以后的数据安全问题。什么叫“中文域名”？比如说“西南政法大学．中国”。但是推行到现在你们去看看，几乎没有人使用中文域名了，有一些单位按照政府的规定还在用，尤其是有些政府部门确实生成了中文域名。但是通过百度、360 以及其他的搜索引擎搜索，有的能正确显示出“西南政法大学．中国”，但有的显示出的是一串数字符号，而且是没有规律的；即便有规律，看起来也像乱码。作为网民我们会认为这是一个钓鱼网站，至少是一个不正规的网站，对于这种网站我们会躲避访问。因为缺乏信息的对称，在你不掌握这些信息的情况下当然会害怕，万一电脑被植入了病毒怎么办。国家想推行中文域名，若是不先过搜索引擎、门户网站这些关的话，想推行也推行不动。中文域名有没有好处？当然有好处，中国人记起来简单，可是搜索引擎不让你显出来。你会问解决这个问题的技术难不难？一点都不难。我认识太多的互联网技术专家，有很多是上市公司的专家，新三板、创业板的都有，他们说这算什么技术，根本不算技术。那么为什么不处理这个问题？因为这就是广义上的利益之争，表面上来看只是一个行为跟另一个行为的关系，实际上都是利益之争。

第二个例子，我们现在都用手机上网，但是不管是电脑也好、手机也好，我们经常要去下载一些应用软件。这些应用软件的下载不像以前了，现在应用软件经营者的行为模式已经悄然发生变化。它现在不着急了，它悄悄地在你下载的软件包中顺带植入了很多其他软件，你不想要的也给你植入进来，但是他不马上给你安装应用。今天给你下载的确实是你要的东西，但是明天你的手机窗口就会跳个东西出来，后天又跳个东西出来。技术人员告诉我，如果同时给你安装七八个应用程序你立刻就会烦了，所以现在有很多软件就被这样捆绑着下载了，而且是神不知鬼不觉的。

事实上，互联网领域里面还有大量竞争类的案件，比如说我们经常讲的一些案件，大家都应该有关注到。最新的案件是2018年8月16日杭州互联网法院判的，这个平台搜集了数据以后，将数据加工成了产品。因为在现在的互联网中，只要数据没有采取技术封锁措施或者保护措施，通过网络爬虫是很容易抓取、复制、存储的，这些都不是问题，机器都会自动去完成。所以它可能把别人的数据，尤其是别人刚开发完的产品数据也抓取过去了，抓取过去以后有多种运用方式。基于这些运用方式，我们国家出现了多种类型的案件。比如说，在有的案件里，是抓取了竞争对手的数据直接去用，最典型的案件就是上海浦东法院判的大众点评诉百度案。百度有强大的搜索引擎，它的网络爬虫24小时运作，用不了多少时间就能把大众点评上所有的信息全部抓取过去。抓取过去以后，因为百度很强大，百度的客户很多，访问者也多，它一看大众点评的平台很受欢迎，也开了一个平台，就把大众点评原来的那些东西几乎是原样地搬了过去，开的也是这样一个去寻找吃饭的地方的平台。这是一种方式，把你的数据抓取过来，我直接复制然后与你竞争。可是在国内还有一些运用的方式，大家可以关注一下。比如说微博诉脉脉，脉脉抓取了微博注册用户的信息，例如手机号、邮箱等。脉脉是跟领英学的，大家有用过脉脉的平台吗？有没有人邀请你加入进去？它跟微博之间有没有业务上的竞争关系？没有，因为脉脉用微博的注册用户的信息，开发了一个压根你想都没有想到的功能，所以你经常会收到短信说你被贴了什么标签，有谁在呼喊你，有多少人在邀请你进去，有时候一看有好几十个人邀请你进去。脉脉用了这些数据，微博说：那不行，你用我的数据做产品，你赚钱了，那怎么可以？这些数据是我的。用人家的东西去赚钱，这在我们传统思想理念中是接受不了的，我们觉得这就是典型的不正当竞争。所以我们在这样的案件中，一般都判成了不正当竞争。

在互联网中，抓取他人的信息很简单，机器人自动24小时抓取，如果没有这个机器人24小时不停地抓取，就不可能有我们今天的互联网体验。现在我们随便在百度上输几个关键词或者一个词组进去，点击一下，零点零几秒就可以把第一个页面链接完整地显示出来，倒退十年二十年都没有这样的效果。现在互联网给我们带来了福利，互联网的响应速度为什么这么快呢？就是因为它能抓取、复制和存储数据。所以有了互联网以后我们就有了很多规则。对此，法律人、研究理论和规则的人，应该予以跟进。在著作权法上，我们经常会问这是临时复制还是永久复制？其实百度、360等，凡是做大的门户网站或搜索引擎，它必然会在比如说重庆的周边，架设非常多的服务器，至少要把那些数据都复制过来。假如说百度所有的服务器都在北京，搜索指令一下去，就要从重庆跑到北京搜一圈，然后再跑回重庆，再快路上也是需要时间的，这样根本达不到响应速度。所以百度就会在几个人口比较集中的、访问量比较大的地方，如苏州、重庆等周边，架设大量的服务器。如果你想去研究这个产业的问题，不了解技术，不了解产业的状况，凭空去想象一些法律上的概念，用法律上的概念去套是没有意义的。这就涉及一个问题，这到底是永久复制还是临时复制？其实这肯定是我们著作权法上的永久复制，但是它会承认吗？承认就侵犯著作权了。懂的人知道这就是永久复制，但是它过不了著作权法这一关。所以，互联网发展到今天，我们如果真的还希望互联网给我们带来福利或者说保持现有的福利，我觉得在法律观念上很多东西可能需要作一些修正。现在很多问题企业谈起来是比较累的。

我前面谈的这些例子无非是要引出一个话题：互联网下的竞争和互联网上的竞争到底有什么区别？首先我们要搞明白，在不谈互联网这个特定环境时，怎么来判定一个行为是否构成不正当竞争，这就是我们要研究的第一个话题。我们在判断一个不正当竞争行为的时候，作了很多案件的搜索，也看了很多国内的书，所以我会提几个问题。

第一是大家有没有在哪本书上看到不正当竞争的构成要件？比如民事侵

权行为有没有构成要件？当然有。民事侵权行为有几个构成要件？四要件，这不需要我说了。当然除了要件之外，还有一个前提你们也要去考虑，即存在原告或者权利人所主张的特定的权利。所以在判断侵权行为的时候，我们遵循的是什么逻辑？一是先梳理一遍有没有这种权利，这是前提。前提满足了再看构成要件，继续梳理。所以学生学习，教授研究，律师做案件，法官判案件，在判断侵权行为时，如果权利是很清晰的，不太会有问题，因为我们心里都有把握，除非这种权利本身在法律上就模糊不清。但是到了不正当竞争的时候，你们想想有没有构成要件？有谁能背得出来吗？没有看到。当然我看到了某一本书，好像是刘春田老师写的《知识产权法》，其中有一篇是李琛老师写的，里面梳理了一下，按照比较早的德国法的理念，加上一些国际条约作了梳理，当然现在的情况跟德国、美国这些国家的情况不一定完全吻合。那法院是怎么操作的？当时按照什么条款判的比较多？法院依照的是《反不正当竞争法》的第2条，即诚实信用加上原来叫“公认的商业道德”这个标准去判断的。当我们讲道德的时候，又把传统的人文道德加进来了。我受谢晓尧老师的启发，后来也去研究了一下。上课的时候我总觉得讲不清楚，关于商业道德的不正当竞争行为我举不出例子。后来我看了很多中外的资料，在检索的时候发现谢晓尧教授有一篇文章，我受那篇文章的启发，然后再去找了一些其他外文的资料，国内确实没有相关资料了。所以，其实商业道德的标准在国内也是混乱的，有谁说得清楚“商业道德”吗？是按照“真善美丑恶”那些市民道德观去判断吗？诚实信用的概念就已经很抽象了，商业道德又是按照老百姓的日常生活理念去判断的，里面有太多的不确定性，而且这些理念跟商业没有太大关联，跟商业里面应该遵循的规则基本上是不吻合的。所以按照诚实信用和商业道德去判案件，怎么判得出好案件？更何况一千个人有一千个看法。在中国，关于不正当竞争的案件，最高人民法院也没有作很完整的表态。法院在引用率较高的青岛海带配额案件中所作的表态，现在来看是完全错误的。但直到现在，最高人民法院还是在援引它，我觉得那里面要作大量的修正。

那么问题来了，判断不正当竞争，其实在中国是没有标准的。硬要说标准的话，这个标准就是谁都搞不清楚的诚实信用和商业道德。为了完成这个课题和立法项目，从2005年开始到现在，我主要是在研究美国判例。后来因为美国判例不具备大陆法系的体系化优势，所以最近一年也把我逼得很紧。最后我带着学生一起去研究德国反不正当竞争法。一看，德国反不正当竞争法的类型化是很清楚的，判断的要件也基本明白，所以我经常跟我的学生说："这是怎么回事？德国人写得那么清楚，为什么在国内就没有人把它说明白？我们外行要去研究多累，你如果老早把它写出来就好了。"因此，我有一个非常强烈的建议：你们要去看德国法，德国法在不正当竞争的问题上写得非常清楚，所以下面我把我学习的心得给大家简要地作一些汇报。

其实从来龙去脉看，欧洲人尤其是德国人、法国人始终认为反不正当竞争的规则源于《德国民法典》第826条和《法国民法典》第1382条，即对权利之外的利益的保护。以违反善良风俗的方式加害他人，即便你所侵害的不是一种权利，你也要承担侵权责任。尽管我们刚开始都是沿用民法中的利益侵害来判断不正当竞争，但是后来逐渐发现民法解决的是双方当事人的问题，我是加害人，你是受害人，民法只这解决两个人之间的关系。但是我们越来越发现不正当竞争不能只考虑你和我两个人，如果你把市场的消费者或者相关公众都赶跑了，你不兼顾相关市场方尤其是消费者的利益，包括社会公众的利益，那就麻烦了。所以光用民法典里面的那个条文是不够的，要慢慢地抽象出反不正当竞争的规则，要将它植入到竞争的环境中，在这个环境里不仅仅要考虑你和我，还要考虑为你和我买单的消费者，然后再衍生出社会公众的利益。

因此，在不正当竞争发展的过程中，在规则的发展演变过程中，千万不要忘记它的老祖宗在哪里，源于什么地方。我们后来发现，我们判断不正当竞争的时候，压根就不相信它跟侵权法有渊源关系。如果你研究了这段历史就会发现，不管是美国法还是大陆法，在判断不正当竞争的时候，总能看到侵权法的影子。侵权责任法的前提是什么？这个前提就是：一定要有权利的存在。我们一定要说明白，判断一个行为属于不正当竞争究竟是为了保护谁的什么利益？在德国的不正当竞争规定中，有三种类型的不正当竞争行为：一是侵犯竞争者利益类型的不正当竞争行为，二是侵犯消费者利益的不正当竞争行为，三是侵犯社会公众利益的不正当竞争行为。可是第三种侵犯公众利益的不正当竞争行为几乎没有实例。所以理论和实务界认为，至少前两种行为是存在的，而且很清晰，它要么侵犯了竞争者的利益，要么侵犯了消费者的利益。所以，在德国的不正当竞争行为类型中，始终有一个跟侵权法一样的前提：构成不正当竞争一定是以直接保护某个人的利益作为前提的。这一点在侵权法中叫“存在某种特定的权利”。开始我没有梳理德国法律的时候，我发现我经常用的词，包括黄骥在华东政法大学读硕士的时候我也经常讲这个词，这个词翻译成中文是“可受法律保护的利益”。美国人讲不正当竞争的时候，也是先要梳理的，你得先找出来有没有损害某一个人的具体利益，如果找不出来就不构成不正当竞争。可是对照一下今天的中国，只要被认为你的行为有损竞争秩序或者市场秩序，管你有没有损害某个人的具体利益，我都可以认定你构成不正当竞争，这个在德国法、美国法中是绝对不允许的。如果你判定一个行为构成不正当竞争，但连保护了谁的什么直接利益都说不出来，那有必要遏制这种行为吗？没有必要，因为它毕竟是一种竞争行为。这个理念在中国到目前为止都是欠缺的，因为我们有太多机会跟法官沟通了，包括在会议上也是这样。所以我讲这个“可受法律保护的利益”的概念已经讲了七八年了，到现在，我看到很多年轻的法官也开始说“可受法律保护的利益”。在这一点上，德国人的标准和美国人的标准惊人地相似。我最近梳理德国法的时候发现，它的类型就是这样的，要么侵害了竞争者的利益，要么侵害了消费者的利益，你连侵害了谁的利益都说不清楚，那就没有必要在法律上制止、约束它。

当然，这个理念在中国理论界和实务界尚未被接受。幸运的是，在这次起草互联网不正当竞争行为规则的时候，我本以为政府应该是很难接受这个观念的。当然它们开始也是摇头，经过多轮的沟通，它们基本上接受了我的理念。我不求说服所有人，我只求说服那些规则制定者，强行去推这个规则。为什么呢？中国缺乏自由和公平竞争的氛围，我们现在审判一个不正当竞争的案件，法官要么多半是遵循侵权法的思路，要么就是不遵循侵权法，就按诚实信用、商业道德来判。侵权法的思路是竞争关系，你是先到者，我是后来者，我后进入这个市场必然挤占了你的市场份额，你的损害是我造成的，这是很清楚的，事实上的因果关系也跑不掉。但把这种事实上的因果关系想当然地理解为法律上的因果关系是不妥当的，因为我参与竞争导致你受到了损害，所以我是不正当的，而“不正当”又随意地用诚实信用和商业道德来解释，这里面的自由性太大了，随便你怎么讲。目前我们判断不正当竞争没有前提，也没有要件，要么是悄悄地遵循侵权法的路径，要么是用诚实信用、商业道德来判断。有很多在德国、美国、欧洲被认为是很正常的行为，这些行为对整体产品和服务是有好处的，又没有损害某个人的具体利益，又不违反法律法规，没有必要禁止它们，这是对社会有好处的。所以，我们现在所遵循的逻辑或多或少是有问题的。

那么，不正当竞争究竟应该怎么界定？我想，首先还是得遵循类型化的规则。德国的类型化很好，美国也不错，美国主要是通过判例的方式来实现类型化的，判例对我们来说太难了。包括我们讲的《反不正当竞争法》第6~12条，总共用了七个条文，类型化了七种不正当竞争行为。按照这七种不正当竞争行为，已经类型化的行为相对就好判断了，要件不要件的没有关系，你按照要件也好，或者按照要素也罢，一个个去核对就很清楚了，是可以判断出来的，比如说在侵犯商业秘密的问题上，《反不正当竞争法》就起到了这个作用。《反不正当竞争法》上写得很明白：第一种侵犯商业秘密的行为是以不正当手段获取商业秘密的行为；第二种是明知商业秘密是以不正当手段获取的，然后去披露、使用或者允许他人使用的行为；第三种是违反合同约定或保密义务等披露、使用或者允许他人使用商业秘密的行为；第四种是第三人明知或应知商业秘密权利人的员工、前员工或者其他单位、个人实施上述违法行为，仍获取、披露、使用或者允许他人使用商业秘密的行为。你去对照它是不是侵犯商业秘密，差不多可以判断得出来，所以类型化以后，基本上解决了判断的要件、要素问题。在德国的反不正当竞争法中，有五十多种类型化的侵权行为，中国有七种，所以我经常问中国够不够？远远不够，我们如果要说够的话，至少要乘以二或者三。现实中我想一百种以上的不正当竞争行为是至少的，可是我们类型化里面只有七种，这就给我们判断带来了极大的困难。这是比较好的一种方法，所以我希望像德国一样，尽可能地将不正当竞争行为类型化，当然类型化确实是需要经验和理论储备的。这是德国解决问题的方式，主要是靠类型化来解决。我想中国短时期之内也不大可能类型化那么多。

那么，我们是不是就依靠诚实信用和商业道德规则来判断构不构成不正当竞争呢？我想即便没有这么多不正当竞争的行为类型，也不一定要用它们去判断，可以通过规定不正当竞争的定义和要件的方式来判断不正当竞争，或者不敢说规定它的要件，至少判断要素的方式是可以规定的。所以在这里面，通常又会涉及一个问题：如果这里面有对不正当竞争下定义的条款，那就会好一点。即便没有定义条款，我们给出一些判断不正当竞争的要素，可能也会比直接用诚实信用和商业道德规则来判断要好一些。这些要素在德国法中，或多或少是可以归纳出来的。

一是要有可受保护的利益，在个案中一定要把这个利益找出来。如果在认定不正当竞争的时候，找不出一个直接受损害的利益，至少可以参照德国法和美国法的标准，不应该禁止这种行为或者将其纳入到不正当竞争行为当中。所以在德国法里面，任何类型的不正当竞争行为，都要确定一个保护目标，这个目标就是直接受损的利益。大家不要以为好像与消费者没有关系，在德国，也存在消费者利益遭受损害属于不正当竞争的情形。

我给大家举个例子。我的学生在这个暑假做了一个课题，几位硕士生拿了四五部手机，价格不等，最贵的是苹果，他们同时选择互联网上的同一个卖家同一个商品，同时按下这个键，结果几部手机的价格是不一样的，这叫杀熟。手机越贵，买得越多，价格越高，这是怎么回事？商业惯例不是这样的，买得越多应该越优惠呀。我说你们直接去起诉，他们在讨论起诉谁？这是什么案件？到哪去告？法律依据是什么？是《消费者权益保护法》吗？侵害你什么？谁的什么利益遭受了侵害？你起诉总归要救济，救济什么？我学生到上海财经大学问了一个经济学教授，他说这是自愿的，交易很正常。这是交易自愿，他没有骗你，没有强迫你，你愿意买的，无所谓。你们告诉我，这对谁的什么利益造成了损害？依据什么法律起诉？依据价格欺诈？反正弄了一圈下来，真不知道以什么起诉好。当然有的同学提出，消费者权益保护法中有公平交易权，我对这个没有研究，但是我感觉到好像也不大恰当，你们可以去研究。这种问题最后还是被我成功地植入到了互联网不正当竞争规章中去了。领导一开始说这好像不对，我说我给你数，消费者权益保护法管吗？合同法管吗？价格法的价格欺诈管吗？好像都管不了。其实按照德国法的思路，就是消费者利益受损，信息不对称，最好的解决办法就是放到不正当竞争里来。

其实在德国法的不正当竞争行为类型里有一种类型就是消费者利益遭受到侵害，即消费者的绝对自由遭受到了侵害，不一定是说你受到胁迫了，当然也可能真的受到了胁迫。在日本我带着小孩去商场，小孩子的腿经常就迈不动了，因为那里有抓娃娃的机器，每一个电梯口放一个，你绕不开它，小孩一看到就要过去，不走了，时间耗了，虽然钱倒不多。这个做生意的方式好像有点问题，他就知道小孩子要往那走，这种生意太好做了，利用小孩子胁迫大人必须就范。

李扬：这种情况确实有。我们上一次在大阪吃饭的时候，里面有很多面向公众贩卖的东西，周边也放了很多游戏机。

黄武双：我至少可以举个例子，有时候真的很憋屈。我 2007 年去过西安，2017 年也去过西安，两次都碰到了同样的问题，我觉得西安的导游太厉害了，你只要跟他待一天，最后保证你买东西。我 2007 年去的时候，全校的中层干部、全车的人都买了东西，除了我，所以我下车后就灰溜溜地走了。十年以前我还很年轻，不买还不好意思。去年（2017 年）又碰到了同样的问题，导游很热情，最后又带你到卖东西的地方去，看我这个人“刀枪不入”，就说：“黄先生，我给你泡两杯茶，你到树下坐一坐。”在那种场景下，你可能不自觉就买了。所以我经常说，在旅游点没有买东西的道理，这都是铁定的规律，因为这都是骗人的。我那一车的人，实际上也是受到了导游心理上的引导，他用了另外一种方式让你作了不自由的交易，你不买还不好意思。其实这种东西在德国法是放到不正当竞争里去的，我觉得这个很好。所以你们可以去看看，德国的不正当竞争法是保护消费者利益的。很多人说不是有消费者权益保护法吗？但消费者权益保护法有时候根本保护不到这个地方。所以自 20 世纪 60 年代开始，在反不正当竞争法中植入了消费者保护条款的观念从北欧席卷全球，并越来越普遍，但是现在中国还没有接受。不过中国在上一次《反不正当竞争法》修改的时候，多少接受了一点。你可以看一下第1条，尤其是第2条，除了经营者、竞争者之外，还有消费者利益的保护。可是你看第6~12条，除了虚假广告跟消费者有一点关系，其他的条款与消费者都没有关系。德国法规定得很清楚，侵犯竞争者的不正当竞争的行为类型有哪些，侵犯消费者的不正当竞争的行为类型有哪些。尽管我国《反不正当竞争法》的第1条、第2条都有消费者利益的保护内容，但是并没有与其相对应的不正当竞争的行为类型。所以，我在制定规章的时候跟他们说了这个情况，刚好补上这一课，植入了很多侵害消费者利益的不正当竞争行为内容，我觉得这一块是有意义的。

因此，判断是否构成不正当竞争，第一点是一定要有直接利益的损害；第二点是一定要有具体的竞争关系。现在动不动就说中国已经不再考虑竞争关系了，包括在商标上也是这样，我极不同意。很多案件都是胡乱去判的，至少在商标里面，我们可以举出一些例子。

首先，我想到了一个非常典型的案件。GUCCI是意大利的商标，它的产品一般是几千块；GUESS是美国的商标，它的产品一般是三四百块。GUCCI先在中国注册了“G”的商标，GUESS进到中国后未经允许使用了该商标，然后立刻被起诉，最后GUESS被判侵权。一个几千块的产品，一个几百块的产品，会不会混淆？你们认为侵权吗？可是你们按照《商标法》第57条去试，都是“G”，那是不是相同？或者是基本相同？是不是同一个类别？按照商标法的逻辑，这确实是侵权，这是对的，可是在现实中这是不会产生混淆的，这就带来了一定的问题。别以为我们理解了商标法。我在上海某法院培训的时候，我专门跟法官讲：“相同又怎么样？相同照样不会混淆。”我就举了这一个有直接竞争关系的例子，但其中，消费者等相关群体是不一样的，消费场所也不一样，店招还不一样，所以并不会混淆。难道相同类别、相同标识就一定会被判侵权吗？不会的。因此，最高人民法院在2002年颁布了一个司法解释，规定要从五六个因素去判断是否构成商标侵权。其实那个商标法的司法解释已经改变了商标法的意思，别机械地理解商标法，认为那就是侵权。对于商标侵权，我的逻辑思路是：真的要在司法实践中思考。至少在美国、德国，它们还会去考虑具体的竞争关系。在我们的不正当竞争案件中，更要考虑具体的竞争关系。

那么问题就来了，刚才说微博诉脉脉案，最后认定脉脉侵权。这个案件判了没多久后，在美国北区联邦法院有一个 hiQ Lab 诉领英的案件，前者从后者抓取、存储数据，开发了一个跟它没有竞争关系的产品。后者认为，你的用户量大增赚钱了，但基础数据是我的，后者不开心了。前者说你不允许我抓取，我后面就没有办法更新了。双方协商不成，前者直接向法院申请了诉前禁令，它请求法院裁决领英对它的技术封锁行为，允许它继续抓取数据，法院最后支持了这一请求。这个案件出来以后，中国有很多法官、学者、律师都在研究。这让美国人没法理解。很多人说了各种理由，说没事，那只是诉前禁令，一审还没有开始，等着吧，肯定要改过来。我说不会改的，通过这个诉前禁令就可以看出，美国是一个非常注重促进竞争的国家，它遵循的是“提供新产品、新服务，提供消费者福利”的这样一个路径。

所以，归纳一下，我更喜欢或者我心里更加倾向于促进竞争，只要我有机会跟法官们、学者们交流，我都尽可能地去表达促进竞争的思想。1996 年欧盟发布《关于数据库法律保护的指令》的时候，它谈的是静态数据库。欧盟的数据库保护指令是有一定的排他权利的，它是怎么设计的呢？其规定“未经同意不得全部或部分提取、复制、存储并且向公众提供相关数据”，这是静态的。可是我们现在处在互联网时代，互联网的本质要求是互联互通，你把门关起来不允许我抓取，那我也把门关起来，最后大家都把自己的后台关起来了，那还有互联网吗？既然你将传统的静态数据库放在互联网上，那么进入了新的行业就要入乡随俗，你就要遵循这个行业的基本规则，美国人就是这样的。你入网了，就要互联互通。美国的互联网行业里有一个规则：允许抓取，允许复制，允许存储。按照你这样说，那还有人开发研究数据库，做这些基础的积累吗？有，它给你留了一块最管用的空间，即抓取、复制、存储数据都可以，但是你不可以拿这些数据来跟我做同样的业务对抗我。所以，我觉得上海浦东法院判的大众点评诉百度的案件判得很好。至少这个结果我相信他们是研究出来的，非常好。因为你把我的数据拿过去以后，不经修饰加工，直接做一个跟我一模一样的东西，然后跟我竞争，你的成本是非常低的，法律上是禁止的。所以美国人留了一块最重要的空间：你不可以用我的数据来干与我同样的活。别人拿了我的基础数据，在我没有能力作出新东西的时候，有人可以基于同样的数据开发出新产品，十个人可以开发出十个不同的产品，这一定程度上给我们带来了产品或者服务的多元和竞争，给消费者带来了福利，你持什么样的态度？是要禁止无偿使用他人数据，还是说要鼓励他们去开发，但是不能原样拷贝？美国人采取的是后面这种路线。所以上海浦东法院判的那个案件，是到目前为止我觉得最好的。其他的法院都还站在传统的理念上，只要没有经过同意就是不允许的，因为你用了我的东西，这叫不劳而获。这里面都是一些比较传统的、对有形财产进行绝对控制的理念影响了我们的判断。所以客观来说，在中国是非常缺乏"促进竞争"这样一个理念的。我们说是说判断不正当竞争行为，但是又用"有形财产控制"的理念来判断一个行为是不是属于不正当竞争行为，这一定会出问题。判断是否构成不正当竞争的最后一点是：需实施商业行为，提供具体的商品或者服务。这应该是比较简单的。

接下来是，我们《反不正当竞争法》的第 2 条存在一个问题，就是我们的类型化不够。《反不正当竞争法》只规定了七种类型化行为，我们到底应该怎么办？所以在中国，我们现在还很难走到像德国一样的类型化地步。当然，我觉得最好的办法是尽可能在行业中推动一些规则的制定，尽可能地去类型化，哪怕是部门立法、部门规章也往前走一点。当然部门规章如果讨论不充分，很容易又回到原点去，又按照侵权法的思路来。

如果不正当竞争有定义和构成要件，那么问题基本就可以解决了。我是不主张用诚实信用原则去判断不正当竞争行为的，诚实信用在民法里都很难说得清楚，我觉得在《反不正当竞争法》中应该去掉，因为德国法现在也没有。如果还要保留的话，对商业道德可能需要稍微作一点解释。当然最好的办法是规定不正当竞争的要件，把要件讨论明白了，什么行为都可以按这个要件来判断。但是如果要件无法统一的话，难道就要遵循商业道德与诚实信用原则去判案？我原来参与《反不正当竞争法》讨论的时候，我写的就是商业秘密部分的条文。2016 年 5 月份国务院公开征求意见以后，收集回来的意见在华东政法大学作了十天的梳理。我在那个时候猛补了一下不正当竞争的规则，那个收获是很大的，我们把各个国家的情况作了梳理和对比。我们发现，即便中国允许法官用商业道德去判断不正当竞争，但我们觉得最好还是改成用商业惯例去判断。如果谢晓尧老师对这个有研究，可以多发表点建议。商业惯例是一个纯粹的技术规范，不是一个真善美的人文价值判断。我经常问学生，什么叫“商业道德”？我经常举的例子是：澳门赌场门口有一个门童，每天晚上上班的时候都劝人家不要进去，劝人不要赌博，请问他干得对不对？既对也不对。普通老百姓觉得这好像做得不错，应该颂扬。但是他现在是在工作，澳门的赌场是不违法的，你怎么把老板的客人都赶跑了呢，这直接违反了职业操守。这就是商业惯例，职业道德就是商业惯例的一种。我经常说你们去吃饭，到底是先吃饭再付钱，还是先付钱再吃饭？都有。可是你在不同的地方，说错了话，人家就会感觉到不舒服。比如，一般来说哪有先付钱的道理，但是你到快餐店就餐，在快餐店都是先付钱的，这就是惯例，这里面没有人文道德的参与。可是在中国，如果按照商业道德，有道德两个字，法官就会从道德层面来解释了，其实这跟我们的人文道德并没有关系，商业就是考虑技术层面的东西。

总体来说，这一次制定《反不正当竞争法》的司法解释和商业秘密的司法解释，即便保留了商业道德，但对最高人民法院来说也是一个很好的机会，因为它给最高人民法院留下了巨大的空间，但前提是你必须将不正当竞争研究透。

我觉得我们完全有可能在现有研究理论储备的基础上，对不正当竞争的判断要素、商业惯例及不正当竞争的类型作一些梳理，这样就不可能再有诚实信用原则适用的余地。我看了德国法以后，发现它的体系就是这样的，所以诚实信用原则根本没有适用的机会。当然在中国，商业道德还经常被拿出来说事。我跟谢晓尧老师以及郑老师在华东政法大学讨论过一次，商业道德、商业惯例是否就是行业制定的一些规则。不是的，它们一定要经过司法审查，因为商业道德、商业惯例必须建立在对各方进行保护的基础之上。互联网几个大佬一起把规则制定了，考虑过用户了吗？并没有。中国至少在互联网领域是没有主人，也没有牧羊犬的。所以进行公益诉讼也好，学者提几个代表性的诉讼推动立法讨论也好，这些都非常重要。

最后我给大家推荐一个案例，淘宝诉美景公司案，这里面有一些用词是比较准确的。关于数据被收集以后的权利归属问题，我第一次看到法院通过判决来确认没有归属的情形。“只考虑使用问题”，这在中国第一次被直接提出来。如果大家能够往前再推一步，这将是一个重大的进步。因为我们现在的大数据大多都还在讲静态的归属。我到北京参加了一个案件的讨论，比如说我们买二手车，你怎么知道你买的这个二手车前面有没有发生过重大事故？你查得出来吗？查不出来。所以这些二手车的重大历史事故的数据在哪里？车管所没有，保险公司有一部分，4S 店有一部分，产商那里有一部分。这些数据收集起来，你就知道一辆车有没有出过事故。现在有人从宝马公司里导出了这些数据，还把这些数据给了我，本来我是要到 4S 店查一下的。因为每辆车都有一个号码，数据我都可以调出来。如果现在 4S 店再在外面设一个公司，做查车的平台，20 块钱查一次。那这个数据归谁？它们都在争论归属的问题。很多民法学者在会议上定的基调是：数据是谁收集的就是谁的，所有权嘛。知识产权学者一定要尽可能参与到知识产权新类型的设定过程中，或者是竞争法新类型的权利边界划分讨论中。民法学者难免有惯性思路，什么都先考虑所有权是谁的？所有权确定以后再来看看就好办了，所有权都控制了，其他还有什么好说的。但是不经过允许的数据收集能够合法吗？竞争法领域不是这样的，有些客体不一定要谈归属的问题。比如说大数据，1996 年欧盟发布的《关于数据库法律保护的指令》中从来就没说“数据的拥有者”，只是说“数据库的制作者”，最多说是“数据库的拥有者”。所以，我觉得欧盟的立法在选择用词的时候，也是非常精确的。但是到了中国，什么东西来了之后都先按照民法的理念去解释。民法首先要确定权利是谁的，你以静态的方式确定了权利的归属，后面的竞争就没有存在的可能了。你的就是你的，不经过你允许我怎么可能竞争。如果归属很明确了，那就没有竞争了，这是静态的所有权概念。

所以，我觉得中国现在有太多这样的理念了，我今天也是借此机会非体系化地谈一下。我最近花了一两天的时间，在某些法院对这节课的内容进行了交流。我觉得还是能起到一定效果的，很多法官都慢慢地接受了我的观点。先不要考虑静态的所有权，竞争法还是有它特殊的规则的，至少我们慢慢往前推，推到这个程度，总归比停留在民法的思路、比停留在我们固有的概念要好一点。

我就讲这些，今天讲得不系统，请大家多批评、多交流，谢谢大家！

易健雄：感谢黄武双教授给我们分享了他的观点，黄老师说他不成体系，但是咱们很清晰地感受到黄老师给咱们传授的观点。黄老师给我们说的第一是无损害则无不正当竞争；第二是没有具体的竞争关系也不存在不正当竞争；第三是最好取消掉诚实信用原则，最好能够用商业惯例代替商业道德；第四是民法学界喜欢讲静态归属，互联网更强调动态使用，所以不妨试着改变思维方式去思考问题。

下面进入与谈环节，先请公认的竞争法专家谢晓尧教授谈谈，有请。

谢晓尧：我今天晚上是来学习的，向西南政法大学的同学们学习，向黄教授学习。贵校是我向往和崇拜的“偶像”，学风一流，我一直想见识见识，今天果然领教了。中山大学的学生一来到这里就变得特别认真，贵校的学生一去中山大学有可能都变得不勤奋了。西南政法大学是一个神奇的地方！再说说黄教授，他学贯中西，理论和实践都做得相当好，是跨界的杰出代表。我借此机会谈几点我个人的学习体会。

第一，理解反不正当竞争法需要采取实用主义的方法。我们可以想一下，欧美国家的法官有多少实用主义者？我国反不正当竞争的司法实践中，在整体上，充满了很多道德大词，虚而玄。实用主义强调实践、经验生活和语境，不认为存在放之四海而皆准的普遍真理，没有普适性及不加区分的正当、公平、平等。对案件的处理和正当性与否的认识，都必须将其纳入特定的语境中，凡是超越了具体的情景，判断正当不正当都会有问题。刚才黄教授讲了一个非常典型的例子，劝别人不要赌博是否正当？如果放在中国内地的某个酒店，这是“见义勇为”的大好事；但是这事发生在澳门，在澳门的酒店的赌场，且是在营业期间，还是以连续不断的方式劝别人不要赌博，这就有问题了。

为此，我的体会是，切不可将不正当竞争给道德标签化。分析任何一个不正当竞争案件，你得去讲好一个“故事”，要将案件情节构建好，将各种细节性因素细密化。法律是追求细节的学问，你把各种细微的情节如同考古学家一样，复原得越周密，我们对案件的认识程度就会越深。反不正当竞争纠纷贵在精细化地重组案件事实，以获得某种恰如其分的合理性判断。案件的故事越是说得不深入，就越会依靠道德大词去吓唬人；相反，案件的故事说透了，事实之中就隐含着必要的恰切性的论证和判断。毕竟，道德也好，正当性求证也罢，归根结底都是来自我们日常生活的理性。所谓公理性、同理性，其实就是看按照普通人的通常标准经不经得起检验，它是非常语境化的东西。

第二，我再谈谈黄教授讲的关于商业惯例的问题。我是这么看待这个问题的，法律、制度、惯例、习惯、道德、伦理、经验等术语之间具有家族相似性。同样的做法重复多了，我们就能从实践中获得一些经验，这些经验如果累积到了一定地步，就会成为某种习惯、习俗、惯例。我个人的看法是不太赞同用行业惯例去判断不正当竞争的。行业惯例意味着它必须要有足够数量的重复，但是在不正当竞争纠纷中，有许多纠纷是新型纠纷，很难找到所谓的行业惯例。所以，如果要寻找一般条款的表述，其他的表述方式似乎还是比行业惯例要更好一些，这样能涵盖某些新型的案件类型。

在我看来，一般条款的具体表述采取何种字样、术语，或者称之为道德、诚信等都不重要，我甚至认为《反不正当竞争法》就是一个“标题党”，“不正当”三个字就隐含了价值判断，就是一般条款。要知道，法律原则有显性的、条文化的原则，也包括了隐性的、有待提炼的原则。目前，司法界对一般条款把握得不好，这一点不能简单地归咎于立法表述和司法本身。四十年以来，我国一直处在不断的改革之中，社会处于极度转型时期，商业伦理和社会道德都难以在一个静态的经济环境中沉淀成型。法律与其他可替代的社会规范成反比，道德越多，法律愈少；相反，商业伦理越少，我们对法律的需求就愈大。在一个商业伦理没有成型、社会缺乏足够共识的状况下，要处理好一般条款的问题是非常有难度的。我们需要时间，需要对寻找司法适用的一般条款这件事有足够的耐心。

第三，我想谈谈对案件类型的认识。我非常赞同黄武双教授提到的发挥案件类型的作用。但是我有一个想法，一个社会既需要有像黄武双教授这种才智双全的人物，凭借个人的智慧和渊博知识，在理论上对社会现象类型化，将其通过规则加以揭示，这一方法固然是很重要的。但是我理解的案件类型，更多的是司法实践中的案例类群，以及在此基础上经由方法论的运用而形成的类型化。人类的知识不是凭空出现的，而是在不断探索和试错的重复中演化产生的。德国、欧盟、美国，尽管立法或者法律重述中有很多不正当竞争的行为类型，比如欧盟的不正当商业行为指令，但是这些怎么来的？我认为，这不是理性建构主义的产物，不是靠一个非常精明的立法者人为制造出来的，而是基于过往的司法经验，主要是司法判例，从司法实践的涓涓细流中累积而成的，通过裁判文书形成案件类群，逐渐提炼和抽象出不正当竞争行为的表现形式。案件不能简单地分为有没有作用，所有的经验都有它的知识价值，都值得我们去善待，只要我们愿意花费心思去加工。累积司法实践中的案件类型，其最大的好处在于，它区别于学者的闭门造车。纠纷的解决是思想的竞争。利益高度对抗的双方通过开庭，进行思想和观点的验证，类似于商品的市场竞争，经由司法裁判这种高度竞争获得的、非常细节性的知识，会有某种活力，也经得起某种检验。裁判文书是非常宝贵的知识资源，必须挖掘其价值。从经济学的角度看，司法是耗费公共预算的行为，仅仅解决私人之间的特定纠纷，既不公平也不效率，必须给这样的裁判文书赋予正外部性，使之产生公共利益。好的做法就是将司法案例作为制度知识的载体，使其有可能成为新的制度性知识的增长点，促进制度理性的生成，这才是有价值的。

第四，我想强调一点，适用一般条款解决不正当竞争纠纷，其精髓是“权衡”。所有不正当竞争案件中，不管是原告还是被告，不管利益关系人在场或不在场，他们都有平等的、不可忽略的利益诉求。我们不能预设哪一种利益处于优先地位，哪一种利益必然受保护。合理的做法是，将不同的利益诉求通过某一种方式表达出来，在此基础上，判断其序位、份重及其他因素，在个案中进行利益平衡。利益衡平是基本的法学方法，不正当竞争的方法论在我们的理论和实践中都是很缺失的。我们要么简单地预设原告有道理，要么简单地预设被告有道理，实际上真正的事实往往不是如此，权利从来都不是非此即彼的两个极端。更加精细地进行利益平衡需要一套科学的方法论，这一套方法论是更值得我们去关注的。谢谢大家！

易健雄：感谢谢晓尧教授在短短的时间里给我们分享了不少金句，比如说反不正当竞争法要采取实用主义；要在具体的语境下考虑反不正当竞争法的问题；法律是追求细节的学问；法律、制度、惯例之间具有家族相似性；要注重法律的经验积累，每一个案件都有它的价值，每一个内涵都是深刻的。下面有请李扬教授发表高见，有请。

李扬：我非常高兴，我原来在这里主讲过，今天又来向各位学习。听了黄武双教授今天的演讲，赞成的我就不说了，由于时间关系，我快速从四个方面谈一下我的感受。

第一，就德国的反不正当竞争法稍作补充。大家知道德国反不正当竞争法从 1896 年至 2008 年中间经过了三次修改，其中最重要的内容就是对一般条款的修改。1896 年的反不正当竞争法是没有一般条款的，1909 年的反不正当竞争法中加了一个一般条款，但这个判断标准就是“善良风俗”，这个一般条款在德国历史上一直适用到了 2004 年，而且适用的比例大概和中国差不多，在 40%左右。后面就发现有问题了，“善良风俗”究竟是什么？这在德国是有争论的，到底是什么，谁也没有说清楚。到 2004 年就改了，把所谓的“善良风俗”判断标准改为“不正当的商业行为”。后来德国学者一看，什么叫“不正当”？你是以另一种不确定性的说法替代原来不确定性的说法。在这样的背景下，又有了欧盟法律一体化运动等。到 2008 年的时候，又进行了一次修改，这一次的变化是最大的。这一次修改在德国反不正当竞争法第 3 条，规定了三种类型的不正当竞争行为，第一类行为叫不正当竞争的商业行为，即严重地损害竞争者、消费者、其他的市场参与者利益的行为是非法行为；第二类是违反专业注意义务的行为是非法行为；第三类是我们经常说的“黑名单 30 条”，就是本身违法的行为。它总结了 30 种情况，非常具体。比如说导游劝你买东西，劝一次可以，劝第二次绝对是不行的，我已经表示不买了，再劝的话，按照德国反不正当竞争法，那你就“死定”了。

第二，大家知道，中国《反不正当竞争法》的第 2 条，在界定本法所说的不正当竞争行为的时候，先是指“违反本法规定扰乱竞争秩序”，后面才是“损害其他经营者或者消费者的合法权益的行为”。邓宏光教授问过一个问题，损害竞争秩序是界定不正当竞争的要件吗？是你有意扰乱了竞争秩序，才导致损害了经营者或者其他消费者的合法权益吗？德国早就反思过这个问题了，德国反思的结论是：如果某一个行为损害的是竞争者的利益，或者参与到这个竞争关系当中的消费者的利益，那你就是损害竞争秩序，没有必要再单独认定到底有没有损害竞争秩序。但是我们国家的大量案例中，总会把所谓的“损害竞争秩序”拿上来。我上一次在深圳说过，你们有谁能说清楚，在什么情况下损害了竞争秩序？损害竞争秩序就像一个幽灵，谁都没有说清楚过。所以，一定要把所谓的“竞争秩序”去掉，因为德国法早就解决了这个问题，他们也是经过反思的，这一点是特别值得借鉴的。

第三，我再说一下日本的情况。日本的反不正当竞争法是没有一般条款的，第1条就是立法目的，第2条开始直接规定的是不正当竞争行为。那么就有一个问题，反不正当竞争法没有列举的这些行为怎么办？日本的司法实践，包括日本的律师、原告经常这样做，他们会直接跳到民法典第709条，这一条规定的是“因为故意或者过失侵害他人权利或者法律保护利益的负有赔偿责任”。它首先会考虑一个问题，这是不是应当受法律保护的利益？如果民法中没有规定，我们先看其他法律有没有规定，有规定的话就按其他法律来，如果其他法律没有规定怎么办？这个时候一定要进行严格的利益考量，但是只停留在这一步还不够，我在好几个场合说过这个观点。我下面讲的观点并不是我原创的，是我从日本的案例中总结出来的、非常值得我们借鉴的。你的利益是不是应当受法律保护，这要通过什么标准去衡量？这就是我们首先要解决的问题。不能说你的商业模式应当受保护，他的商业模式也应当受保护，说它们都是合法利益。《反不正当竞争法》第2条起码有三种利益，我们就要问一下了，这都是应当受法律保护的利益吗？天然地具有正当性就应当受保护吗？日本不是这样的，日本首先要分析你这个东西是不是应当受保护。

我看了日本的案例，在很多场合我也讲过，对于这个问题，他们有三个因素。第一个是你要保护的东西，是产品也罢，是服务也罢，是商业模式也罢，是不是由原告负责投资、付出劳动开发了这个东西；第二个是你这个东西是不是社会所需要的东西，有没有价值，能不能给消费者带来福利；第三个是如果放任“搭便车”的行为，会不会影响到产品或者服务的供应？经过综合判断，如果允许“搭便车”或者跟风，大家一哄而上，最后却给消费者或者整个社会带来了福利，比如说带来了技术进步；也有可能说消费者的利益是看得见摸得着的，就比如带来了价格的降低，或者带来了新的产品等，这个东西就不应该被保护。原告说我花了这么大的代价，好不容易弄出个东西，最后大家一哄而上，我肯定没劲干了。如果影响到了产品的供应，还是要确保对产品供应有最低限度的激励。若衡量了这三个要素之后，发现这个东西还是有受保护的必要，则可以对其提供保护。

这对中国而言是特别有启发意义的，比如海带配额案中确定的那三个要素，都有很大的问题。那三个要素，第一个是《反不正当竞争法》没有规定的。这相当于废话，没有什么用。第二个是有利益受到损害。这也没有什么，在竞争法中有利益受损害不代表这个行为就不正当，因为竞争肯定会带来损害的，这是毫无疑问的。第三个是这个行为违反了诚实信用原则或者公认的商业道德，具有可责难性。这种道德判断我也是坚决反对的，为什么？我的理由很简单，因为《反不正当竞争法》的经济基础是市场经济，既然是市场经济，那么就有一个假设，即这个市场中发生的所有行为都是正确的并且是合法的。如果你说这个行为不正当，那也一定是立法者说了算，任何法院、机构、团体、个人都没有权利说了算，而且一定要明确列举出不正当竞争行为在法律上的构成要件，可以对照着来执法。符合这几个法律构成要件的，就可以认定为不正当竞争行为，就是这样一套模式。在这种情况下，立法者理性的认识能力可能会有不足，那怎么办？这就涉及黄教授说的第 2 条能不能用、怎么用的问题。我十几年前的观点是非常开放的，我说用吧，但是后来就发现问题了，而且十几年前我对竞争关系的理解也是从广义的竞争关系来的，我三年前发现这是有缺陷的。问题在于反不正当竞争法确实是脱胎于侵权责任法的，而且是 1860 年前后一些法国学者将《法国民法典》的第 1382 条用在了工商业领域，才导致了反不正当竞争法的产生。有意思的是，法国到目前为止也没有制定单行的反不正当竞争法，出现了问题还是用民法典第 1382 条来解决。这就涉及竞争关系怎么认定的问题，你是坚持狭义的竞争关系还是广义的竞争关系？是具体的竞争关系还是抽象的竞争关系？我认为，一定要以具体的竞争关系为前提，如果没有这样的前提，一定会混淆侵权法和竞争法之间的界限。如果说反不正当竞争法可以包打天下，基本上可以说包打一半天下了，侵权责任法可以不要了，然后各自的范围一定会不清不楚。

最后，我回应一下谢晓尧教授讲到的中国判例的问题。中国对所谓的案例研究，也还是要持比较谨慎的态度，因为中国判例是很少的。在我看来判例有三种。第一种是原创型，无非是把法律原则抽象的规定具体化。比如说什么叫"故意"？我可以通过"六要素""八要素"去认定。第二种是补充修正型，原来用"八要素"认定"故意"，现在简化到"四要素"或者扩展到"十二要素"。第三种是颠覆性的，我推翻你们之前所有的判决，你原来认定侵权，我现在认定不侵权，我说了十个理由，这也可以称之为判例。

因为时间关系我就不展开讲了。我四年前写过一篇文章——《堵住反法第二条的黑洞》，我刚才讲的所有东西基本这个文章中都会有反映。

谢晓尧：我将案例当作一个经验知识的载体，哪怕是最糟糕的裁判文书都有反思的价值。通过案件的重复率，可以了解概率分布。读案例不是一味地发现它是正确的还是错误的，案例无所谓正确与错误，反思性才是最重要的。所以，大学读书的本意就是批判，如果没有独立的判断，那不叫学习，案例尤其如此。

易健雄：感谢李扬老师，李扬老师刚才从比较法的视野给我们补充了德国、日本的反不正当竞争法，包括反不正当竞争法的认定，还讲到对诚实信用原则、对案例的一些看法。还有谢晓尧老师刚才补充的一句经典的话：再糟糕的案例都有它的价值。

下面有请黄骥老师。

黄骥：今天很荣幸能参加这个讲座，我要感谢黄老师和学院对我的关照，因为从辈分上来说，我是黄老师的学生，也是在座所有老师的学生。我简单地谈一下我在讲座上的感受和学习体会，另外我把零星的一些认识说出来，请各位老师批评指正。

黄老师曾经给我们讲过一个很重要的概念，就是法益思维，这在我硕士阶段是很重要的。民法中有三个利益，首先是一般的利益，它还处在未受法律保护的状态，如果受到了法律保护就称之为“法益”，再往上就到权利。从利益到法益再到权利的过程，是位阶不断上升的过程，也是立法者、司法者进行选择的过程。这对不正当竞争问题的研究特别重要。

当前中国司法界在判定不正当竞争的时候，我觉得有一个问题。刚才说有三种利益，首先容易犯的错误是只看权利不看法益，其实即便没有法律明文规定的权利，但有损法益，我同样可以禁止对方的行为。其次就是宽泛地界定法益，认为只要付出了劳动、投资，获得的既得利益就应受到保护，这在当前的互联网反不正当竞争法的司法实践中是比较突出的。现在，在中国和欧美都有一些屏蔽网络广告的案件以及数据挖掘的案件。欧美法院认为这是非常正常的行为，是自由竞争的范畴；中国法院则以很简单的思维去判断，认为我付出了劳动、投资，形成了既得的结果，我就应该对它拥有控制权。其思维上的瑕疵就在于过分宽泛地界定了法益，没有考虑到一个利益要上升为法益需具备的特定要件。民法学界、刑法学界对法益的要件已经有很成熟的研究了，比如张明楷的《法益初论》认为必须有宪法上的依据，必须有稀缺性，必须有重要程度的考量。

刚才听了谢老师和李老师的谈话，我隐约认为是不是可以这样归纳？我们保护的利益有两种模式，一种是权利模式，一种是法益模式。权利模式是：谁拥有权利，权利人就能够控制哪些行为。比如著作权人享有复制权、发行权，如果有人未经我许可实施了这些行为，他就侵权了，先有权利再来判断救济。但是法益模式是另外一种过程，没有预先界定谁是权利人，发生冲突的时候，先判定这个行为是否应该被禁止，从结果去推谁有控制这个行为的利益。我感觉到这两种保护模式方向相反，不知道这种理解是否正确。

最后我想向黄老师再请教一个问题，互联网反不正当竞争法司法实践中，有一个原则——非公益必要不干扰原则引发了很多争论。从这个原则来看，如果你侵犯了他人的既得利益，干扰了他人的商业模式，你必须找一个公益的理由，如果找不到这个公益的理由，就是不正当的。黄老师您是怎么看待这个原则的？

易健雄：黄骥老师重点给我们分享了关于利益、法益、权利之间的区别。请教的问题，由于时间关系咱们私下再交流，还有一位与谈人就是邓宏光老师，有请。

邓宏光：今天这个讲座我收获很大，因为反不正当竞争这一块我虽然以前研究得少，但是我一直在关注。对我而言，收获有几点：第一，在反不正当竞争法里，要从传统的“强调产权”的思维到“注重竞争”的思维。当然，我们并不是说以前注重产权是错的，因为判断不正当竞争的前提条件是要有法益，法益什么时候上升为产权，两者之间的界限是比较模糊的。但是我们固守传统的产权思维是不对的。

第二，我们要从传统的“强调私益”到慢慢地更多“关注公益”，这个转变在互联网环境下体现得非常明显。因为黄教授最开始引的这个案例就蕴含这个转变，互联网本身是互联互通的，如果大家都把门锁起来就不再叫互联网了。互联网环境下，涉及网上的不正当竞争和网下的不正当竞争，两者之间由于环境的变化，内里也发生了很大的变化。也正因为基于互联网“互联互通”的本质，所以我们在诸如数据的挖掘、利用等方面，就不能仅仅认定“谁挖掘就谁拥有”。我们强调的是将蛋糕做大，而且你在蛋糕做大的时候，自己挖了一块，不能让其他人没蛋糕可挖。因此基于相同的数据，他人所做的与你没有直接竞争关系的其他领域的产业是可以发展的，目的就在于让整个社会的福利得到提升。

第三，在互联网的整个制度、理念上，要由原来的抽象到尽可能的具体化。因为以前很抽象，动不动就用诚实信用原则、违反公认的商业道德去判断，扣上“扰乱市场竞争秩序”的大帽子。将来要尽可能地将不正当竞争行为类型化地归纳起来，变得更具象。包括黄教授刚才特别强调的问题，我们要多注重商业惯例，因为通过重复形成的一个自发秩序，有利于减少交易成本。

我在这三个方面收获非常大，如果利用黄教授的这些观点，再回应当下的一些热点问题，可能就会与李扬教授的观点发生激烈的碰撞。举个例子，关于游戏直播这一块，游戏直播肯定是最近很热的一个问题，李扬教授的观点应该是：游戏虽然是给大家打的，但是你用我的东西赚钱了，那当然构成侵权。而黄教授的观点是：的确是用了你的东西，但你的东西本来就是给大家用的，而且用的时候也没有损害你的根本利益。加上游戏直播在游戏市场上也只是很小一部分，游戏直播的经营者与游戏的经营者也不存在直接的竞争关系，所以就不构成不正当竞争，甚至不构成侵权，不知道这种想法对不对？

李扬：关于游戏直播，我先讲一下日本在两个案例中是怎么做的。一个是关于钓鱼游戏。原告开发了一个钓鱼游戏，被告也开发了一个游戏，叫“钓鱼小镇”，原告认为被告侵害了他的权利。其中有一个游戏画面是静态固定的，原告说这个画面侵权了，还有画面的变更转换也侵权了。这实际上就是玩家玩出的画面，侵害了原告享有的向公众传播权，日语里面是“向公众传输权”。还有一个案件，从大阪裁到高裁，最后打到日本最高裁判所，主张的权利也是向公众传播权。日本法院的想法很简单，认为游戏就是动态的画面，而且明确说了这个画面都是游戏开发者预设的，所以就是电影作品，日本是这种做法。按照这种做法，游戏直播就在向公众传播权的控制范围内，它明确了这个权利是可以控制的，因此和我们讨论的问题不是一回事，我只是在这里澄清一下，顺便给大家介绍一下日本的做法。

黄武双：在这个问题上，我跟李扬教授恰恰没有那么大的分歧。游戏的直播通常是通过注册玩家的账号导出信息，然后再直播解说的。玩家跟游戏平台之间应该是合同关系，他所获得的授权无非是参与竞技游戏的过程的授权。游戏直播可以产生重大的利益，其在既有的类型化的权利中是没有办法涵盖的，所以我觉得应该可以通过反不正当竞争法来保护。当然很抱歉的是，我在很多地方都批评过一个案件，在这个案件中法院认定游戏直播的主播构成不正当竞争，把主播认定为具有重大利益的竞争优势企业。这个我觉得或多或少是有问题的，是说不通的，这个问题我在很多文章里面都已经表达过了。

最后我再给大家讲讲，首先今天的交流学习让我收获非常大，刚才别的老师已经介绍了很多内容。我真诚地希望各位同学和老师能够通过参与规则的制定、推动案件从无到有、对既有案件的讨论等方式去传播“促进竞争”的法律理念，这个理念在中国是非常缺乏的，应该说我们几乎没有。

谢晓尧教授用实证研究的方法居多，我觉得比较研究的方法对我来说是合适的。现在在中国凡是有新类型的案件，我通常都会召集学生讨论，我先预测一个应该是比较合理的结果，然后布置我的学生按照我预测的结果到美国、欧盟的数据库里寻找相对应的案例，找出一个案例，那一定会把相反的案例找出来，然后我们来作研究。我带学生基本上都是用比较研究的方法，这有一个好处。因为在中国当下，我们遇到了太多新问题了。当你遇到新问题的时候，你要去解决它，但知识储备还是老的、既有的，你要用既有的知识解决未知问题的时候，采取的方法就非常重要。但是即便按照经验和方法推理出一个结果，我也不敢说那就是正确的。正如谢晓尧教授说的，法律到了最后，经验成分太重要了，所以我一定要找到一个美国或者德国的判决，我心里才踏实，我才敢写文章，否则我不敢去写文章。所以我经常跟学生说你不要去写什么重构、基本理论、原则，我都没有这个本事，我写不了，你更写不了。

今天的介绍，鉴于规则尚处于制定过程中，我只是抓了几小点介绍，不便全面介绍。事实上，我也倡导用规则的方法去排除一些在诸多判决中已经被认为是不正当竞争的，但我们恰恰认为是促进竞争的行为。所以有一些我建议用不构成知识产权的不正当竞争行为来列举，因为这在中国太重要了。然后法律人的贡献在哪里呢？我觉得法律人可以通过对案件的梳理获取经验性的规则，然后在理论研究层面上往前去推进，其实对法律人来说，其最大的贡献就是“类型化”。当然谢晓尧教授是非常反对的，但我觉得法律人的共性就是促成“类型化”，否则你怎么告知后人让他们来理解这个概念。当然能定义是最好的，但定义是非常难的。

今天我只是非常片面地介绍这些问题，希望将来有更多的机会和大家共同研究。在中国的不正当竞争领域中，应该说绝大多数人是不具备这个理念的，脑子里装的规则也是错误的，这对中国是极其有害的，谢谢！

易健雄：感谢黄老师的回应，我虽然是主持人，但也有很多话想说，我简单说几句。刚才我一直在认真地听，我在想，中国的反不正当竞争法研究，可能绕不过一个人，就是上海交通大学的孔祥俊教授。我假想，如果孔教授在场，可能会有不同的声音。关于“无损害则无不正当竞争”这一点，在民事诉讼的框架里应该是没有的，可以跳过。关于要有具体的竞争关系，还是要淡化竞争关系，这就会有争议了。联系到孔教授另外一个观点，他一直提醒我们要注意，竞争法不是权利法，它更多的是行为法，竞争法的定位视角是不一样的，它是以公共利益为本位而不是以个体利益为本位的。正因为如此，孔教授认为把“扰乱市场秩序”放在前面是有重要意义的。关于诚实信用原则的问题，这一原则确实不好用，而且实践中有滥用的倾向。“商业道德”这个词也是一个大词，也让人讨厌，可能用“惯例”还好一点。谢晓尧老师在这方面稍微有一点保留，因为惯例要经过多次重复才能形成，只实施了一次两次的行为又怎么办呢？他在这里可能会有所考虑。我想说的是，哪怕反不正当竞争法里面没有诚实信用原则，诚实信用原则仍然在那里，只不过看你怎么用它。它如果频频出现，那么不是法官出问题，就是法律本身有问题。咱们可以少用它，但是没有办法抹掉它，它还是会在那里。从法解释的角度讲，诚实信用等基本原则相当于站在具体法律规范后面的“大 Boss”，不轻易出场，但在有充分理由的时候，比如具体规范已经不够用了，或者在某个地方使用具体规范会导致强烈不公平的时候，公序良俗、诚实信用等基本原则才能出场。滥用本身并不能否认基本原则的价值，它还是在那的。

关于“自由竞争”的问题。黄武双教授说中国没有竞争的观念，这个问题真不是一个新问题，反不正当竞争法提出之初，就是为了对自由竞争进行限制而出现的，而自由竞争永远是一个基础，所谓的公平竞争只是一个限度，就是说你不要过度了。所以反不正当竞争法的产生，已经决定了公平竞争只是一个限制性的东西而已。在审理具体案件的时候，法官一定是尽可能地让市场自由发展的，这是不是就是黄教授说的要有竞争观念。在对一些市场竞争行为看不清楚的时候，我们不妨保持沉默，待有足够理由的时候再跳出来说它是不正当竞争。

关于传统环境与网络环境的差别问题。黄老师讲到，互联网的特点是动态的、互联互通的，传统的民法界有一点老思想，就是先讲归属，今天如果有民法界的老师在这里，恐怕会有另外的说法。我觉得静态归属与动态使用之间的关系不能这么简单地看，仅以环境差别去否定归属的法律效力恐怕是不够的。如果你都认为这东西是我的，凭什么我不能管这个东西。如果从行为法和公共利益的角度去考虑这个问题，可能就有另外一个说法了。

最后一点是关于研究方法的问题。黄老师提到了研究方法，研究方法对大家很重要。比如说黄老师侧重于比较研究方法，因为他外语条件好。黄老师做过很多这方面的事情，有很大的贡献。谢晓尧教授更侧重于判例法的积累研究，这是两种不同的方法。黄老师作比较法研究，让我想起读研究生的时候一本必读的书，茨威格特的《比较法总论》，有兴趣的同学也可去读一下。比较法的最深层次在于对两个共同体的法律、文化传统进行比较，深入到那一步的时候，仅仅看法条肯定是不够的。美国、欧盟跟中国是不一样的，从案件表面上看可能只是判决结果的差异，但是在背后可挖掘的东西却是相当多的。另外，在进行比较时，你一定是带着一定的方法去作比较的，哪怕从最简单的文义开始，所以一定会有一个更基础的思维方法的东西在里面。另外关于判例法的研究，因为我在法院工作过，我总是在反思案例以获得启发，在出国访学的时候我重点关注英美法中对判例法的研究。作判例法的研习包括类型化的提炼确实很艰难，我觉得中国很多法官还需要有一些这方面的训练，这一块也是非常重要的，我非常赞同谢晓尧教授那句话：再糟糕的案例也有反思的价值。

下面进入提问环节。

学生提问 1：黄老师，我一直没有听到您对新增的“互联网条款”的评价，您认为类型化有没有必要存在？类型化好不好？

黄武双：“互联网条款”肯定不是很圆满、很能解决问题的，所以需要另外去制定规则，我只能这样讲。其实我们觉得现在国内几乎很少人作比较研究，多在介绍外国的法条，我们华东政法大学确实在尝试做，包括对中国的文化、对法律制度的解读等。我觉得比较法很重要，但是现在没有几个人在用，谢谢！

提问 2：我是一名律师，做了一点知识产权的案件，对于不正当竞争行为类型化的问题，我从应用的角度是非常赞同的。大家都知道最近要把专利的案件都提到最高人民法院二审，也是因为裁判尺度的问题。反不正当竞争法的应用大多是在各地工商机关，包括县级工商机关和各地法院，大部分律师、法官被称为“法律上的共同体”，对很多案件是非常苦恼的。法官说我不能拒绝裁判，但实际上有很多案件，我们遇到太多法官说：你撤诉吧，因为无法可依。工商局被投诉的时候通常也是这样的，说处理不了这类事情。所以，类型化是非常必要的一件事，我非常赞同黄老师在做这样一个具有重大意义的事情。

另外，刚才提到“商业惯例”和“商业道德”。从诉讼法的角度来看，其实在司法实践中也包括商业惯例和日常生活经验法则，所以商业惯例和日常生活经验法则也会被纳入考虑范围。同时，日常生活经验法则一定会嵌入法官所受的教育中，一定也会有人文上的东西。对于千变万化的个案，需要日常生活经验法则去解决。这是我想互动的两点。

学生提问 3：各位老师大家好。因为之前我自己也有研究过欧盟 1996 年的《关于数据库法律保护的指令》，刚好有说到在美国，只是抓取和复制个人数据，但不用来做同样的事情，没有对他人造成实质性的竞争上的影响，那都是可以的。我想问的是，在抓取和复制的过程中，如何衡量追逐利益最大化与保护个人数据信息隐私权之间的关系？

黄武双：现在互联网在促进竞争这一块，最开放的是美国，欧盟肯定没有到这个程度。尽管欧盟出了《关于数据库法律保护的指令》，但其实在美国肯定也是会保护隐私、安全之类的，只是没有出台这么严格、这么详细的东西。中国面临的问题是，我们刚才讲了很多东西，都在谈怎么在商业上提高竞争、促进竞争，但是现在国家还没有去重视隐私、安全等问题。手机上访问过的任何一个地方，可能都被收集了，被收集者一定认为这只是存在于手机的某一个部位，你离开以后就不再保留了。大家可以继续去关注，其实在技术层面，这里面肯定会追求利益最大化，这个利益最大化跟我们现有的民事权利的强保护究竟有什么冲突？我觉得隐私的、安全的东西确实要去做的，中国现在没有这样的规则，现在只提把产业做大。今天讲的话题是：在中国还是以促进竞争为主。

再补充一句，这确实涉及规则没有被公开的问题。其实我们的逻辑首先是类型化，在没有类型化的时候，尽可能地遵循行业惯例。那行业惯例也没有怎么办？要有判断要件，我们在设计的时候是按照这个来的。当然这个思路不一定对，但是我想总归要有人将规则抛出来试错，让大家来沟通讨论，这样总比动不动用诚实信用原则好，我到处坚决反对用诚实信用原则判断不正当竞争，用商业道德或商业惯例还好一点，在没有惯例的时候，也是有规则去遵循的。我讲的逻辑大概就是这样的，谢谢！

易健雄：因为时间关系，今天的讲座就到这里，希望今天的讲座内容能够给同学们带来某种触动，能够引发同学们的思考。感谢黄武双教授，以及谢晓尧教授、李扬教授、邓宏光教授、黄骥老师，感谢各位同学的参与，最后特别感谢会务组的辛勤劳动，今天的讲座到此结束，谢谢大家！

文字校对：武家咏

内容核校：胡晶晶

整理说明：根据现场视频及速记整理，已经主讲人审阅。

第二十五讲

标准必要专利的法律问题

主　题： 标准必要专利的法律问题

主讲人： 闫文军　中国科学院大学教授、博士生导师，知识产权学院副院长，中国知识产权法学研究会常务理事，中国知识产权研究会常务理事

主持人： 易健雄　西南政法大学副教授、重庆知识产权保护协同创新中心副主任

与谈人： 曾德国　西南政法大学教授、博士生导师
马海生　西南政法大学副教授、硕士生导师
牟　萍　西南政法大学副教授、硕士生导师

时　间： 2018 年 12 月 10 日

地　点： 西南政法大学渝北校区致理楼三楼民商法学院会议室

易健雄： 各位同学、各位朋友、各位老师，晚上好！欢迎来到中国知识产权名家讲坛的现场，我是主持人易健雄。今天我们邀请到了中国科学院大学的闫文军教授。闫老师是中国科学院大学的教授、博士生导师，任知识产权学院副院长、中国知识产权法学研究会以及中国知识产权研究会的常务理事。闫老师曾在山东高级法院任法官十年，专门从事民商事和知识产权审判工作，有许多重要著作，如《专利权的保护范围》《欧盟知识产权法》等。今天讲座的主题是“标准必要专利的法律问题”，这个主题是近年来的研究热点。闫老师基于自身的修养，一定会从新的视角探讨这个问题。

今天的与谈人是马海生老师、牟萍老师、曾德国老师。来到现场的嘉宾还有重庆知识产权局的几位领导及教研室的几位老师。

下面有请闫老师开讲！

闫文军： 各位老师，各位同学，晚上好！很高兴来到著名的西南政法大学，与各位老师和同学做一个交流。今天我讲的题目是关于“标准必要专利的法律问题”，这是近几年的一个研究热点。

下面我将根据近几年的发展，从四个方面对这个问题作一个归纳和梳理：一是简要介绍标准必要专利与 FRAND 承诺，二是禁令问题，三是有关使用费和侵权赔偿问题，四是反垄断问题。

首先简要介绍一下标准必要专利与 FRAND 承诺。一直以来，技术标准与专利存在交叉。日常生活中人们会见到很多标准，简言之，标准是一种技术规范。根据我国标准化法规定，技术标准是指在农业、工业、服务业、社会事业等领域统一的技术要求。这个定义与专利法中所指的技术不完全一样，专利法所说的技术包括技术问题、技术方案、技术效果。显然前者指的是为人类社会需要而创造的各种技术方法的总和，范围比专利法上的要大。不过，专利中的技术是其中最主要的内容。此外，有一些标准可能不涉及技术，如企业要贯彻的知识产权管理标准，也称为统一的技术要求，但这并不是专利法所讲的技术，只是一个广义上的含义。而狭义上的技术，在统一的规范里面占据了非常重要的地位。很多的规范或统一的标准会涉及一些新的技术方案，或许该技术正处于专利保护的范围，因此必然会有一些标准涉及专利。欧盟委员会提到过标准和专利的关系，他们认为这两者的关系是非常重要的，处理好两者之间的关系也非常重要。一方面，要保证消费者知道标准、使用标准；另一方面，要保护专利，要激励创新。

标准可分成很多种类，如国家的、地方的、企业的、团体的等，有些是国家标准化委员会制定的，有的是行业组织制定的。其中国家标准既有强制性标准，也有推荐性标准，其他标准里没有强制性标准。强制性标准涉及专利时有一些特殊的规定，后面会讲到。除国内自行制定的标准，还有很多是国际组织制定的在我国应用的标准，这样就出现了各种国际标准。国际标准——如国际标准化组织以及其他的委员会制定的标准，应用最多的例如通信领域 4G 标准、5G 标准等。一些国际标准组织制定出来的标准，进入我国后，有的转化成国家标准，有的则是按照国家需求重新颁布，另一部分没有颁布的转化成企业标准。比如说 4G 标准，国家并没有作出规定，几家运营商企业自行决定采用这一标准。此外，还存在一些标准，企业可能也没有决定采用，但事实上采纳这些标准，即国内自动采纳的国际标准。

以上这些标准中有一些会涉及较新的技术，而这类新技术中部分已经授予了专利，这样就出现了实施人要实施该标准时，会不可避免地用到受专利保护的技术方案的现象。这项专利就称为标准必要专利。关于标准必要专利的规定，各国情况不太相同。我国依照标准委和知识产权局规定，其是指实施该项标准必不可少的专利。美国电气和电子工程师协会（Institute of Electrical and Electtonics Engineers，IEEE）规定为没有任何商业或技术上可行的非侵权替代技术。简而言之，为实施一项技术标准，不可避免地会使用到一项专利权利所保护的技术方案，这项专利就是必要的专利。

不同标准涉及的专利数目并不相同，有的标准涉及的专利数量多，有的比较少。例如下面会提到的，在西电捷通与索尼的案件中关于无线接入的标准，这项标准属于小标准，只涉及一个专利。一个比较大的系统标准所涉及的专利数量可能很多，如 4G 标准涉及专利 5000 多项。从 5G 的专利数量和标准短码可以看出，华为公司占据了很大一部分专利份额。根据不同的技术方案可能涉及不同的专利，数量巨大的专利可以分为一个个的专利组，由此可见专利数量之巨大。

不同的标准制定组织在制定标准时，对专利采用的政策是相近的。首先，制定时尽量不涉及专利，即在两项技术差不多的情况下，优先采用没有专利的技术，除非实在无法避免，必须采用专利技术。使用专利时，标准制定的组织有两种政策选择，一是披露，二是让专利权人或者专利申请人作承诺。

第一，披露。披露涉及两方面的内容：一是专利申请人或者专利权人在参与标准制定过程中，向标准制定组织披露专利。专利权人通常会非常积极地参与标准制定，极少出现标准制定组织采用未参与制定的第三人的专利。专利权人参与标准制定时，应按照标准制定组织的政策规定披露自己所拥有的专利。若因其不披露产生了何种后果，就是一种法律问题。早期曾出现了这类问题，各个国家有不同的解决方案。如美国在一些案件中认为专利权人不披露便不受保护，或者不披露则不能主张他人停止侵权，但可以主张使用费。我国的几个案例中，法院的意见是不认定为侵权，但可以主张使用费，使用费的数额比一般侵权行为的数额低。在《专利法》第四次修订的时候，这一意见也被吸收进知识产权局的送审稿中，即专利权人在制定标准时没有披露专利，属于法定许可使用的情形，专利权人不能主张侵权只能主张使用费，使用费的数额由双方协议约定，不能达成协议的可以向法院提出诉讼。考虑到不同标准制定组织的政策不同，有人认为不披露也可以收取使用费的规定过于优待专利权人，也有人认为过于严苛。对于草案有很多不同意见。目前国务院常务会议通过的草案中到底有没有相关规定尚不清楚，我个人认为这一规定难以通过。目前其他国家并没有通过法律去规定权利人不披露的后果，只是标准制定组织通过各自政策对专利权人作出约束，在没有达成普遍共识的情况下，尚不具备形成法律法规的条件。二是专利披露透明度的问题，即专利方案披露后如何让社会公众知悉标准中的专利。在欧盟的方案中提到社会公众知悉标准专利存在的范围和相关信息。专利权人披露、标准制定之后，社会公众通过何种渠道知晓标准必要专利、专利具体信息等，这部分工作应由政府实施。目前，我国国家知识产权局正在着力于标准必要专利的认定，以便社会公众获得标准必要专利信息。

第二，承诺。承诺即指的是 FRAND 承诺，这可能是近两年争议最大的焦点问题。前几年涉及披露的案件中，关于 FRAND 承诺的比较少。但自 2010 年至今近十年间，关于 FRAND 承诺的争议出现比较多。标准制定组织将专利纳入标准时，要求专利权人作出承诺，即要求公平、合理、无歧视——Fair、Reasonable 和 No Discrimination 的缩写就是 FRAND。美国认为 Fair 和 Reasonable 是相同的意思，语言上和欧洲有不同的用法，用 RAND，而不用 FRAND，但在解释的时候还是一样的，一般认为这两个单词具有相同的含义。关于 FRAND 承诺的具体规定，如我国国家知识产权局关于《国家标准涉及专利的管理规定（暂行）》给了专利权人三个选择：一是不同意将专利纳入标准，二是免费，三是承诺许可。绝大多数专利权人会选择第三个选项，即在公平、合理、无歧视的基础上收费许可，该规则也和国际标准组织关于 FRAND 承诺的含义基本一致。国际其他组织，如在电信领域从 2G 到 5G 的标准制定中起重要作用的欧洲电信标准化协会，它们所认可的承诺也是公平、合理、无歧视。

作出承诺后有什么样的法律后果，是法律界所讨论的问题。FRAND 承诺中的“承诺”虽然与合同法中的“承诺”字面意思相同，但含义实际并不相同。作出 FRAND 承诺以后到底有什么样的法律后果，有很多不同观点。一种观点认为，FRAND 承诺是专利权人与标准制定组织所签订的合同中一部分内容，美国许多案件都采用了这个观点。美国多是按照合同审理这类案件，认为标准制定组织与专利权利人是一种合同关系，标准实施者或者被控侵权方是合同利益第三方，将其作为合同中的一方当事人直接主张合同纠纷。基于美国的法律体系，将 FRAND 承诺视作合同的一部分，把合同内容直接运用到专利权人和标准的实施人，这样解释可以解决很多问题，但放在我国的法律体系下意义不大。我国没有利益第三人合同，合同涉及第三人时，第三人的行为由合同中一方当事人承担，标准实施人主张与专利权人之间的合同关系不被法院承认。既然法院不承认，就无法按照合同关系解决问题。有一种观点认为 FRAND 承诺是一个要约邀请，但要约邀请并没有法律效力，这种观点解决不了实际问题。另一种观点将 FRAND 承诺视为要约，认为一旦要约被接受理应成立合同，但显然 FRAND 承诺并不是专利权利人向标准实施人发出的，因而很难成为一种要约。还有一种观点将 FRAND 承诺视为强制的缔约义务，广东省高级人民法院判决的华为与 IDC 的案件中就持这样的观点。但是，强制缔约义务本身应由法律规定或者合同约定产生，可 FRAND 承诺并不是法律规定的义务。此外还有一种观点，认为 FRAND 承诺是先合同义务，这种解释同样也存在问题。先合同义务必须基于存在的合同关系，如果没有合同关系只规定先合同义务很难解决实际问题。除了以上的观点，还有少数人认为 FRAND 承诺是放弃了请求禁令等救济权利，这一观点基本上没有被采纳。我个人认为将 FRAND 承诺视为专利权人放弃了部分权利，可能会解释得更简单一些。法律赋予了专利权人很多权利，包括拒绝许可他人使用、自由定价等，而一旦权利人作出了 FRAND 承诺，就等于限制了这一权利，即不能再拒绝许可、自由定价，而是要按照公平、合理、无歧视的原则定价。以上种种观点只是学术层面的探讨，解决实际问题时不同的观点得出的结论所差无几。

标准必要专利问题不仅涉及企业、个人，也涉及国家政策。在《国务院关于新形势下加快知识产权强国建设的若干意见》里提到，要加快创新成果标准化和专利化工作力度，推动标准研制与专利布局的有效衔接，研究制定标准必要专利布局指南，即知识产权强国建设的一项内容就是推动标准的制定工作。另外，《中国制造 2025》提及加强标准体系建设任务，这项任务既有国内标准也涉及国际标准。国内标准是指要支持企业联合制定标准，国际标准就是支持企业参与国际标准制定。其他国家对中国所做的工作有不同意见，如美国在 2017 年的“301 报告”中提到中国标准化工作有三个不利影响。一是标准制定过程，认为标准委和知识产权局规定的三选择对中国的国内企业有不公平的优势。二是美国认为实施全面公开义务违背了权利人意愿。

三是中国反垄断执法机构对国外专利权人的执法，主要指的就是对高通的处罚。这个报告对后来的中美贸易摩擦产生了巨大影响，正是基于这一报告美国才启动了对中国提高关税的行动。欧盟于2017年11月份颁布了标准必要专利方案，方案里提出欧盟对标准必要专利的一些政策态度，即建立公正稳定的系统。系统包括两个方面的目标：一是产品制造商，即使用标准的人可以在透明和可预见的许可规则下获取技术；二是专利权人获得合理的报酬，建立一个平衡专利权人和标准使用人之间利益的制度。

接下来介绍企业的标准化工作，这部分是实务性的内容。很多企业常考虑怎样能够使它们的专利成为标准。所谓一流的企业经营标准，如果企业的专利能成为标准的一部分，这个企业在技术上、经营上往往处于优势的地位。我认为企业应该在专利申请及后来保护的过程中，和标准制定的一些策略结合起来。首先，要有过硬专利技术，技术可行、先进，让别人无从回避。其次，申请专利后要做推动性的工作，否则难以被标准制定组织注意，基本上不存在标准制定组织主动将专利运用到标准里去的情况。我国华为与海尔两家企业参与标准制定较多。华为在通信领域除了有大量的标准必要专利以外，还做了很多的参与标准制定过程的工作并担任重要的职位，有一定发言权。这使得华为能够知道哪些标准要制定、哪些涉及自己的专利，进而把自己的专利推荐出去。海尔在制造业上有一些标准，虽然数量上来说比华为少很多，但从工作角度而言，正是因为他们有上百名的专家参与标准的制定，才有可能被标准制定组织认可，最后纳入到标准里面去。但绝大部分企业都无法让自己的专利成为标准的一部分，它们在使用标准的时候往往会用到别人的专利，用这类标准企业要知道其中的规则，要清楚FRAND承诺的内容，要善于许可谈判，在尊重其他人知识产权的基础上最大限度地保护自己的利益。

前面是对标准必要专利和FRAND的总体介绍，下面讨论禁令的问题。如果一个标准涉及专利，而其他人实施标准的时候没有和专利权人达成协议就已经实施了该专利——这种情况非常普遍——专利权人有可能去申请禁令，即责令停止侵权。我国分为法院的禁令和行政机关的禁令，今天主要讨论法院的禁令。法院的禁令又分为永久禁令和临时禁令，永久禁令是法院在作出判决时，在判决文书里判决被告停止侵权行为；而临时禁令是在诉讼过程中，法院作出停止侵权的裁定。

法院的禁令首先涉及一个问题：权利人作出 FRAND 承诺是不是意味着就不能申请禁令。刚才讲 FRAND 承诺法律性质的时候，其中有一个观点也是认为已经作出 FRAND 承诺就不能再申请禁令，这种观点现在基本已经从理论上和实务上都被否定。

理论上 FRAND 承诺是放弃部分权利，但其中并没有颁发禁令的权利。虽然有的标准制定组织在政策里面可能要求专利权人接受一些条件，比如说 IEEE 章程里面规定，专利权人接受如下声明：……排除寻求强制执行禁令。这就是说，把专利纳入标准的时候，要申明权利人以后不能申请禁令。即使专利权人作出这样的承诺，是不是意味着法院就不接受这样的请求？事实上，法院的基本态度并没有否定专利权人有提出禁令请求的权利。即使标准制定组织作出类似规定，法律上也不认为权利人因此放弃了权利，这个权利依旧存在。

申请禁令后能不能颁发禁令，这需要法院具体地判断案件是否符合颁发禁令的条件，不同的国家在决定是否颁发禁令所考量的因素和最后的结果上差异比较明显。美国在普通法所规定的损失赔偿之外，禁令属于衡平法救济措施。美国联邦最高法院在 2006 年的 eBay 案件中对颁发禁令的条件作出了限制：法院认为颁发禁令条件之一是实施人产生的损害是金钱无法弥补的。这一条件对禁令的限制十分明显，据统计在此后的一段时间内有 30% 的申请没有予以颁发禁令，即 30% 的专利案件虽然认定了侵权，但是法院依然没有颁发禁令，实施人依然可以继续使用该专利。虽然颁发的情形仍属多数，但这一比例已经很高了。在标准必要专利方面也同样按照这一标准，一经审查发现案件具体情况并不符合金钱赔偿无法弥补损害的条件，即专利权人已经作出了 FRAND 承诺，承诺只要取得使用费就可以许可使用，这种情况下法院认为，权利人已经同意了许可且金钱的损害赔偿足以弥补损害，这并不符合颁发禁令的条件。因此，美国在标准必要专利方面没有颁发过禁令，所有的禁令请求都被法院否定。2017 年 12 月，在爱立信和 TCL 的案件当中，法院颁发的实质也不是禁令，只是要求双方当事人谈判协商，这与停止侵权的禁令并不相同。

欧洲国家颁发禁令的条件，经过了从宽到严再过渡到中间水平的一个过程。在欧洲有三个重要案件，第一个是德国最高法院判决的橙皮书案件。这起案件原本只是一个专利案件，用专利案件的标准分析足矣，但德国最高法院是按照竞争法的规则作出的分析。对禁令的颁发问题，他们的观点是一般情况下颁发禁令，特殊情况可以不颁发。不颁发禁令的条件是被控侵权人作出公平、合理、无歧视的报价并且履行了相应的义务，如已把许可费提存至账户，表明其确实已接受许可规则并且已经做好了准备，反之则颁发禁令，可以看出这时不颁发禁令的条件还是比较严格的。此后，2014 年欧盟委员会在摩托罗拉和三星的两起案件中，提出了另一个颁发禁令的条件。若专利持有人愿意许可、实施人愿意接受许可，此时权利人要求禁令，就构成了滥用市场支配地位。这种情况下欧盟委员会用竞争法的规则去判断是否颁发禁令，颁发禁令的条件实际非常的严格，绝大多数情况下不能颁发禁令。凡实施专利的人愿意签订许可协议就不颁发，这和美国的标准相近。后来华为与中兴的案件中，欧盟法院对颁发禁令的条件规定了一个综合的条件。该案件本来由德国法院审理，但德国法院在审理过程中发现欧盟委员会关于摩托罗拉案件中的标准与德国最高法院橙皮书的标准存在矛盾，继而向欧盟法院请示。2015 年欧盟法院对标准必要专利的专利权人在申请颁发禁令时应该如何谈判作出了规定，要求双方当事人应按照有诚意的、朝着达成协议的方向谈判，并规定了每一个步骤。如果哪一方没有遵守该标准，那么禁令颁布与否的结果就可能对他不利。若专利权人没有遵守标准，则申请不能得到支持；若侵权人没有遵守，就会被认定为没有善意谈判，法院就有可能颁发禁令。事实上就是考虑双方当事人在谈判过程中是否持有善意，是否按照诚信的要求谈判，以此来确定是否颁发禁令。

我国的禁令在专利侵权案件中称为停止侵权，不涉及标准必要专利时，《专利法》里并没有规定是否停止侵权。最高人民法院司法解释曾规定了某些情况下可以不停止侵权，基于国家利益或者公共利益考量，可能不颁发禁令。如最高人民法院审理的武汉晶源公司与华阳电业案件中，排污设施如果不能使用专利，电厂会直接将废气排放到大气中，这时涉及公共利益，法院便没有判决停止侵权。这与美国的标准不一样。在美国的规定中，国家标准和公共利益只是一个考量方面，此外当事人自身的困难程度或者当事人的损失是否能得到弥补都是考量因素。显然，我国颁发禁令是原则，不颁发禁令是例外。这一规则运用到标准必要专利方面，即在不涉及标准必要专利时绝大多数情况都颁发禁令，而涉及标准必要专利时颁发禁令的情况少一些。因为标准的实施更可能涉及国家利益或者是公共利益，如果不实施标准可能一类产品就没法生产，一项技术就不能使用。最高人民法院在 2009 年的司法解释中也规定了标准必要专利不颁发禁令的条件——专利权人故意违反 FRAND 承诺致使无法达成合同且被诉侵权人没有明显过错的，可以不颁发禁令。实际上绝大多数情况下会颁发禁令，不颁发禁令的条件较高、较严格。

从法院判决的情况来看，有三个案件涉及颁发禁令。第一个案件中，法院没有考虑标准的因素就颁发了禁令。第二个案件，在北京市高级人民法院和北京知识产权法院审理的西电捷通诉索尼案件，法院判决认定索尼侵犯了西电捷通的专利权。这个案件有很多争议问题，法院在考量是否颁发禁令时认定专利权人没有过错，索尼具有过错。索尼的过错有两个方面：一方面，要求权利人提交权利要求对照表、不签保密协议，有恶意拖延谈判的情况；另一方面，索尼在诉讼过程中也没有进一步参与许可谈判，法院因此认为索尼在谈判过程中存在过错或者具有恶意，最后支持了西电捷通停止侵权的请求。第三个案件是华为诉三星的案件，目前本案一审由深圳市中级人民法院作出了判决，法院认为在谈判的过程中三星不符合 FRAND 原则并作出了停止侵权的判决。此外法院在判决中提到，如果双方谈判成功，则该判决不予执行。就在判决还未执行时，美国旧金山法院作了另一个裁决，要求华为不得执行深圳市中级人民法院的判决。美国法院的判决是不执行中国法院的禁令，这看起来比较怪异。旧金山的案件和深圳的案件涉及同一个专利、同一个当事人，华为是原告并在同一天起诉。从时间上来说，美国时间稍早，美国法院认为它们的立案在先，深圳市中级人民法院是意图通过判决来影响美国的诉讼，因此美国法院在判决的过程中作出命令：即案件还在审理，华为便不能申请三星停止侵权，深圳市中级人民法院的禁令即使生效也不得执行。这样一来，深圳市中级人民法院的禁令裁定即使生效，华为也没法执行，否则在美国的案件就会承担不利的后果。

总之，现在中国、美国和欧洲在是否颁发禁令的问题上，采用的标准存在差别。美国接近于绝对地不颁发禁令、很少地颁发禁令，而中国接近于绝对颁发禁令，不颁发禁令是个别例外，欧洲相对处在这两个极端的中间。绝对颁发禁令或者绝对不颁发禁令可能都会存在问题，比如专利挟持。专利挟持本来是指专利权人可能会利用专利去要挟实施人索要高价，依照绝对颁发禁令的原则，实施人一旦不接受权利人的条件，法院可能会责令其停止使用，迫使企业不得不接受权利人的条件。而绝对不颁发禁令又会出现另一个极端，既然法院并不会要求实施人停止侵权，实施人就会反过来挟持专利权人，不愿意与专利权人谈判。这两种极端都可能会出现对一方不公的情况，所以法院只能从中间寻找合适的地方，却很难讨论清楚哪一个点是最合理的。欧盟方案中提到平衡和可预测的执法环境对谈判期间各方产生了积极的影响，加速了标准化技术的传播。各国国家法律的体系不一样、习惯不一样，很难说清哪种方案是正确合理的，但平衡和可预测始终是最重要的。因为这一标准比较稳定，不会发生不同的案件中标准不同的情况，对双方当事人也比较平衡，是比较好的执法手段。

第三，专利使用费和侵权赔偿数额。专利使用费和赔偿数额是两个问题，使用费一般指对于纠纷产生以后的使用行为怎么计算使用费，赔偿多指对纠纷发生前已经产生的损失如何计算的问题。可能在两类诉讼中涉及，一类是侵权诉讼，一类是使用费的诉讼。这两类诉讼涉及的问题可能不同，但在计算标准上存在共通之处，所以此处作一个综合考虑。这两类诉讼里的两个主要问题：一是标准实施人要求法院来确定许可费率，法院前几年讨论的问题是应不应该受理这类诉讼；二是如何确定具体的许可费率和赔偿数额。当时发生了很多的诉讼，在中国最早的诉讼是华为起诉 IDC。华为是很多标准中的专利权利人，但在很多情况下也是一个实施人。在华为诉 IDC 案中，华为就是标准的实施人，IDC 是标准必要专利的权利人。华为起诉了两个案件，一个是垄断的案件，另一个是标准必要专利使用费的案件。使用费案是我国 2013 年的十大知识产权案件之一，法院通过该案确定了标准必要专利使用费的案由。当初关于法院是否受理该案件存在很多的争议，侵权一般是权利人起诉，但本案中是专利实施人起诉；同时，这里双方并没有合同的关系，是实施者起诉要求法院确定合同的条款并由此确定使用费率。一般而言，双方合同出现纠纷，一方起诉要求订立合同，法院是不会受理的。可是这个案件中，问题核心是涉及技术标准，这个标准可能在这个领域中必须用到，专利技术必须实施，双方无法达成协议，又没有一个可以解决问题的主体，法院就必须要受理并解决这样一起标准必要专利的实施人起诉专利权人的案件。这起案件虽然接受了，却并非随便一个实施人就可以直接去起诉，否则专利权人可能会面临很多的诉讼，很多实施人就不会谈判而是直接向法院起诉要求确定费率。因此，实施专利的人起诉专利权人必须设定限制条件。我国最高人民法院在 2016 年的司法解释中规定：在经充分协商后仍不能达成协议的情况下，标准实施人可以向法院提出诉讼，由法院确定许可费或者其他的条件，如果没有协商或者没有充分协商，在谈判未陷入僵局时即向法院起诉不符合起诉的条件。另外一类诉讼是专利权人提起的诉讼，这类诉讼更常见。现在我国标准实施人起诉的只有华为诉 IDC 一起，更多的是专利权人起诉标准实施人。除了三星和华为、西电捷通和索尼的案件之外，这些案件也大多正在审理中，已经判决的案件很少，可见现在法院在审理的过程当中有很多的问题需要去解决。

专利权人起诉标准实施人侵权诉讼，首先要判断是否构成专利侵权。前面提到 FRAND 承诺性质和披露后果时也存在是否构成侵权的问题。我国最高人民法院曾针对一起个案发布了批复函，提到因专利权人同意将专利纳入标准中去，即认为权利人同意实施，所以实施人不属于专利侵权。后来涉及一些标准必要专利时，有的法院考虑到此函，认为专利权人同意把专利纳入标准，双方产生的纠纷不属于侵权，只是一个赔偿数额的问题。最高人民法院对此回应，该函只针对个案，那起案件具有特殊情况，即在标准制定过程当中，制定组织没有要求披露，专利权人也没有披露，这种情况才不认定构成侵权。除了上述情况以外，可能仍是认定侵权的。2016 年最高人民法院司法解释里明确，涉及标准必要专利的，被诉侵权人如提出抗辩不侵犯专利权的，法院不支持。按照司法解释规定，不管在标准制定过程中专利权人有没有披露，专利权人主张侵权，法院都会支持认定侵权。这个司法解释规定实际上与国家知识产权局所提的专利法修订草案的意见不一样，意见中认为没有披露的情况下视为已经许可，不构成侵权。

一旦认定侵权以后许可费如何计算，或者赔偿数额如何算，不同国家规定不同。美国在2013年的一个案件判决里提出了标准必要专利许可费的计算标准，这个标准实质上是对美国专利侵权赔偿计算标准作出了修正。美国专利侵权赔偿里用得最多的是合理使用费，并以此计算赔偿数额，而合理使用费采用的是假想谈判的方式，共有15个因素考虑假想谈判，最终确定赔偿数额。该案法官对这15个因素作了修正，认为其中有3个可以用、10个应进行修正、2个不能用，按照这15个因素确定的标准专利许可费，数额有较大的幅度。后来，2013年7月的另一案里也采取了这种方法进行计算，但该案件上诉至美国联邦巡回上诉法院后，该院推翻了在标准必要专利案件中使用这种计算赔偿数额的做法。美国联邦巡回上诉法院认为在标准必要专利案件中没有这种清单可用，许可费应基于专利本身的价值，而不是整个标准的价值或者专利被纳入标准后增加的价值。美国的Holderman法官设计了一个自上而下的分析方法。该案涉及WIFI芯片标准，该标准包括很多专利权人，起诉的专利权人只拥有一部分专利。这种情况下，法官认为费用计算方法应用WIFI芯片的平均价格乘以制造商利润率，得出全部利润，这是许可费的上限。利润里进一步细分专利权人的专利在利润里所占的比例，用这个比例计算专利权人应得的许可费。例如，该芯片的价格14.85美元，平均利润率12.1%，这是每一个芯片的利润上限。这个标准有3000项专利，其中有的是重要专利，有的是不重要专利。其中10%的专利是比较重要的，专利权人所有的19项专利处于重要的300项中，则19除以3000乘以10%然后折合84%的重要专利权比例，最后得出专利权人从每一个芯片中应该得到的赔偿，即9.65美分。这个算法看似简单，但数字具体如何确定却比较困难。前两个数比较客观，但到底哪些专利是重要的、重要的专利占全部专利数的比例不易确定，如上述的10%和84%。这两个数字十分重要，一旦改变最终得出的结果也明显不同。现在很多的案件都以这样的方法，比如2017年TCL和爱立信的案件，总许可费乘以每个地区的许可费率，然后计算出数值。本案涉及两个费率，一个是美国的费率，一个是全球费率，按照两个标准得出了两个不同的费率。

英国无线星球诉华为的案件中，英国的专利法院在2015年作出了判决，认定华为侵犯了无线星球的专利，同时基于全球的许可费率计算。在计算时用了两种方法，一种方法参考可比较的许可协议，按照自上而下的分析方法作为验证；另一种则是比较其他的许可费率，将这两个方法进行验证，最后确定了许可费率，英国上诉法院也维持了一审法院的判决。同时案件里还有两个问题值得关注，一个问题是华为在上诉过程中提出的，即英国只能管英国境内的费率，没有管理全球费率的正当性，英国上诉法院没有予以采纳。法院认为如果按照这样的主张，专利权人将专利分拆地域到各个国家诉讼，会导致诉讼成本、谈判成本疯狂叠加，这并不现实。我们国家也遇到过类似问题，法院相对保守一些，如广东省高级人民法院提到，如果主张超出中国范围的许可费率，双方当事人能达成协议则法院可以依照协议判决，如果当事人意见不一致法院一般只就中国的费率进行判决。有人认为既然英国的法院可以这样判，中国的法院如果就全球费率进行判决也是可以接受的。

另一个问题是“非歧视”如何理解。对“公平、合理、无歧视”的原则，一直存在很大的争议。特别是“非歧视”的定义，“非歧视”是否是指最优的许可条件，即权利人给予某一实施人比较低的费率，其他人也可以主张较低的费率。如果其中一个主张较低，另一个主张比较高，是不是构成了“歧视”。英国上诉法院对“非歧视”的解读并非如此，它们认为“非歧视”不是最优惠的许可条件，如果硬性地解读“非歧视”，其后果是让标准必要专利权人受制于低于其发明创造的真实价值的许可费率，这会危害技术标准的发展。欧盟在去年（2017 年）提出的解决方案里面对“非歧视”也有解释，认为“非歧视”指向的是情况近似的许可人，许可条件应当近似，并不硬性要求如果给其中某一方比较优惠的条件，向其他人也一定要给优惠的条件。“非歧视”在一些案件里面可能涉及，如果专利权人已经发放了一些许可，那这些许可可能有的条件高，有的条件低，这种情况算不算“歧视”可能会有一些争议。我个人认为这个标准是比较可行的，如果理解成最优惠的许可方案，例如下面讲的华为和 IDC 的案件采用的就是最优惠的许可方案，对专利权人确实并不太合理。

在三星诉苹果的案件中，法院采用的也是自上而下的分析方法，考虑三星专利价值、对于标准的贡献度，最后计算出赔偿数额。我国法院作出的判决，即刚才讲的华为诉 IDC 的案件里——华为请求法院确定许可费——法院审理本案时提出了较有建树的意见，认为确定使用费，一方面要考虑技术的贡献，不能考虑纳入标准后额外获得的利益，而是综合必要专利的数量和质量，分析技术本身的价值，这种判断方式在本质上与美国的考虑因素非常像。不过，这一案件最终判决中确定许可费采用的是比较简单的方式，直接对比了 IDC 对苹果的许可费率。在案件一审、二审中，IDC 拿出了其与三星的合同，这部分许可费率非常高，而给苹果公司的费率是按照年报算出来的，只有 0.0187%。数字如此之低是因为在苹果刚制造手机的时候，IDC 与其签订了七年合同，七年之内许可费一共是 5000 多万美元，后来苹果市场占有量迅速扩大，超出了 IDC 的预料，所以最终折算出的费率极低。深圳市中级人民法院参照苹果的费率计算，判决给华为的许可费率是 0.019%，IDC 认为这一费率太低，不能接受，向最高人民法院提出再审。再审时，我作为 IDC 代理人参加了诉讼，IDC 提出一些证据和对其他企业的许可，证明对苹果的费率计算中缺失了很大一部分，实际许可费率达到了 0.03% 左右。最终华为和 IDC 达成和解，案件撤销，原判决并没有执行。另一个是西电捷通和索尼的案件，法院认定索尼侵犯了西电捷通的专利，赔偿数额参照许可费三倍计算。西电捷通提交了四个合同，最后法院计算出的赔偿数额是 900 多万。

由此可以看出，不论是标准实施人提出诉讼还是专利权人提出，许可费率都是核心的问题。双方对是否构成侵权往往没有争议，最大的争议是到底按照什么样的标准赔偿。世界范围里这也是正在探索的问题。我国的这两个案件都不典型。华为和 IDC 的案件中，法院采用的其实是最优惠的方案，西电捷通和索尼的案件采用的则是普通的专利侵权案件的赔偿标准。现在还有许多案件正在诉讼，需要法院在诉讼过程中进一步探索。广东省高级人民法院在颁布的指南中提出了确定使用费的参照因素，详细介绍了美国自上而下的分析方法，因为在以后的案件中可能需要详细计算数额。如何计算、如何选取参数将会成为案件中双方当事人争议的焦点问题。

第四，标准必要专利与竞争法或反垄断法的关系。正因为标准必要专利和普通的专利不一样，实施某一标准的时候可能会涉及相应的专利，在很多的情况下专利权人在市场上就会处于支配地位。若权利人滥用了市场支配地位，就违反了《反垄断法》的规定，这是《反垄断法》所规制的垄断行为之一。有两个方面的问题会涉及《反垄断法》，一是申请禁令是否违反《反垄断法》，即专利权人向法院提出申请禁令要求停止侵权，这个行为本身可能已经违反了《反垄断法》。在华为诉 IDC 案件中，深圳市中级人民法院没有直接面对这一问题，只是提到 IDC 在美国申请禁令属于滥用市场支配地位的行为，却没有规定滥用的法律后果。广东省高级人民法院也没有就这个问题展开，而只认为该行为不具有正当性应予否定。我国其他案件也没有涉及这个问题。

美国和欧盟在司法中有不同的观点。欧盟颁发禁令的三个案件都是适用竞争法或反垄断法来分析解决是否应颁发禁令的问题。美国对于是否颁发禁令采用的则是美国联邦最高法院的标准，即合同法和专利法规则，不涉及反垄断法。美国的司法部反垄断局局长在 2017 年发言称，专利权人不会因为合理地行使专利的权利而违反反垄断法，比如寻求禁令救济。因此，美国事实上是否定了申请禁令本身构成违反反垄断法的情形。

我国没有采用《反垄断法》研究是否颁发禁令的问题，最高人民法院关于专利法的司法解释中，关注的焦点是谈判的过程中双方有没有过错，这与反垄断法并无关系，是用专利法的框架去分析的。实际上，实务中采用一部法足够，两部法反而会产生冲突。我国整体适用的就是专利法或民法上停止侵权的规则，并未用到反垄断法，这种情况下就没有必要研究申请禁令是否违反反垄断法。申请禁令而产生的罚款或赔偿问题同样也没有必要适用反垄断法。申请禁令无非两个后果：一是禁令请求得到支持，权利人既然得到了法院支持就不会涉及违反反垄断法问题；二是申请没有得到支持，对被控侵权人没有影响，也应该不违反反垄断法。因为法律的差异，学者从欧洲法律适用的角度研究或许有一定价值，但从我国法律适用的角度而言，研究的必要性并不明显。同样的，既然法院是用专利法和民法的规则去判断是否颁发禁令，就没有必要再去分析是否违反反垄断法了。

另外，许可中的行为是否违反反垄断法的问题。我国法院已作出过判决，如华为与 IDC 的案件中，法院认为 IDC 违反了反垄断法，最终判决 IDC 赔偿华为 2000 万。此外还有发改委对高通的罚款也是基于高通滥用了市场支配地位。发改委认定高通的专利构成了独立的产品市场，高通公司在该市场具有市场支配地位，并且在许可的过程当中滥用了市场支配地位，包括对过期的专利收许可费、要求免费反向许可以及搭售，因而高通应支付较高的罚款数额。

在适用反垄断法规定的时候，可能涉及市场支配地位如何确定的问题。在美国今年（2018年）的Godo与TCL案件里，法院没有认定专利权人构成市场支配地位，理由是不能界定相关市场，更没有证据证明权利人的市场支配地位继而无法证明对竞争的损害，就不能认定其行为违反了反垄断法。今年（2018年）9月份美国加州北区法院就驳回了三星对华为的反垄断法的反诉。欧盟对高通、微软的处罚中都涉及了滥用市场支配地位。欧盟执行反垄断法较严格，认定权利人是否处于市场支配地位的条件较宽松，处罚力度也较大。判断权利人是否在许可的过程中违反反垄断法最主要的问题是如何确定市场支配地位。我国法院的判决以及发改委的决定，认定市场支配地位相对比较简单，即标准中的每一个必要专利许可市场都是一个独立的相关市场，此时标准专利权人在这一相对独立的市场上就具有市场支配地位。美国一些案件判决中法院认为标准不等同于市场，也不代表特定产品，否定了对滥用市场支配地位的指控。在爱立信与TCL的案件中，TCL没有证明存在一个独立的市场，也没有证明爱立信滥用了市场支配地位，法院就没有支持。由此看出，在美国需要证明所谓的市场支配地位，才能得到法院认可。刚才的几个案件里，欧盟虽然都认定了权利人构成市场支配地位，但指南也指出只有标准必要专利并不必然导致市场支配地位，需作个案分析。在以后反垄断法的适用过程中，可能都会涉及如何确定市场支配地位的问题。至于垄断行为具体有哪些，法院有明确的规定，比如发改委对高通罚款时就指出了垄断行为，相对而言这是一个事实问题。

最后，如果违反了反垄断法，责任如何确定的问题。在IDC案件中，法院判决IDC赔偿华为2000万，这2000万是酌定得出的。以后这类案件可能都会涉及此类问题：反垄断如何给受害人赔偿，哪些是受害人，具体赔偿数额怎么确定？……目前而言，这部分还处于探索的过程，需要进一步地去研究。

以上就是我今天给大家介绍的内容，谢谢大家！

易健雄：感谢闫教授介绍了标准必要专利的问题。闫老师逻辑非常清晰，且提供了最新的国内外案例，最新的国内外官方法律规范性文件以及相关官方的一些态度，对于大家资料与信息收集也有很大的价值，特别是对长期追踪标准必要专利问题的人而言收益会更大。

下面进入第二个环节，与谈人的与谈环节，先请马海生老师对闫老师的讲座进行回应，有请马老师！

马海生： 我把闫老师的这个 PPT 从头到尾学习了一遍，很有收获。闫老师付出了巨大的劳动，我们很多观点其实不谋而合。下面谈一下我个人的看法。

第一是关于披露的问题。主要涉及《专利法修订草案（送审稿）》第 85 条。刚才说如果专利权人参与标准制定过程而不披露导致的一系列后果这一点被删了。立法虽然非常谨慎，但完全删掉我还是感到很遗憾。这一条的确有很大争议，有法官也曾谈到这个问题，他认为专利权人可能不知道哪些专利被纳入标准必要专利，并提出了一系列的理由，这可能是企业说服了他。我认为《专利法修订草案（送审稿）》第 85 条规定确实存在问题，专利申请人参与标准制定过程后，标准本身条文也在不断地变化，确实无法确定未来的标准是否对自己的专利有所覆盖。这里有两种可选路径，首先，不是要求权利人披露已经拥有的专利，而是可以披露正在申请的专利，权利人自行判断覆盖的且已经提交了专利申请的，这些在申请的专利并非百分之百在标准的覆盖范围之内。其次，因为标准制定过程中有一个持续时间段，因此不要求在标准制定过程中披露，而是在标准制定完成以后必须披露。因为标准确定以后，权利人势必清楚知道自己的专利是否被覆盖，否则也没有立场控诉他人。支持这一观点的实证证据是，大多数标准化组织都要求权利人披露，当然也有少数不要求披露。披露的主要对象是权利人的申请，至少是权利人认为与标准有关的提交申请。国际上大多数标准化组织都有这项要求，权利人既然能加入这些组织并且能满足组织的要求，我相信在中国也可以满足这一要求，否则会有行为不一致的嫌疑。

第二是关于禁令的问题。禁令的问题是闫老师谈的重点问题。我一直主张专利权人加入标准制定以后作出 FRAND 承诺，并不因此就丧失了禁令救济的权利。原因在于 FRAND 承诺的内容——公平、合理、无歧视——这并不是仅仅约束专利申请人或者专利权人，而是对于专利权人和未来的实施者都有约束作用。专利权人要秉持 FRAND 原则许可实施，实施者也要秉持 FRAND

原则向权利人支付许可费并谈判，FRAND 承诺是一个对双方的要求。实践中，专利权人可能在谈判的过程中不遵守原则，而潜在的实施者——具体谈判中的被许可人——也有可能不遵守原则。如果说专利权人因为作出承诺就丧失了这部分权利，可能会出现闫老师刚才所说的挟持问题，实施人不用顾虑权利人申请禁令，就可能恶意拖延谈判进行反向劫持，这是我认为不应一律丧失禁令救济权的根本性原因。

第三是关于费用的问题。费用是非常复杂的问题，我就几个具体的小点谈一谈个人看法。

第一个方面，是单纯的许可费争议该不该成为诉讼标的，我认为不应该。在中国能成为诉讼标的的体系很清楚，或与合同有关或与侵权有关，采取反垄断其实是作为特殊的侵权判断。单纯的许可争议，既不是合同无效也不是强迫订立合同，更不是侵权，不涉及强制许可也不涉及反垄断，纯粹的许可费争议就是双方不能达成一致意见，请法官裁定一个数额，这种情况实际上是被强行放进诉讼的框架里的。IDC 和华为案件里当时没有这种规定，是最高人民法院司法解释后强行安进去的，这本身是对法律体系的破坏。这个破坏也不是不可以，但要有依据，若专利权人有义务的话是可以的，或者学理上我们承认合同成立了也是可以的，但事实上现有案件往往是局限于一个单纯许可费率，并不涉及其他的问题。在缺乏法律与法理基础的情况下，尽管现在有司法解释支持成为诉讼标的，我认为在学理上依然是有问题的。

第二个方面，也是一个核心问题。一个案件当事人无法对许可费达成一致，要求法院作出判决，法院究竟有没有能力作出公平、合理、无歧视的判决？显然不仅法院没有这个能力，任何人都没有这种能力，只有交给市场来解决。虽然市场也不一定能得出这样的结论，但自由的民事主体主张自己权利的行为，实际上是一个分散风险的行为。即便是美国，专利占比具体数值也没有人能肯定，很难确定日后不会冒出一批新的专利权，或许当时没有参与专利权谈判也没有披露。这一点本就无法理清楚，更别说 10% 重要的专利如何得出，重要与否谁能作出判断。我完全赞成闫老师所说，实际上很多至关重要的数额都是算不出的。近一段时间常提到专家评估出很多的数学模型，这些数学模型往往都靠不住，因为追求一个真正客观的，公平、合理、无歧视的数额是不可能的。从经济学观点出发，客观的价值本不存在，价值都是主观的。还有一个问题是，许可费是关于未来的定价，人不可能为未来准确定价，定价不是一个自然科学问题，而人的理性是有限的。因此，这是我认为单独的许可费率不应该成为诉讼标核心的一个依据。有人担心法院如果不判，双方在谈判的问题上僵持不下。其实这个问题很好解决，让当事人双方谈判，谈判不成可以简单地转化成侵权案件。侵权案件两个方面——侵权行为和赔偿数额的问题——一个指向过去，一个指向未来。举证未来会产生多少的收益很难，所幸侵权问题探讨的是过去，举证难度以及最后判决结果的可靠性相对更高。当然不排除这个数额也是大致酌定，但90%以上的判决都是大致酌定，更何况未来的定价。另外，涉及恶意的问题，可以根据双方当事人在谈判过程当中所表现出来的善意程度进行综合衡量。如果实施者有恶意，则侵权判决就可以判得较高；反之权利人恶意，则赔偿数额判低。通过这样的方式对个案进行反向施压，即是要求权利人和实施人秉承足够的善意谈判，否则将面临极为不利的后果，这个问题就可以解决。

关于费率的问题，英国法院的判决可以采取全球的费率。英国判决的合理性也是有的，毕竟专利权人和实施者都是全球覆盖，一个国家一个国家去谈判、诉讼，成本确实比较高。但若法院直接裁定一个数额并在全球适用，这有极大的危险性。双方很有可能各自在本国或者在第三国起诉，在不同的国家起诉且两个国家作出全球费率的裁定，究竟以哪个国家的裁决为准，这是极其麻烦的事情。也会导致当事人始终面临某一国家不遵守判决，致使无法执行的后果，这是有待商榷的。

最后是关于“非歧视”的问题。和闫老师相同，我认为“非歧视”绝不能等于最优惠的费率。最优惠费率会导致费率只能参照此前的最低许可费率，最后的结果一定是不断低走，这明显不符合公平原则。此外，许可条件实际考虑的是综合因素，如未来市场的前景，一般是量大优惠，还有实施人能够提供给专利人的技术反馈情况、双方能够进行技术交叉许可的情况，等等，如果只考虑最惠不考虑其他的显然不够公平。时间关系就谈到这里，谢谢！

易健雄：马老师谈了自己的观点，为了便于同学们理解，我简单地梳理一下。马老师对草案中删掉披露条款表示遗憾，就禁令费用问题有以下观点：第一，关于 FRAND 承诺的问题，马老师认为 FRAND 承诺不单限制专利权人，同时也对将来实施人限制，是对双方的约束。第二，在费用方面，马老师认为单纯许可费的争议不能成为独立的诉讼标的，并就费用问题进一步讲到，向未来定价是不可能的，所以是没有办法确定完全客观公平的费用的。在此基础上，他提了一个替代性的办法——当事人谈判不成转成侵权条件。因为侵权是指向过去，而过去是可以锁定、确定的。第三，特别谈到全球费率的问题，马老师提出一国法院确定全球费率的矛盾之处在于，若两个国家就同一个费率作出不同的判决则无法确定以何者为准。第四，对于非歧视的理解问题，他认可闫老师的说法，非歧视不等于最优惠许可，为了定价公平合理，还应考虑数量、市场技术反馈等多种因素，大致就是这些观点。

下面有请牟萍老师！

牟萍： 今晚我很有收获。我对标准很有感情，我之前的工作就是在一家外企作质量标准体系认证，后来进行知识产权相关的学习和研究，有一段时间标准管理特别火，我关注了一段时间。

对标准必要专利这个问题，闫老师的讲座信息量非常大，从国际讲到国内，从源头一直讲到司法实践，包括司法实践中的具体问题。马老师博士论文写这个问题，作了非常深入透彻的研究。我很赞同马老师的一个观点——标准必要专利制定过程中的披露问题，当时专利法草案那一条我也很支持，被删当然也有各方面的考虑。但是我认为披露无论写不写在《专利法》里面，在标准必要专利建立过程当中，都不可避免地会考虑到。因为标准和专利之间天然是有某种矛盾在里面的，标准一定程度上具有公共性，而专利具有绝对的私有性。当私有性和公共性融合在一起打造的时候，必然要综合考虑私有性和公有性。让大众知道，这是公有性的基本前提，接下来才会考虑它是不是标准。识别是不是所谓的必要专利或者说实施的时候，所谓的条款包括后续的侵权许可费的判断，在打造之初对于有什么样的技术能纳进去、现在专利的状况、正在申请还是已经授权、授权了多久等信息一概不知的话，公众是没有办法参与到所谓的公共产品提供过程中的。

人人都想做一流企业，极易变成产业所主导的，权利人仅站在自身利益来考虑怎么尽量把技术都纳入到标准里去。可跟标准有关的专利是否就是所谓的标准必要专利，其中识别这个问题是非常重要的。既然叫标准必要专利，必要就是不可少，这么多卷入的跟标准有关的专利，是否都是所谓的必要专利，其实是值得考虑的。如果是必不可少才可能讨论它的价值，比如侵权后或者在谈判时许可费的确定。识别表面是打造专利的源头，实则和后面专利的实施是密不可分的。

有这样一种趋势，大家都一窝蜂地想方设法把自己的专利扔进标准里去。是否真的有一个过滤识别程序，识别专利和标准之间的相关性、一致性有多高，涉及专利是否夹杂了实际同标准不太一致的私货，专利和产品之间技术关联性的高低等。我们需要作一个识别，识别的前提是披露。一个标准既然带有一定公共性，制定过程中其实就会有很多的利益相关方，所谓专利企业固然是利益相关方，而且是打造标准积极的推动者。行业组织或者说国家主导机关都希望能够把这个标准立起来，牵头者做组织者，那么它们作为利益相关方的同时可能还有一个相对方——就是未来可能会用到这些技术的实施者们——这个数量是很庞大的。它们在标准打造之初是否已经加入进来？是否有发表自己意见的渠道或能力？是否知道这个信息的存在等？此外还有一个利益相关方就是消费者，标准实施过后要做成产品的，产品最后是消费者买单。以 5G 标准为例，每一个 5G 产品的消费者也是利益相关方，可能稍微远一点，但是可能涉及，如果说这个标准的打造中卷入了所谓的必要专利越多，许可费肯定越多，制造成本也就越多。马老师开玩笑说 5G 打造出来以后很贵，可能起价 8000 元钱，我说那不考虑买苹果了。这是开玩笑，可是这里会不会有这样的问题，在披露识别的过程中是要考虑的。

标准实施过程当中往往会集中强调必要专利的特殊性，实则忘记了本源。专利实施在本质上仍然是一个许可合同，只是基于在标准这样一个特殊的环境下和一般许可合同不太一样，更多的是在许可谈判过程中，双方谈判地位天然不平等。这些企业把专利纳进去后，在这个标准里肯定是占据优势地位的，实施者必须要去实施这个技术——如果不用这项技术就叫不合格产品——在这种情况下即使强调所谓的 FRAND 原则，其实仍然不能取代现实中这样一种谈判地位的差异。在这样的谈判中，是否所有关于合同缔结方面以及一般专利条款中的规定，包括对格式条款的解读能不能够考虑进去，这个原则怎么贯穿并在条款中体现，如何认定其中条款的公平性或者是不公平性，或者是有限制竞争的条件怎么去解读，公平性变化等类似这些问题可能也需要考虑。

易健雄：感谢牟萍老师！她提到标准是公共性的，而专利权是私权，把标准这个词套加到专利权上，是公共性与私权协调的问题。另外，牟老师特别强调识别的问题，企业都想挤进标准后获取市场的优势地位，但是谁来识别、谁来把门也是一个问题。下面看曾老师有没有什么想说的？

曾德国：“公平、合理、无歧视”最核心的问题是许可费是否合理，第三方调解也好，法院也好，最主要的问题是要找到许可费用的合理范围。刚才马老师提出这个问题，讲到很多数学模型是不可信的，我正在写一篇损害赔偿新方法的文章，将对这个问题作出探讨。这里要考虑很多计算因素。闫老师提到美国的假想谈判达 15 个因素，国内远远没有达到 15 个因素。用权利人的计算方式计算一个数额，侵权人同样计算出一个数额，从中找到相对合理的范围，这样的话核心问题就能解决。如果按照现有的方法，首先是信任原则，信任权利人或实施人，然后综合考虑影响的因素，对是否合理进行瑕疵审查，审查哪一项指标不正确。从权利人的损失和侵权人的回应作出判决，许可费的核算相对就要合理得多。总结一下，要把许可费率是否合理的因素考虑进去，解决这个问题会简单许多。

易健雄：曾老师提到许可费是标准必要专利的核心问题，谈了他自己对确定许可费的一些体会和做法，包括里面考虑了哪些因素，以及信任原则、瑕疵审查等，向大家分享了他的一些心得。下面看重庆市局的领导有什么要跟闫教授或者各位交流的，有请！

王虎：闫老师是行业的权威，我受益很多。主要是想请教几个问题：第一个是公平、合理、无歧视，这几个要求之间是一个什么关系？比如说是对标准的实施人不能有歧视，合理要考虑到专利的价值在产品当中的利润，以及在标准中专利的比例是否重要，对权利人和实施人相比是否合理。达到合理无歧视以后就是公平了吗？第二个问题关于无歧视，对于最优惠待遇的观点我赞同，但从操作上想请教一下闫老师，具体可以考量哪些因素，比如主体是否类似，可以参考哪些因素？第三个问题关于标准许可费率的计算里面，考虑到专利本身的法律期限，会不会对许可费率产生影响。

陈纪纲：一般标准制定者和专利权人是统一的，有没有权利人和制定者不是同一身份的情况？如果标准制定者对专利权人的情况不知情，或者在专利权人不知情的情况下就把专利纳进去，又该如何去披露专利？此外，一般技术优势产生了标准必要专利，但也可能是行政的一种行为产生了标准必要专利。比如电源插头只是为了统一采用一个标准，技术可能很简单并申请了专利，但实际上这只是基于行政行为产生的标准必要专利，而不是像5G这种因技术优势产生的标准必要专利，具体技术的区分方式是怎么样的？

洪昶：企业碰到这个问题比较关注的是，作为企业怎么能够把自身的专利纳入到标准中去。第二个问题是刚才牟老师提到的，没有参与标准制定的企业如何识别标准必要专利？我非常赞同刚才马老师谈的观点，披露最好是在标准制定完成时，因此对《专利法修订草案（送审稿）》第85条还是比较赞成的，标准制定完成以后，要求纳入标准当中的专利权利人进行披露，这应该是标准制定组织来制定相关的规定，而不是通过专利法来进行约束。

闫文军：谢谢各位的评述，对于费率能否起诉的问题，我认为其实很难找到法律依据。美国是按照合同起诉，法律依据是利益第三人的合同。但我国法院受理起诉很难找到法律依据。但从实际角度出发，如果不受理这类诉讼，当事人则没有途径解决问题。因此，在司法解释制定的过程中，从实务角度，即解决问题的角度出发，允许就费率提起诉讼。这一观点可能没有理论依据，但就现实而言更合适一些，特别是跟其他国家的做法更一致。

刚才牟老师提到识别标准必要专利的问题，从国家角度来说，国家有关部门如国家知识产权局也在讨论这个问题。毕竟标准制定组织不具体研究和识别，社会公众就会比较迷惑，所以国家需要做这部分的工作。这一点做起来的确比较困难，在标准制定过程当中可能不需要很多的识别，否则工作量太大。专利权人只是申报了标准中涉及自己的专利并进行了登记，标准制定过程当中标准制定组织不识别是否真的涉及申报的专利。标准制定出来后，专利权人的申报只是登记在案。重要的问题是诉讼过程当中是否要识别。此外，如果不产生诉讼，那么其他人实施标准的时候是否需要识别。在诉讼过程当中大部分的情况都不识别，实施人对所实施的专利究竟从何而来、数量多少并不关心，毕竟细究起来工作量太大了，只有专利少的情况下才会关注这个问题。西电捷通和索尼的案件中，法院审理时也在争议，到底行为人有没有用到该专利，权利要求是不是在产品当中体现出来，这类诉讼过程当中双方当事人会存在识别。

另外，提高社会公众的识别，确实是需要关注的工作，也是政府要解决的问题。一项标准到底涉及多少专利，目前有说法达到几千项，如果让每个实施的人去鉴别，可能并没有能力做到。此时，政府如果能多做一些工作，如将专利分类、定性定量地作出区分，这对标准的推动是有益的。

刚才提到公平、合理、无歧视的界定问题。其实界定都存在争议，特别是公平合理本身就是一个很抽象的概念，不同人有不同的界定标准。我所理解的公平合理是作为一个词来理解，二者实际上分不开。因为公平合理解决的是专利权人和实施人两者之间的关系。不同案件中，各种具体的涉及情况都需要对比，不存在完全相同的情况，因此规定只能作为参考。

刚才提及的期限问题，现在的标准必要专利里面涉及的过期专利比较少，专利期限过期以后进入公共领域就不是专利了。临近期限的时候价值也往往减少许多，当然这也并不完全一定，有的时候，专利快到期限的时候反而价值增高，这很难笼统地判断，就很难得出具体的标准。

至于没有参加标准制定就把标准纳入进去的，也曾有过这种情况，按照普通专利对待即可。因为专利权人不知情，侵权也只能依照普通的侵权处理。不过如今企业大多都是积极地去推动标准制定工作，很少出现在不知情的情况下进入到标准中的这种现象。此外，前面提到政府推动的标准和民间组织制定的标准的差异，制定的过程肯定存在差别。比如西电捷通无线接入的专利是国家推动的，国家希望制定保密性标准更强的标准，但美国对此强烈抵制，所以这一标准还没有正式实施。政府制定的标准和民间组织制定的标准，制定过程虽然不同，但是真正实施时，很难从法律上定性区分，不论是赔偿还是界定，应该是趋于一致的。

学生提问：关于“公平、合理、无歧视”这三个单词，我们是否可以通过标准化组织来牵头，联合专利权人和相关的利益市场主体进行一个事前的标准费率的制定？这个标准费率应当具有参考价值，甚至是法院判决的时候有一定的参考价值。

马海生：单纯靠法院解决费率的问题太难。我希望尽量能够通过市场的方式，倘若市场的方式不能解决时，法院若认定行为人或者权利人存在恶意，相应的，恶意方就要承担极为严重的后果，通过这样的途径解决问题。标准化组织如果愿意参与制定费率当然是很好的，问题是标准化组织并不愿意做这件事。且还有一个关键问题，标准化组织的主要参与人都是专利权人，权利人不会愿意做未来对自己有杀伤力的事情。如果通过强行立法的方式强行要求标准化组织去做，首先这个立法无法通过，其次即便通过了，在全球也通不过。常用的全国化标准，很多都不是官方组织而是民间组织，这个方法理论上是可行的，但实际上非常难操作。

易健雄：今天非常感谢闫老师带给大家的关于标准必要专利的讲座！感谢出席的与谈人以及各位领导还有各位同学，最后感谢会务组的辛勤工作。今天的讲座就到这里，谢谢各位！

文字校对：胡　捷

内容核校：王广震

整理说明：根据现场视频及速记整理，已经主讲人审阅。

第二十六讲

知识产权海关保护制度的完善

主　题：知识产权海关保护制度的完善

主讲人：张　耕　西南政法大学教授、博士生导师、法学博士

主持人：易健雄　西南政法大学副教授、重庆知识产权保护协同创新中心副主任

与谈人：李冀铭　重庆海关法综处副调研员
　　　　曹　伟　西南政法大学副教授、硕士生导师
　　　　康添雄　西南政法大学副教授、硕士生导师

时　间：2019 年 4 月 19 日

地　点：西南政法大学渝北校区致理楼三楼民商法学院会议室

易健雄：各位同学，各位同行，各位朋友，晚上好！欢迎大家来到中国知识产权名家讲坛，我是主持人易健雄。今天是一个风雨交加的周末，大家能在这个时间点来到现场听知识产权讲座，足以证明大家对知识产权的热爱是风雨无阻的。一年一度的“4·26”世界知识产权日很快就要到了，在知识产权日到来之际，我们有幸请到了张耕教授给大家作一期关于知识产权海关保护的讲座。对于张耕老师，相信在校的每一位同学都是非常清楚的，不过你们肯定没有我那么清楚。张耕老师在众多的教授里面是非常有特色的，他的特色，我琢磨以后大体梳理了三条：一是张耕老师是属于低调奢华类型的，张老师很不喜欢抛头露面，不愿意推销自己，但是他奢华的底色在那里。张耕老师本身是不大愿意搞这个讲座的，但是因为张耕老师本身的功底就在那里，而且对这个主题很有研究，咱们请他为大家作贡献，分享他的思想。二是以我个人跟张耕老师的接触，我觉得张耕老师是属于理论与实践结合做得非常好的典型范例，张耕老师不仅学问做得好，实务也是非常成功的。三是大家可能不清楚，但是我觉得非常重要，就是张老师能够把大局观跟细节感很好地统和在一起，这一点实属不易。有人说成大事者不拘小节，细节看多以后容易见树木不见树林；又有人说细节决定成败。但是以我对张耕老师的了解，张耕老师能够把两者很好地统合在一起，这一点难能可贵。以上是以我个人的理解，另外对于张耕老师在海报上有一些公开的介绍，我就不多说了。因为张耕老师很低调，也没有多少称号，不过是西南政法大学的教授、博导，中国知识产权法学研究会常务理事，重庆知识产权研究会副理事长；也不过是国家知识产权局“百千万知识产权人才”第一层的人才，国家知识产权库专家，以及商务部的海外维权中心专家。

除了主讲之外，我们还有幸请到了几位与谈人，第一位是海关法综处的李冀铭先生，另外感谢咱们重庆海关对这次讲座给予的高度关注与支持，咱们的邹绪红处长今天也亲临现场，带着法综处的一众同志一起，大家欢迎！另外还有两位本校的老师也是咱们的与谈人，曹伟老师和康添雄老师，两位老师刚刚从美国访学归来，我相信两位老师在这个主题上可以带给我们更开阔的视野。

今天的主题是“知识产权海关保护制度的完善”。我相信大家今天能来肯定是看到了相关的海报，关于主题的一些前沿性的引见，大家可以看海报的相关推广词。

下面就把话筒交给今天晚上的主讲人，有请张耕教授。

张耕：谢谢大家，很荣幸今天有机会搞这个讲座，在此之前我一直在思考究竟讲什么内容，后来确定了海关保护制度的完善。近两年我一直在关注中美知识产权争端，而知识产权争端经常诱发我国和美国的贸易争端。我发现知识产权海关保护是五次中美知识产权争端当中唯一一个每次都被讨论的议题，这说明知识产权海关保护是整个知识产权保护的前沿和窗口，备受关注，很重要。知识产权海关保护在立法层面、现实执法层面究竟怎么样，存在什么问题，我想把我的一些思考分享给大家，说得不对的地方请大家批评指正。

今天我准备讲下面三个大的问题：一是海关保护制度的产生和发展，二是知识产权海关保护的现状，三是知识产权海关保护制度的改革思路。

一、海关保护制度的产生和发展

（一）有知识产权立法无海关保护内容时期

这个阶段大致是 1979—1992 年。在 1979 年 1 月 1 日中美正式建交过后，签订了《中美科技合作协定》《中美文化合作协定》《中美高能物理协定》《中美贸易关系协定》。这四个文件当中前两个文件都是由时任副总理的邓小平直接签订的。当时在谈判相关中美双边交流协定的时候，首次出现了知识产权的争议，不过这次争议并未被计算在五次大的中美知识产权争端里面，因为这次争论没有见诸媒体，而且当时没有引起贸易摩擦，只是因为它关乎这些协定能否签署，改革开放政策能否顺利实施，所以我们国家非常关注。

这些协定签订以后，改革开放总设计师邓小平同志作了一个战略决策，认为我们一定要搞知识产权。从这个时候开始陆续成立了商标法、专利法、版权法起草小组，也就是从1979年开始着手制定知识产权相关立法。我国《商标法》于1982年最早通过，并经过了三次修订，每一次或多或少都跟中美知识产权争议有关。1984年我国通过《专利法》，后面修订了三次，也与中美知识产权争议有一定的关联。在三个知识产权基本法律当中，最晚颁布的是1990年通过的《著作权法》。在《著作权法》颁布之前，1984年文化部发布了一个《图书期刊版权保护实行条例》。这个条例从某种程度上讲适应了国内保护版权的需求，并不是因为外部的压力产生的。当时针对这个条例还专门发过保密文件，只对内不对外。国家文化部还专门发了文件，要求不要让外国人知道这个条例，认为这是我们自己的事情。可以说，我国整个知识产权法的产生既有外部的压力，也有内部的需求，但是从我前面梳理的线索来看，从某种程度上来讲当时外部压力占据了很重要的一部分。

三个法律起草小组基本上同时成立，成立时间都比较晚，但为什么1990年才通过《著作权法》？主要原因有两个方面：一是当时极“左”思想盛行，认为知识产权就是资本主义的东西，涉及知识私有、个人名利和资产阶级法权，在极“左”思想的干扰下包括著作权在内的知识产权在改革开放初期很难被大众接受，当时能够出台知识产权法律就已经很不错了。我举个例子，相信大家都知道李谷一唱了一首很著名的歌叫作《乡恋》，引起很大的争议，主要是两个方面的原因，一个原因是《乡恋》的唱法中首次出现了流行唱法，这当时被称为资产阶级的靡靡之音，另外伴奏音中出现了架子鼓、电子琴、电吉他，对此很多人说中国地大物博、文化遗产丰富，怎么能用西方的东西。1979年首发就引起了很大及很长时间的争议，1983年第一次春晚的总导演冒了很大的政治风险，牙一咬还是决定在春晚上唱出来。因此在这样的背景之下，我们建立知识产权制度的难度是可想而知的。另外一个原因是过分担心版权会产生成本压力。1987年国家科委、国家教委、中国科学院、中国科协联合向有关领导发报告，强烈反对制定版权法，认为每年从外国花费的版权费将达到6亿美元（后实际测算大约只有3000万美元）。1990年9月讨论《著作权法》草案时，广电部也以中央广播电台、电视台的财政经费不足以支付版权费为由坚决反对。大家注意一下我们国家现在通过的法律叫《著作权法》，实际上在1989年之前一直叫《中华人民共和国版权法》，1979年成立起草小组，最早出现的文件名称叫《中华人民共和国出版法》，当时是想把版权和出版放在一起解决。在这个大背景下，著作权法出台的时间就比较晚。

在这段时期，1984年全国人大通过了加入《保护工业产权巴黎公约》（以下简称《巴黎公约》）的决定，1985年3月份正式生效。这是知识产权海关保护制度产生之前的背景，当时虽然有知识产权立法，但是在《商标法》《专利法》《著作权法》中都没有任何涉及海关保护的内容。我们加入的《巴黎公约》里面有海关保护的内容，但当时这个海关保护条款是非强制性的规定，是一个选择性的规定，只是原则性要求进行海关保护，成员国如果不进行海关保护，至少要在国内法层面规定相关工业产权的保护，因此这是一个选择性而非强制性的标准。

（二）知识产权海关保护制度的产生时期

这个阶段的时期大概在1992—2010年。这段时间有一些很重要的背景情况。1988年、1989年、1990年和1991年4月，美国贸易代表依据国内贸易法“特殊301条款”发布的报告分别将中国连续三次列为“重点观察国家”（名单中没有重点国家）、一次“重点国家”名单，并于1991年5月26日发起针对中国的调查。这是媒体公开报道的第一次大规模中美知识产权争端，具体谈判时间是1991年6月12日至1992年1月17日。最终在1992年1月27日，中国和美国政府签订了《中美知识产权谅解备忘录》（以下简称《谅解备忘录》），其中第5条首次涉及知识产权海关保护，要求两国政府在各自境内及边境采取有效的办法和救济，以避免或制止对知识产权的侵犯，并遏制进一步的侵犯。在采取这些办法和救济时，两国政府应提供禁止滥用的保障，并应避免给合法贸易制造障碍。该《谅解备忘录》在我们国家的法律文件中相当于一个专门保护知识产权的双边协定。

这个《谅解备忘录》签订之后，后续知识产权海关立法的情况大概是这种状况：我国在1992年9月按照《谅解备忘录》的要求修订了《专利法》，并颁布了《实施国际著作权条约的规定》；10月加入《伯尔尼公约》和《世界版权公约》，这也是《谅解备忘录》的要求；1992年12月发布《药品行政保护条例》和《农业化学物质产品条例》；1993 年加入《录音制品日内瓦公约》；1993 年 2 月第一次修改《商标法》，本来是要求 1992 年底前完成《专利法》《商标法》《商业秘密法》的修订或制定；1993 年 3 月颁布《反不正当竞争法》，开始保护商业秘密。从这个时候开始，我们逐渐具备较完整的知识产权法体系，而且《专利法》第一次修订增加了进口权。但从海关保护的角度来讲，当时修订的《专利法》《商标法》《反不正当竞争法》，均没有任何海关保护的国内法专门条款规定，这又引起了美国的不满。紧接着 1994 年 7 月，国务院发布《进一步加强知识产权保护工作的决定》。为什么在 7 月份呢？因为刚好就在 1994 年 6 月份就发生了第二次中美知识产权争端。因此在第二个月，国务院很快发布了一个相当于具有行政法规性质的决定，开始对知识产权海关保护进行规定，这是我们国家首次的国内立法，对海关执法临时授权。紧接着在 1994 年 9 月 1 日，海关总署发布公告，宣布侵犯我国法律和行政法规保护的知识产权的货物禁止进出口。因此，从这个时期我们可以看出来，第二次中美知识产权争端促进了海关保护国内立法的进一步确定。

第二次中美知识产权争端谈判的情况大致如下：在“特殊 301 条款”年度报告当中（美国每年 4 月份都要发布这个报告），我国 1992 年被列为观察国家，1993 年升为重点观察国家，1994 年 4 月 30 日中国、印度、阿根廷被确定为潜在的重点国家，6 月 30 日只有中国被确定为重点国家。1994 年 4 月 15 日，TRIPS 已经签署完成，形成了知识产权高水平保护的国际架构，因此产生了第二次中美知识产权争端，谈判时间大概是 1994 年 6 月到 1995 年 2 月。谈判的结果就是在 1995 年 2 月 26 日中美双方对知识产权的分歧达成了协议，协议双方以换文的形式，并以有效保护实施知识产权的行动计划作为附件。1995 年 3 月 11 日中方代表吴仪和美方代表签字并互换文本。这个协议我估计网络上也搜得到，文件比较长，将近有 1 万字，重点关注第七部分：所有海关将进一步加强对所有进出口货物的知识产权保护，特别是版权和商标方面的保护。该文件要求：知识产权进出境保护的新法规将于 1995 年 7 月 1 日前公布，1995 年 10 月 1 日前实施。法规应明确侵犯知识产权的进出口货物为违法货物，海关为保护知识产权应行使《中华人民共和国海关法》所规定的各项权力，尤其是针对侵犯受中国法律和法规保护的知识产权的货物禁止进出口。第二次中美知识产权争端达成的协议有一个原则性要求，即所有知识产权都应该提供海关保护，但是对于著作权和商标权的问题，美国绝不让步，提出了进一步的要求，即有关商标和著作权方面的海关保护是必须要做的。某种程度上来讲，这个协议的相关内容就构成了1994年首次颁布的《知识产权海关保护条例》的主要内容，基本框架就是在这个文件里面确定的。

第二次知识产权谈判后，知识产权海关保护立法大概是这样一个情况：在签订协议之后，海关总署很快发布了第二次公告，规定海关发现侵犯知识产权的进出境货物予以没收并进行销毁或者变卖处理，当时是以临时性的行政规章的形式进行处理。7月5日国务院发布了《知识产权海关保护条例》。这个法规的颁布，标志着知识产权海关保护工作正式进入法制化、制度化的新阶段，我将其定位为海关保护的产生时期。

（三）海关保护立法的发展阶段

1996年5月13日至6月17日，中美两国政府又开始第三次知识产权争端谈判。三次知识产权争端都伴随着贸易摩擦，双方宣称的加征关税金额大约十几亿到三十亿。当然，没有去年（2018年）开始的这次知识产权争端引发的贸易摩擦一年加征五百亿到几千亿关税这么激烈。第三次争端的谈判议题之一，美方要求中国在1996年9月15日之前修改《知识产权海关保护条例》。1996年6月17日，中美又达成知识产权保护协议，这个协议由双方部长换函和有关两个附件构成，两个附件核心内容与前面两次中美知识产权争端相比的突出特征是要实施系列行动的承诺，而不是立法方面的一种承诺。相对来讲，这次争端开始，美国对中国执法方面的问题关注得更多了。

另外，除了中美知识产权第三次争端谈判，并且达成了相关的谅解备忘录以外，2001年12月11日中国加入WTO，受TRIPS的约束。TRIPS与原来我们加入的《巴黎公约》《伯尔尼公约》《世界版权公约》相比，保护水平进一步提升。原来的这些公约，某种程度上最低要求中对海关保护不是强制性的，但是TRIPS中对知识产权海关保护进行了强制性要求。因此在2003年12月2日，国务院发布了新的《知识产权海关保护条例》，这不是对之前条例的简单修改，相当于推翻重来。这个行政法规后面又经过了2010年的修改和2018年的修改。大家在百度上搜可能不会注意到去年（2018年）还有一次修改，我昨天下午还查了海关总署的网站，他们现在列的《海关保护条例》都还是2010年的这个法规，但实际上已经经过了两次修改。

2009年2月17日发布的《中华人民共和国海关关于〈中华人民共和国知识产权海关保护条例〉的实施办法》在去年（2018年）也进行了修改。通过颁布新的《海关保护条例》，整个立法与之前相比更加完善，因此我将这个阶段界定为发展阶段。但是这个阶段仍然涉及中美知识产权争端。2007年到2009年，中美第四次知识产权争端首次通过WTO争端解决机制裁决。前面三次谈判都是双方谈判，谈判之前必然引发贸易摩擦，美国首先提出威胁，如果谈不好就要依据“特殊301条款”施加惩罚性的关税，我国第二天会公布一个反报复清单。但这并不是很好的解决纠纷的方式。因此我们加入WTO之后，中美知识产权争端首次通过WTO解决，这是比较平和、公正的解决方式。这次中美知识产权争端主要有三个焦点问题：一是刑法保护门槛；二是《著作权法》第4条规定依法禁止出版传播的作品不受《著作权法》保护，美国认为违反了《伯尔尼公约》版权自动保护原则；三是关于海关处置没收侵犯知识产权货物的规定。美国在请求磋商中指出，我们2004年施行的《知识产权海关保护条例》第27条第3款对相关侵权货物的处理，违反了TRIPS第46条、第59条的义务，大概内容是被没收的侵犯知识产权货物无法用于社会公益事业且知识产权权利人无收购意愿的，海关可以在消除侵权特征后依法拍卖；侵权特征无法消除的，海关应当予以销毁。而TRIPS第46条、第59条的核心内容，特别规定假冒注册商标不允许进入商业渠道。美国认为我国海关保护法规规定简单消除侵权特征相当于去掉侵犯商标的标识后进行拍卖的内容违反了TRIPS，因为拍卖也是一种商业活动。我们国家据理力争，认为销毁有点可惜，通过合法拍卖可以达到物尽其用的目的。最后在专家组的裁决报告中，专家组认定海关拍卖没收侵权货物是选择性程序，而非强制性程序，因而不排除海关有权销毁没收侵权货物，但如果在海关责令拍卖侵权货物的所有情况下，消除侵权特征仅仅是去除商标，这将违反TRIPS第59条及第46条第4句。专家组进一步裁定，即便中国海关实际上近三年无拍卖进口侵权货物的情况；但是，海关措施“本身”规定仅仅去除侵权商标而进行拍卖，也不符合第46条第4句规定的“例外情况”，因为该“例外情况”既不是根据数量比例，也不是根据可容忍进一步侵权的边际数量加以确定的。专家组的裁决报告说明了我国当时的海关保护规定有不符合 TRIPS 要求之处。大概 2009 年下半年出具了专家组报告，因此第二年我们很快就修改了《知识产权海关保护条例》。修改的内容主要是第 27 条第 3 款，增加了“但对进口假冒商标货物，除特殊情况外，不能仅清除货物上的商标标识即允许其进入商业渠道”的表述。这个表述跟 TRIPS 文字表述差不多，但不是完全按照美国的说法取消拍卖这个词，只是针对假冒商标我们作了这样一个限定。对照 TRIPS 规定，我认为我们的修改还是达到了 TRIPS 的相关要求。

（四）知识产权海关保护立法的发展趋势

经过前面关于海关保护立法的产生、发展及几次修改法律情况的介绍，不难发现它呈现出这样一个趋势：适用货物的范围不断扩大。原来海关保护条例限于专利、商标、著作权这三类基本的知识产权，后来国家海关总署通过颁布行政规章的形式，规定奥林匹克标志和世界博览会标志的保护参照海关保护办法执行。实际上我记得广州亚运会的时候，原国家工商行政管理总局和海关总署也颁布了一个文件，对广州亚运会的相关标志也进行了海关保护，知识产权海关保护范围还是逐步在拓展的。另外，海关保护的程序也在不断增多，现在修改过后，海关保护除了一般的备案、申请、调查、销毁等相关执法程序之外，还与法院诉前临时禁令进行了衔接，作出了有关保函、总担保以及在海关执法当中必须保护商业秘密的规定。同时海关执法的权限也不断扩大，除了《知识产权海关保护条例》上明确规定海关可以行使的职权以外，海关还可以依照海关法的规定行使相关的执法权限。

（五）后续观察

这个情况大家可能相对比较熟悉，在去年（2018 年）4 月份美国又发布了“2018 年特殊 301 报告”，大家感觉到特朗普政府与以前政府相比，贸易保护主义明显抬头，因此在这个背景之下，出台的报告再次把中国列入保护知识产权不好的国家之列。“301 报告”涉及海关保护大概有这样一段表述：2017 年中国未能采取果断行动来遏制假冒产品的大规模生产、内销和出口。2017 年在美国的海关统计数据当中，来自我国内地和香港的假冒产品，缴获的产品总价值占总货物的 78%，占总货物扣押的 87%，这个数据跟历年欧盟以及其他发达国家包括日本海关的统计数据大致吻合。在他们看来，中国海关执法不力，除了走私的以外，正常通关关口没有把住，放出去的假冒产品占到 80% 以上，被认为是全世界假冒货物出口最严重的一个国家。该报告虽然对 2017 年对中美知识产权海关保护开展的一些合作事项给予了一定的肯定，但最终还是认为我们的海关保护没有达到相关的要求。这就是去年（2018 年）中美贸易战所诱发的“301 报告”涉及海关保护的相关内容，其他有关商业秘密保护的问题、强制技术转让的问题，在“301 报告”里面也有所涉及。这次中美知识产权争端引发的贸易战的强度和广度都是前所未有的，对我国知识产权海关保护制度甚至整个知识产权立法产生的影响需要进一步观察。

（六）对我国知识产权海关保护立法的整体评价

整体上讲，我国知识产权海关保护标准与西方发达国家水平相近，虽未完全达到发达国家水平，但也远高于我国已经加入的 TRIPS 等国际公约的最低要求。为什么会产生中美知识产权争端？一个很重要的原因是美国把我们当成发达国家来看，对我们提出的标准，或者知识产权保护方面的要求，特别是海关保护的要求，高于国际公约强制性标准，要求中国向先进水平看齐。具体有下面几点：

（1）我们加入的其他国际公约，包括《巴黎公约》《伯尔尼公约》，海关保护只涉及进口，没有出口，但是我们颁布的行政法规包含了出口。出口在海关保护的公约里面只有最先进的而且还没有生效的这几个公约里有规定，如 ACTA 和 TPP/CPTPP，而 TPP 已经不存在了。

（2）美国、欧盟、英国、德国、法国，其知识产权海关保护进出口环节均规定了扣押措施，我们也规定了进出口扣押措施，但相关国际公约只规定了进口，不管出口。

（3）从保护范围来看，TRIPS 要求成员方应当对商标权和著作权进行海关保护，对其他知识产权可以进行海关保护，TRIPS 对商标权和著作权外的其他知识产权只是推荐性标准，或者说是选择性标准。而我们的海关保护包含了专利权，高于这个要求，只是低于 ACTA 的要求。ACTA 要求对所有 TRIPS 保护的知识产权给予海关保护，而目前我国国内还没有这方面的规定。

二、知识产权海关保护的现状

第一，知识产权海关保护的整体特征或者特点。我主要根据海关总署官网上发布的数据以及相关的总结给大家进行提炼。

其一，在出口环节，侵犯自主知识产权货物数量持续增长；在进口环节，查处涉嫌侵犯知识产权货物数量连续十年呈增长态势。出口环节侵犯自主知识产权货物数量增长情况这三年增长幅度比较高，2015 年是 600 多万件，2017 年高达 1200 多万件。现在是 2019 年 4 月为什么没有 2018 年的数据，因为海关保护的相关统计数据一般在每年的 4 月底公布，一直到昨天我还在查，本来我是说这个讲座能不能晚一点，主持人说晚一点后面不好安排，就提前了。2017 年和 2016 年整体形势没有呈现什么变化，2018 年的数据可能十多天之后就看得到了，增长态势估计不会发生改变。海关查获进口侵权案件数量也呈上升趋势，2015 年 3 万多件，2017 年 5 万多件。

其二，以海关依职权查扣为主。海关保护可以划分为依申请保护和依职权保护两种模式。依职权保护有个基础性工作，即相关知识产权权利要按照相关行政法规的规定进行备案，备案后海关就可以根据掌握的相关信息依职权查处。这个依职权查处的比例情况在 2015 年、2016 年和 2017 年全部达到 99%，也就是说知识产权权利人自主申请的情况是很少很少的。这说明对于知识产权保护，海关这个行政机关是功不可没的，其积极主动执法取得了明显的成效。为什么权利人申请查扣的比较少呢，可能与权利人掌握进口货物和出口货物信息不对称有很密切的关系，因为某种程度上他们很难发现哪些产品出口了，哪些产品进口了，他们获得的相关信息不够，信息不对称是一个很重要的方面，当然也有很多其他制度设计方面的原因，最后一个方面会谈到这个问题。

其三，以侵犯商标权货物为主，侵犯专利权货物案值持续增长。这三年专利和著作权相对少得多，这在某种程度上也反映出整个侵犯知识产权进口货物，或者出口货物还是以假冒商标，商标侵权为主。这也是 TRIPS 把商标的海关保护强制性纳入最低保护标准的一个很重要原因。

其四，海运和邮递是查获侵权嫌疑货物的主要渠道。海运的数据非常高，特别明显，相较而言铁路运输、航空运输、快件运输就少得多了。另外一个比较突出的是邮寄，通过网络平台购物，当然也包括出国旅游之后邮寄的部分，大部分还是通过互联网交易，这里面也有相当一部分是假货。

其五，东部沿海地区海关成为打击侵权的主战场。海关总署有一个统计，前十位中一到八名全部都在东部沿海地区，最高是上海，第二是深圳，第三是宁波。我估计 2018 年的情况也跟这个大致相同，上海和深圳这两个关口肯定是最主要的查处侵权货物的场所。

其六，查获的侵权嫌疑商品以五金机械、烟草类为主。烟草 1000 多万件，五金机械也是 1000 多万件，其他商品相对少一些。可能每年有些变化，上一年药品、其他机电类、服装是比较多的，2017 年整体下降了很多，下降幅度也是很高的。

第二，海关现在每年都会公布十大典型知识产权海关保护案件，大家也可以关注一下。十大典型案件有时候是某一个案，有时候是系列案件，由多个海关合作查处一批案件，个案和系列案件都在公布。这都是一些典型的近几年公布的海关查处的一些侵权货物的情况，感兴趣的同学还可以下去了解。

第三，海关保护成果展示。国家构成了“一馆两翼”的格局，在北京的中国海关博物馆专门设立了海关与知识产权专题展厅，另外在青岛和义乌设立了中国海关知识产权保护展示中心。展厅里展示了大量知识产权海关保护的成果，对于扩大对外宣传有很重要的作用。

第四，海关保护取得的突出成绩，整体来讲还是很不错的，在国际上也产生了很好的影响。中国外商投资企业协会，优质品牌保护委员会对海关知识产权保护工作给予了很高的评价，认为中国海关知识产权保护工作公正透明、措施有力、效果显著。2006 年，全国反假冒组织授予了中国海关全球反假冒年度政府机构嘉勉奖。2007 年，中国海关首次获得世界海关组织 2007 年打击假冒和盗版特别贡献奖。2018 年 4 月 25 日，设立在中国的美国商会发布的 2018 年国际知识产权指数报告中，对中国海关知识产权执法透明度给予了满分评价，中国以 19.08 分位居 50 个经济体的第 25 位，较 2017 年上升两位。

第五，来自自贸区的挑战。自最早在上海建立自贸区之后，到现在为止全国共设立了 12 个自贸区。自贸区中关于知识产权海关保护存在一些争议，其中甚至就海关能不能在自贸区里执法都存在不同的声音。另外一个更重要的问题，自贸区的设立从某种程度上来讲，就是要通过体制创新、制度创新为全国改革开放设立样板，将来取得经验后，复制推广。这涉及创建大量的制度。在自贸区里面存在一个尖锐的问题，我们需要思考如何处理知识产权保护与自由贸易的矛盾与冲突。如果知识产权保护水平过高，它就会形成一种贸易的障碍，也被称为一种非关税壁垒。在 TRIPS 中也有原则性的规定，知识产权的保护不应该对合法贸易形成相关的障碍。因此怎么调和这两者之间的矛盾，怎么发展自贸区，还有很多问题需要解决。虽然知识产权的垄断性对自由贸易有一定影响，但从整体上来讲，知识产权的保护对贸易也产生了积极的作用，对于这一点我们也有切身的感受。在改革开放初期，甚至在前面所讲的知识产权海关保护的发展阶段，几乎每一次法律的修订都面临各种各样的争论。其中就有一种观点，认为我们国家不应该保护知识产权，或者是不应该进行过高的保护，因其会对我们的文化发展不利，对经济发展不利。甚至在加入 WTO 后，有人认为我们实行过高的知识产权保护，对民族产业发展不利。但实际上从改革开放到现在几十年的发展历程来看，知识产权保护对经济的发展起到了很重要的促进作用。知识产权保护以及海关保护问题直接关系到一个国家的投资形象，或者说投资环境，没有高水平的知识产权保护，人家不愿意到你这里来投资，更不愿意输入相关的先进技术。因此从整体来讲，自贸区的设立虽然对知识产权保护提出了相当的挑战，但是很多问题还是可以解决的，知识产权高水平保护也是可以起到促进作用的。

三、知识产权海关保护制度的改革思路

从整体来讲，改革思路是从宏观层面思考的，操作层面的东西相对比较少。我们国家知识产权海关保护究竟应该怎么走，一直有不小的争议。有人认为我们就是一个发展中国家，我们只要达到国际公约的最低保护要求就够了，没有必要实行过高的知识产权保护，特别是知识产权海关保护。我本人的观点是，从总体上来看，我们要实现中华民族的复兴，就绝不应该长期把自己看成是发展中国家，或者在有关国际条约方面只向最低标准靠拢。我们要成为一个负责任的大国，甚至要成为一个全球贡献者和领导者，那么在知识产权保护问题上，在知识产权海关保护的问题上，整体的保护水平要向最先进的国际公约看齐，要向发达国家看齐。在这个总的指导思想之下，我仅

针对知识产权保护问题的方向提出一些宏观层面的设计思路，这个不一定正确，有可能步子迈得大了点，仅供交流探讨。

（一）知识产权海关保护范围应逐步扩大

要逐步将我国法律和行政法规明确保护的知识产权通过行政立法方式纳入海关保护范围，甚至不排除整个海关保护像其他西方国家那样，在相关的法律里直接规定，不再在行政法规里体现。当然如果有专门的行政法规，这个也是可以的，但是核心问题是规定的内容是什么。虽然与TRIPS比起来，我们达到了最低保护标准，甚至高于TRIPS的要求，增加了专利权的保护，但实际上从现实层面来看，我觉得范围还要逐步扩大。我们国家立法保护的相关知识产权——奥林匹克标志权，2002年颁布了行政法规，2018年进行了修改，海关通过行政规章对这种形式进行保护。后续有关《知识产权海关保护条例》的修改是不是应该考虑纳入行政法规的范畴，因为通过规章来规定，立法层级较低，执法权威性不够。全国人大通过的《立法法》，对规章有一个原则性的限制，规章不得限制公民和单位的权利，不得增加义务。因此通过规章扩大保护范围，从法律上来讲还是有一定的问题，应该通过《知识产权海关保护条例》，把奥林匹克标志、世界博览会标志甚至特殊标志权都纳入保护范围。实际上每年还有各种各样的运动会，2022年杭州要举办亚运会，而大型体育活动的标志通常容易被假冒，进出口环节是其重要的控制环节。其他诸如企业名称权、集成电路布图设计权、商业秘密权、植物新品种权，都要逐步纳入海关保护范围。《反假冒贸易协定》，实际上就是由欧盟、美国和日本等国家主导，在不让中国参与的背景下，通过秘密谈判制定的。ACTA的重点就是解决执法问题，保护水平很高，要求将集成电路布图设计权或者商业秘密权全部纳入保护范围。从国际发展潮流来看，逐步扩大保护范围应该说是大势所趋。尽管ACTA在西方国家、在欧盟也有很大的争议，甚至引起了欧盟有些国家的大学生上街游行，但是某种程度上那些争议并不是集中在海关保护范围的问题上，更多地集中在对网络知识产权的执法过严问题上。西方国家也反对ACTA这个协定，因此到现在都没有生效，但是从西方国家领导层或者精英层思考的结果来看，知识产权海关保护范围必须扩大到集成电路布图设计权和商业秘密权。

（二）针对《知识产权海关保护条例》存在的问题，要从权利人维权的角度改革备案制，并逐步实现由相关知识产权授权或登记机构信息实时共享机制代替备案制的最终改革目标

为什么要实行备案，主要是要让海关了解知识产权权利人的状况，以及权利的基本情况。短期内取消备案制不太可能，但从长远来讲，我的观点是必须取消备案制。备案的目的在于让海关了解信息，从长远的趋势来看，需要通过相关国家机构信息共享来解决。我们现在进入大数据时代，进入 5G 时代，甚至开始研究 6G 技术，将来这些技术发展运用到一定程度，必然在技术上就有实现的可能性。国家知识产权局、版权登记中心、商标登记授权，所有新产生的权利，以及知识产权许可合同的相关情况、权利变更登记等信息，都可以通过这些机构的数据共享方式来获取，海关只需直接从相关国家机构获取实时信息即可，这就是一个长远的改革目标。囿于技术的限制，现在短期内仍然要保留备案制，但要作一些改革。

1. 备案不宜有过多审查

因为备案不等于审核，也不等于不审查。从行政法角度来看，备案与登记、批准程序相比是有区别的。某种程度上讲，备案是申请人把相关信息告知有关机构予以保存，有关机构不应存在批准或不批准备案的情况。国务院取消审核制变成备案制，很多备案就逐渐变味了。我有切身的感受，我记得学校开设本科知识产权专业，按照相关的规定要向教育部备案，但是前面两次备案都是教育部不批准备案，我个人认为这就把备案制变成了批准审核制了。不让我备案是什么意思呢？它实际上就把备案制变成了审核制，但目前我国知识产权海关保护备案，仅存在一定程度的审核。1997 年开始海关总署曾发文：经过批准同意备案——这实际上就是审核制的体现。包括现在的行政法规仍然有这方面的内容，不宜备案的审查，我认为只作简单的形式审查即可，即使有些信息不全，在申请人请求保护时再进行补充和完善就可以了，但不能在备案的时候阻止它。按照现在行政法规的规定，除了形式要件不具备以外，包括权利主体不符合，不受法律行政法规保护，后面几项都需要通过司法判决或者权属确认才能确定。这种判断即使是一种形式仍显多余，因此对于备案不能有过多的审查。

目前备案还无法实现实时共享，可以考虑提升网络服务水平。海关行政机关就专门建立了知识产权海关保护备案系统，但系统的相关功能还有待提升。同时整个知识产权海关保护的信息或者数据更新还需进一步提升，去年（2018 年）就已经修正了海关保护条例，但在前几天海关总署官网上查到的仍是旧法规。

2. 备案有效期与收费

关于备案的有效期与收费问题，我觉得这两个问题有一定联系。

首先，谈收费问题。海关保护备案原先是要收费的，后经知识产权权利人反映负担过重，国家海关总署于 2015 年发布公告暂停收费，效果显著。据统计，2017 年暂停收费后，备案同比增加 9000 余件，国家海关总署共计少收费 800 万元，平均每件备案大概 800 元。基于此，2018 年 3 月 19 日，国务院发布了《关于修改和废止部分行政法规的决定》，明确提到删除《知识产权海关保护条例》第 32 条，即备案收费条款，但不知出于何种原因，最终海关总署 2018 年最新修订的海关关于《知识产权海关保护条例》的实施办法第 8 条仍然保留了收费规定。我认为，从服务权利人的角度来看应该取消收费，今年（2019 年）又取消了一大批行政收费，这是大趋势，必须减负。以华为为例，其 2017 年全球专利申请量排名世界第一，共计 4024 件，如果全部备案，其中单项知识产权海关备案费收费 800 元，合计收费将超过 300 万，这对于一个企业来讲是沉重的负担。

其次，关于备案有效期的问题。关于备案有效期这一制度的设计初衷不一定跟收费有关，可能是考虑到十年过后，原登记信息发生变动，因此十年有效期届满后必须要重新备案。出发点是好的，但《收费管理办法》规定重新申请备案需要重新缴费，这一设计的动机值得探讨。如果照此规定，版权保护作者终身及死后五十年，版权保护要作多少次备案？我的观点是在知识产权的有效期范围内一次备案就足够，期间登记信息有变动的，鼓励权利人及时更新；没有更新的，申请保护时要求权利人更新，但不应该强制性地设定有效期。

3. 为权利人备案提供方便，尽量放宽备案条件

2013 年欧盟为权利人提供了更加宽泛的备案保护，即使权利人在不知晓

涉嫌侵权的货物是否进出口时亦可提出申请，不要求掌握进口货物或出口货物的情况。我们国家《海关保护条例实施办法》第6条要求权利人掌握的信息过分苛刻，“（四）知识产权权利人合法行使知识产权的货物的名称、产地、进出境地海关、进出口商、主要特征、价格等。（五）已知的侵犯知识产权货物的制造商、进出口商、进出境地海关、主要特征、价格等。”在某种程度上解释了为什么出现备案数量不多以及备案后权利人主动申请海关查处的数量极低的情况，因为这些数据是很难掌握的。对于备案而言，个人认为，最多包括《海关保护条例实施办法》第6条规定的前面三项或者四项就行了，第5项相对比较苛刻，权利人的维权难度大，成本高。从海关的角度来讲，上述信息更便于执法，但这需要通过提升海关保护水平，特别是网络技术水平来解决，而不宜把这个负担加在权利人的身上。第2款内容进一步限定了权利人，要求知识产权权利人应当就其申请备案的每一项知识产权单独提交一份申请书。知识产权权利人申请国际注册商标备案的，申请的每一类商品单独提交一份申请书。国内商标申请都允许跨类申请，而备案居然保留如此苛刻的要求，总体上来讲还是没有深度思考怎样更好地为知识产权权利人服务。

（三）自贸区试行放行货物扩大反担保范围

《知识产权海关保护条例》第19条规定：“涉嫌侵犯专利权货物的收货人或者发货人认为其进出口货物未侵犯专利权的，可以在向海关提供货物等值的担保金后，请求海关放行其货物。知识产权权利人未能在合理期限内向人民法院起诉的，海关应当退还担保金。”现行行政法规规定只针对专利权允许提供反担保，知识产权权利人申请查处要提供担保，你要申请放行这个货物，主张不存在侵权，等通过诉讼认定之后，会花费较多时间，此时就可以提交担保金，先行放行货物，这个制度对于权利人和涉嫌侵权人都是公平的。但是反担保只针对专利权，为什么只针对专利权？其中很重要的原因是商标权和著作权更多涉及社会公共利益、消费者权益、国家的宏观经济管理及公平竞争秩序，某种程度上与公共利益有一定关联，因此对于这些商品，即使提供反担保也不允许放行，必须扣押在海关环节。

但自贸区以国际贸易便利化为目的，自由贸易必须进行制度创新。自贸区顾名思义，自贸区内的贸易必须比自贸区外的货物贸易流动更自由。知识产权海关保护对于其他知识产权比如商标权、著作权、奥林匹克标志专用权等，货主提供担保的可以先予放行。考虑到扩大担保放行的货物范围可能损害消费者权益或者竞争秩序，可以在制度设计上有所区别，即扩大担保货物范围应当是货物价值的合理倍数而非等值担保。如果涉嫌侵权人觉得很有把握不会侵犯知识产权，他愿意提供更多的担保，至少在制度上可以有所体现。按照现行规定，只要涉及专利权以外的其他货物，提交再多的担保金也不予放行，我认为对自贸区的货物贸易自由流动有一定的制度障碍。

（四）涉及具体执法层面的问题，要进一步明确知识产权海关保护的执法标准

在对知识产权海关保护具体执法定性的过程中，有三个争议很大的问题，分别是平行进口、定牌加工和临时过境。这里面每一个问题都比较复杂，因为这些问题在西方国家都是争论不休的，在有关国际公约里面也是态度不明确的。

（一）平行进口问题

什么是平行进口本身就有争议，我认为平行进口概念中的“平行”应该界定为“权利”平行，而非贸易学上的“渠道”平行。平行权利主体具有同一性，即进口国知识产权所有人与出口国知识产权所有人是“同一所有人”或者“共同控制关系”。平行进口的法律特征是，知识产权产品在进口国与出口国都享有知识产权，且权利主体具有同一性或者具有一定的牵连性；平行进口商未经权利人授权进口真品。如果权利主体不一样，或者本身是假冒物就不涉及平行进口问题，本身就应当被扣押。我们国家对平行进口行为合法性的观点并不一致，我认为标准相对要统一，但涉及不同类型的产品可能态度也不一样，需要区别对待。大体上要分别考虑专利产品的平行进口、著作权产品的平行进口和商标权产品的平行进口。

1. 关于专利产品的平行进口

我的观点基本比较明确，不管是自贸区内还是自贸区外，专利产品的平行进口全部合法，不能作为侵权货物进行查处。这个主要是从国家利益角度考虑，我国目前仍是技术输入国，法律明确允许专利产品的平行进口有利于技术输入和引进，是符合我国现阶段国情的合理选择。

2. 关于著作权产品的平行进口

没有国际公约对著作权产品平行进口的合法性问题进行回答，世界各国的态度不一。澳大利亚、新西兰允许对著作权产品的平行进口，日本著作权法规定一般作品适用著作权国际穷竭原则，允许平行进口，但电影作品例外。我国台湾地区禁止著作权平行进口。美国对著作权产品的平行进口分两类进行讨论：一类是在美国国内制造并在国外销售的平行进口，“首次销售原则”允许；一类是在美国国外制造的著作权产品的平行进口，下级法院对此看法各异。我的观点是原则上允许著作权产品平行进口，特别是自贸区范围之内，这种产品不应该进行查处。

3. 商标产品的平行进口相对最复杂，应当区别对待

（1）因自然原因导致质量、性质等发生改变的商品，禁止平行进口，但是自贸区例外。平行进口问题本身就争论不休，在理论界称为灰色市场，究竟合法与否，介于两者之间，凡是介于两者之间的在自贸区范围内都应允许，这样才能真正体现贸易自由化。关于自贸区例外是否会损害消费者的利益这一问题，大可不必担心，即使海关放行不查处，并不等于这种商品就可以随便在市场上销售，海关放行后货物进入了销售环节，知识产权法不对其进行管控，但《消费者权益保护法》《产品质量法》《反不正当竞争法》等都可以成为监管的法律依据。自贸区政策要创新就是可以考虑的问题。

（2）商标权人在不同国家投放质量、样式、风格不一致，容易导致混淆的商品，应效仿美国海关规则的具体规定，要求平行进口商在商品上加贴标签以申明，否则禁止平行进口，但自贸区例外。涉及消费者权益保护的问题，通过放到市场上由《消费者权益保护法》或者其他法律来解决。

（3）如果独占被许可人对商标形成可受独立保护的商誉作出了唯一实质性贡献，应在个案中视情况给予保护，自贸区从宽。因此商标产品的平行进口问题，在自贸区内，针对这种争论不休的界限不明确的灰色区域应该尽量放，其他区域就视情况区别对待。

（二）涉外定牌加工行为的执法争议，即是否构成商标侵权的问题

定牌加工，从整体来讲，海关倾向于认定不合法，法院倾向于判定合法。我的观点是《商标法》新修订后，加工方贴附标识的行为不是商标使用行为，

委托加工贴牌之后制造的产品是全部交给委托人的，并没有进入国内市场，这种情况海关要全部放行。我记得大概十多年前，重庆海关委托西南政法大学论证过一个案子，也是典型的涉外定牌加工，大概是非洲的某个国家委托重庆的加工企业，而国内有一个商标权人要求海关查处，海关觉得执法界限不太好把握。当时老师论证主流的观点都很清晰，认为不构成商标侵权。定牌加工在海关时常会出现一些争议，但我认为涉外定牌加工只要全部返销到国外的，都不应该认定为侵权行为。

（三）临时过境货物执法的争议

临时过境的定义在相关的国际公约和我国《海关法》第 100 条都有相关规定，大概是在境外起运，经过中国，再运往境外。涉及海关是否执法的问题非常复杂，因为涉及三个国家，或者三个不同的地方。涉及起运国、目的国、转运国，相关的知识产权立法不一样，有的国家认定属于侵权，有的国家则认定不侵权。由于《巴黎公约》《伯尔尼公约》、TRIPS 甚至《反假冒贸易协定》对临时过境的海关保护都没有作出强制性的规定，甚至《巴黎公约》明确宣布不进行海关执法。我们国家总体来讲应采取“促进贸易自由与知识产权兼顾，行政有限介入”的基本原则。第一，以本国法为依据判断是否侵权，不考虑起运国与目的国；第二，参照美国和欧盟的标准，以是否进入本国市场为标准进行有限度的执法。海关只是推测有没有可能进入到国内，如果有可能进入国内市场就可以有限度地进行行政执法，反之，则海关不宜执法，也就是放行。这就是临时过境货物的核心观点。

因为时间关系，知识产权海关保护的问题我就给大家讲这些，其中观点可能不准确，甚至可能有谬误，欢迎大家批评指正，谢谢！

易健雄：非常感谢张耕老师，时间控制得非常好。我相信大家听了张耕老师的讲座，能够感受到干货满满，而且很干净，没有水分，干货加干净。同时也能感受到张耕老师既有宏观思维，又有很多细节处理。张耕老师主要从海关设立，讲到现状，改革建议，过程中也提到了制度层面及理论层面，包括平行进口、临时过境、定牌加工的问题。下面进入与谈环节，今天有几位与谈人，李冀铭处长、曹伟老师、康添雄老师，李院长也来了。首先有请海关的与谈人，先请李处，大家欢迎。

李冀铭：今天非常荣幸作为点评人聆听张耕教授对知识产权海关执法的研讨。从张教授的讲座我看到一个大师的风范，把知识产权海关保护的前世今生讲得非常透彻，醍醐灌顶。作为专门从事知识产权海关执法的官员来说，我们这个方面是有所欠缺的，因为我们更注重实体操作层面和执法层面，理论研究确有不足。张教授今天的讲座把整个脉络梳理得非常清晰，关于张教授讲座中提到的一些好观点，接下来我们也会在对外法制宣传中融会贯通。

今天借这个机会我也给各位教授、各位同学简单介绍一下咱们知识产权海关执法从行政机关的层面是怎么来运作，怎么来理解的。海关是国家进出关境的监督管理机关，是一个把关人，知识产权海关执法在海关业务当中是重要的一环。我们海关原本有四大传统职能：征税、监管、缉私、统计，现在新海关进行架构，过渡期已经结束了，原来的国检并入海关，原来的动植商卫检全部融入海关，原来国检部分的知识产权执法职能也一并汇入，在新海关如何开展知识产权执法，这也是一个新的课题。

我们海关从事知识产权执法，主要还是以主动执法为主，被动执法为辅。刚才张耕老师谈到，我们被动执法这部分相对欠缺，权利人主动申请海关执法比较少。这一点从我们执法的实践来看，还有一个原因，因为执法成本特别高，如果权利人主动要求海关执法，需要支付全额保证金。在外贸实践当中，一票报关单可能涉及七八个、十几个集装箱，甚至几百上千万的货款，如果要求海关扣货，必须要拿出等额的扣留担保金，这对一般企业来说是无法承受的。所以说一般权利人通常会放弃被动模式。海关的主动模式其实很大程度上也是依靠权利人向我们提供的信息进行布控、查缉。海关知识产权执法，实际上是用海关的公权力来保护权利人的私权利。这个执法是交织的，不纯粹是行政执法行为，如果没有权利人的大力配合是无法进行的。因为在执法环节中如涉及权利人的举报、权利人侵权、权利人在调查过程中的确权、权利人担保金的及时支付，包括配合调查、配合取证、配合后期货物的处置等，都需要权利人的参与。所以我们执法是一个互动的过程。我理解知识产权执法是一种游戏规则，不同于常见的公安机关对犯罪分子的执法，或者城管对小商小贩的执法，更多体现为行政管理关系，知识产权海关执法更多体现为海关执法机关和权利人的一种合作维权关系。

现在海关执法也面临很多难点，最大的困惑是通关效率提升和海关查缉准确率的矛盾。原来对涉及侵权的货物海关可以暂停通关，进行掏箱查缉，且时限较为宽松，但现在要求通关效率，一旦时间拖得过长，整个通关效率就会大打折扣，海关会面临各种压力。因此我们就不敢轻易掏箱查验，更倾向于权利人风险信息的提供或者情报，海关从依职权主动去查缉，慢慢转变为依靠权利人提供的情报线索进行风险布控的查缉，这就导致案件查缉率受到比较大的影响。作为解决之道，我们现在也在探索运用大数据或者云计算资源，进行国内海关和国外海关联动，根据销售市场反馈信息倒查及提高查验的科技化水平加以应对。包括一些可穿戴设备，通过扫描发现这个货物可能涉及商标，甚至外观专利都有备案，这是一个方向，一定程度上可以提高查验效果。但总体来说，由于通关时限越来越紧，国务院李总理要求通关时限每一年比上一年提高 1/3，提到后来空间越来越紧，这也是执法面临的一个现实困扰。

平行进口、定牌加工和临时过境确实是知识产权执法的灰色地带，也是海关执法当中面临的很大难题。知识产权海关执法，一般来说对涉嫌侵权货物的处理分三类，第一是认定侵权，进行处理；第二是排除侵权，放行货物；第三是无法认定，移交法院进行民事程序。在这三个程序之外，还有一个行政和刑事衔接的问题。现在全国都已经进行推广，行政执法和刑事执法两法衔接平台，遇到涉嫌侵权货物，特别是商标权，只要货值超过 5 万元人民币，海关就可以向公安机关进行案件线索的通报。公安机关认为构成立案，就会接手，如果认为标的小，危害小，不构成立案，海关将继续进行调查。

在知识产权执法当中，还有很大的一个方面张教授可能没有谈到，在法律条文当中是看不到的，就是执法当中权利人和涉嫌侵权人的和解问题。大量侵权案件最终都是通过和解的方式解决的，但和解并不代表不侵权，只是代表权利人不予追究。在《知识产权海关保护条例》里面也有规定，放行货物有一种情形就是和解。和解让执法面临一个很尴尬的处境，海关动用大量行政资源，把侵权货物拦截下来，很多时候涉嫌侵权人缴纳了一定数额的赔偿费用就豁免了，甚至是仿冒品仍然可以出口至境外，因为权利人不予追究。一般欧美的权利人不倾向于和解，法治精神比较强，我国大量自主知识产权的权利人，接受赔偿费用后就以和解结束，这种情况的出现也是一个很值得研究的问题，所以说下一步针对这方面的研究也要加强。

最后再次对张耕教授的讲授表示感谢，希望有机会再次聆听，谢谢！

易健雄：感谢李处，以我接收的信息，李处提供了五点干货，简单提炼一下。

第一，介绍到申请人如果要申请海关保护需要交保证金，对申请人来说负担过重，这也部分解释了张耕老师提到的被动查处不太多的原因。

第二，他认为海关执法跟普通的公安、工商执法相比具有特殊性，更多涉及海关跟权利人一起合作维权。

第三，执法实践中，通关效率的提升与海关查处侵权案件速度之间存在紧张关系，也讲到了一些解决的办法。

第四，介绍海关的行政执法与刑事保护之间的一个衔接问题，商标可以移送或者移交给司法机关。

第五，讲到和解的问题，这一点李处也提到侵权人跟权利人在这个环节，让海关执法面临一些尴尬，是一个值得研究的主题。

这是李处给咱们介绍的五点干货，下面交给康添雄跟曹伟两位老师。

康添雄：谢谢张耕老师，谢谢李处，今天晚上我像学生一样，把两位老师的意见都记下来了，我觉得对我的薄弱环节提升很大。在张老师的研究里边提到一点，我比较困惑，包括李处也提到海关执法时可以对侵犯知识产权的货物进行扣押，或者扣留，在《知识产权海关保护条例》里面采取扣留的表述。我有一个疑惑，我在重庆市知识产权局也挂职过法律事务处的副处长，作为专利行政执法部门，对于侵犯专利权的货物和行为，我们是不能扣押的。根据《专利法》的规定我们是没有这个权利的，反过来在海关这个环节里面却是可以扣留的。我们进一步的疑惑是，如果海关扣留的是一个侵犯他人发明或者是实用新型专利权的货物，侵权是如何去作出评判的，如何进行鉴定的，我觉得这是一个非常难的事情。未来发展的方向，可不可以像《专利法》一样，侵犯专利权的货物不纳入到扣留的范围。我想知道张耕老师还有李处你们对这样的构想是持批评还是赞同的观点，即通过《专利法》里面的规定让知识产权局也有扣押的权利。

曹伟：非常高兴，我首先要回顾一下我跟张耕老师特殊的渊源，我当年研究生入学，张老师参加我的面试；我研究生毕业，张老师参加我的答辩；我留校，张老师是学科代表。今晚张老师对知识产权海关保护立法的历史梳理得非常清晰，可以说让我们受益匪浅，能够分享到这样一场思想的盛宴，是非常幸福的。但是我有一点抱怨，张老师太过低调，我上一次听到您这样系统的论述还是在十一年以前，博士论文答辩的时候听到您跟我们讲您博士论文《民间文学艺术作品的保护》。这么多年那么低调，所以我还是公开抱怨一下，希望张耕老师以后能经常给我们分享一些先进的思想。

张耕老师讲这个问题，我有几个感受，也提几点疑问。第一，知识产权海关保护在我们国家的出现、发展不是偶然的，三十多年筚路蓝缕十分不易，而且有个特别有趣的现象，比如当年的科委、教育部、广电文化部门极力反对这个事情。所以我想爱恨只在一念之间，他们现在肯定举双手支持，这是第一个感受。

第二，我们国家 1994 年建立知识产权海关保护制度以来，我感觉一直是波澜不惊的，或者再直接一点说，对于这个领域的关注度并不高。我看了一下在知网上的论文，讨论这个领域话题的文章与其他领域的文章相比，数量、质量都还处于比较少、比较差的程度。反过来讲，刚才提到五次中美谈判关于海关保护都是保留权，为什么美方那么重视海关保护，我认为部分是因为他自身的海关保护做得比较强，可以说是其整个知识产权执法体系的开端。我跟康老师刚刚从美国访学回来，我是在西海岸最北岸的华盛顿州，对中国比较友好，与中国贸易往来很多。我认为在这些州它的海关确实发挥着不可或缺的作用。另外，我认为重庆海关做得也很不错，通过几次切身地与重庆海关面对面打交道，我感觉他们的服务意识还是不错的。

我提几点问题，其中一个问题可能跟张耕老师的观点不尽相同。关于自贸区、免税区和关税区的问题，张耕老师说尽量放宽条件，我则持不同观点，这些区域也不是划外之地，我们应该思考采取什么规则，采取什么类别、什么样强度的保护。比如说海关的临时仓储，如果长期仓储，像刘益谦在上海关区内开设一个龙博物馆，展示他从各个地方收来的东西，这种情况不讨论。临时性的仓储，跟临时过境，刚才讲到美国和欧盟采取同样的标准，据我了解美国对于进口，只要是商品进入美国国界，不管是否真正进入美国市场都认为是进口，都构成海关执法意义上的进口。但在欧盟，进入欧盟的地界，但是没有进入欧盟市场，这种情况下，海关不会去执法，除非有进入欧盟市场的可能，海关才会进行执法。所以我们国家对于这样的情形，是不是可以采取一些类似欧盟的做法，我认为还有一些讨论的空间。

另外，关于涉外定牌加工的问题，可以再补几个字，定牌加工并且出口，涉嫌假冒他人商标这种商品模式。这种模式，首先看到在美国和欧洲没有这种情况，因为它的生产成本太高，没有人会委托他们生产，但在中国则很频繁。具体来看在重庆就有很多，比如璧山地区大量的人从事鞋子制作，很多企业都委托他们加工。对于这种情况，2014 年最高人民法院认为仅贴标签，并不构成在我国境内商标侵权。最高人民法院的判决跟海关之间不衔接，并且给海关总署发过函，明确告知不侵权。不侵权仅仅解决了在国内市场上这个生产商是否侵权，而在海关层面是否进行扣查，我认为可以独立看。海关仅关注商品有没有授权，没有授权就可以查，就可以扣，这跟前面部分谈到商标是否侵权不是同一个层次的问题。这可能也是海关保持自己独立性的一个原因。

另外我也呼吁一些新的商业模式，在海关执法上要进行回应。比如我们出口假冒商标的这个 A 货，到国外再反过来以代购的名义返销中国。这种情况海关怎么执法，到底是选择出口打击还是进口打击，我觉得海关在执法中要去思考。

最后，我有一个想法，与张老师一致，在知识产权保护上不要贸然超前，提个口号加强进口保护，努力出口保护，优先在进口上加大力度。另外一个我们要适时修订法律，确实正如张老师讲到的，提升海关的保护水准，也是为顺应我国产业发展的现状而作出来的正确选择。

易健雄：感谢两位老师，两位老师更多地是提了问题，看看咱们主讲人张老师，还有来自实务部门的李处，对于两位老师的问题有没有回应。一个是康老师讲的专利扣押是不是特殊对待，还有曹伟老师说的出口 A 货返销代购的问题，以及海关总署与最高人民法院在侵权判定标准方面是否有不一样的地方。

张耕：康老师谈到的问题，大概意思是海关采取措施扣留，从法律依据上来讲有点欠缺，《专利法》上面没有规定扣留的措施，另外怎么去审查侵犯专利权，技术问题有些复杂。《专利法》确实没有明确讲扣留或者扣押类似的字眼，但是《专利法》对侵犯专利权有一个法律责任——停止侵害。我理解的扣留或者扣押是停止侵害责任的细化要求、进一步要求或者说是必然要求。要停止侵害，我们先不考虑这个是不是侵权问题，我们的前提是其侵犯了专利权，必须停止侵害，这个货物是绝对不能进入市场的，如果海关不扣留，可能就会进行生产经营目的的使用、销售，进一步的侵权行为就产生了。因此我认为扣留实际上是停止侵害的必然要求，虽然没有明确规定。当然刚才我在讲的时候也谈到一个问题，某种程度上我们的立法甚至也可以考虑将来海关保护的所有措施，直接在全国人大法律层面解决，可能这种更好。

另外一个问题，海关对专利侵权的认定问题。我的理解是知识产权海关保护的侵权认定，从整体上讲只是一种初步的、表面的、形式上的审查。那些明显成立的，证据比较充分的能认定侵权的就处理，有疑惑的就需要让行政机关或是法院判决认定，这是立法本意，刚才李处长介绍实际也是这么做的。这是我对康老师观点的一个回应。

关于曹老师谈到的海关总署和最高人民法院这个问题，实际就是我前面谈到的一个观点。针对涉外定牌加工产品全部返销到国外去，侵权人认为要执法；法院认为不应该算侵权行为；曹老师的意思，海关执法不应仅仅局限于国内市场，即使是销售到国外去，海关也有义务来执法。我的理解是海关在执法过程中，其必须依据我国法律，在涉及涉外民事法律关系适用的时候，涉及侵权行为的认定，要适用权利人请求所在地的法律。海关执法没有义务考虑非洲某一个国家、欧盟某一个国家的国内法对这个货物是怎么规定的，只需要我们国家认为不构成侵权，不会进入我国市场，这就是合法行为，出口也是合法行为。如果说要考察全球范围内出口地、目的地，海关既没有这个义务，也没有这个可能。

曹伟：国内厂商仿冒了别人的东西出口，国内有大量的人做代购，专门买假的，以真品的名义卖回国内。假东西出口，被代购人以真东西卖回来。

张耕：我的观点比较明确，这种情况应该进行扣押，在国内认定为侵权产品，海关执法有充分的执法依据，也有正当的理由。

李冀铭：针对刚才两位教授谈的问题，我谈一谈肤浅的理解。第一，康教授谈的专利扣押问题，知识产权局主要是以专利为主，知识产权海关执法99%左右都是商标，专利极少，为什么呢？因为专利的技术含量非常高，作为一般的公众来说，不是专业人士一般不容易甄别。作为海关执法官员来讲，每天面对的货物成千上万，哪一种外观设计，甚至是发明很难作研判，这是不现实的。作为海关专利执法，首先从立法渊源、执法权问题上，以我的理解，《海关法》赋予了海关对知识产权的一个执法权，其中《海关法》中也谈到侵犯知识产权的货物，海关可以予以执法，同时对认定侵权的予以罚没。海关对专利权侵权货物执法是没有问题的。刚才谈到另外一部法，如果没有明示，也有可能是打架，也有可能是扣押的细化措施。

其次，对于专利权，一般涉嫌侵犯专利权的海关不直接调查，而是倾向于让权利人作被动保护，交担保金，然后给权利人20个工作日，去法院起诉，如果法院立案以后，送达了协助执行通知书，海关就协助法院扣留这个货物。我们去打民事官司，海关基本上是不去直接认定的。但是从理论上来讲，海关是可以认定的，但是一般不去用这个权利。

康添雄：《专利法》规定管理专利的工作部门，对涉嫌假冒专利的明确提到可以查封或者扣押，但是对于侵犯专利权的另外一个法条，是认为不能扣押，只能责令停止侵权，如果不停止侵权，也不起诉，这个时候可以向法院申请强制执行。这意味着专利行政管理部门在执法过程中，没有权力扣押或者查扣侵权的物品。这就形成立法上的不平衡、不均匀。海关执法是有这个权的，而国内行政执法没有这个权，是不匹配的，而且再加上海关上的技术操作又很难实现，这种情况下为什么不变革中国知识产权海关保护的趋势，也就是放宽，特别是从专利这个角度，不要去管它。如果有侵权，尤其是民事纠纷，不要太简单地介入，一旦介入很容易出现很尴尬的事情，比如对方又和解了。这个时候海关保护未来的变革方向，是要把行政权弱化还是强化呢？刚刚听张耕老师讲保护范围好像要扩大，相当于扩权，未来会不会缩权，不要太大了。

李冀铭：第一个涉外定牌加工，理论层面还有一些观点。使用说认为，不管是否进入国内流通市场，在商品上有一个贴附商标的行为，未经许可进行这一行为，不能说完全没有问题。还有混淆说，给公众造成混淆，这两种观念导致定牌加工成为一个难点。但是在执法当中，实际上大量的定牌加工企业，还是比较冤枉的。确实是国外的很多商标，被国内的抢注了，抢注后导致国内和国外的权利主体不一样。游戏规则是注册在先，有些人要向海关申请，海关还不好拒绝，抢注以后又在海关总署备案，就是合法的权利人，依法应当受到海关的执法保护，不管在依法行政方面是否有问题。

曹伟：我觉得没有问题，这个商标既然被抢注了，比如真正权利人长期不积极禁止权利被人抢注。

李冀铭：情况很复杂，有的他自己也在生产，海关总署一直希望最高人民法院作出一个司法解释，或者出一个文件，对定牌加工进行定性，但一直定不下来，这不是一个简单的学术问题，这里面还涉及外贸出口的政治问题，如果卡死了定牌加工，很多外贸企业可能马上就会关门。波司登的定牌加工达到80%~90%，重庆隆鑫摩托定牌加工也是在60%左右。这个不但是经济问题，还是政治问题。我们海关对定牌加工一般还是从宽的。

另外，还有假品返销的问题我们态度很明确，本来就是假货，通过一些途径海关没有查到，流到国外去再返销回来，其性质仍是假货。海关执法最根本的目的就是阻止假冒商品进入中国，但是在授权方面的一些瑕疵我觉得是次要的。如果是仿品肯定要打击，而且执法中也大量查获从境外返流回来的一些手表、包，以及很多奢侈品，而且还上过海关总署的十佳案例。但是这个也存在一些执法难点，境外的这些侵权人不好打击，因为他不回国，只能查获侵权货物。

曹伟：在进口环节打击？

李翼铭：出口环节也进行打击。

曹伟：从涉外定牌加工不侵权的角度来解释的话，出口环节好像很难打击到。

李冀铭：并不是说不侵权，只能说无法认定，海关不会直接认定。

易健雄：感谢张老师和李处的回应，今天很难得，周处来了，有没有要跟大家分享的？好，咱们进入下一个环节，在座的同学们，包括企业律师朋友有问题的可以提。

黄老师：很高兴今天能听到张老师和李处的讲座，受益匪浅。很想借这个机会提一个问题，涉外定牌加工，张老师刚才提到的我可以理解为你认为涉外定牌加工不构成商标侵权。你认为不构成商标侵权，主要的考量是什么？是不是认为它不是一个商标使用行为，或者你认为它不会在国内造成混淆可能性？

张耕：我刚才大概说了一下，核心观点就是涉外定牌加工制造的相关产品全部销到国外去，不构成侵权的理由就是不构成商标使用行为。因为 2013 年《商标法》修订之后，商标使用行为就有一个界定，就是要造成混淆。实际上这个混不混淆。从我们国家的国内市场来看是比较清楚的：虽然在制造产品，但是完全不会流向国内市场，全部都销售出去了，不存在与国内有关商标权产品任何混淆的可能性。因此这就是不构成侵权的最根本一个原因，不是一种商标使用行为，从形式上看贴在产品上面，但是不会造成商标混淆。原来论证这个案件的时候，还讲到一个理由，由于不会造成混淆，对国内商标权人没有任何损害，没有竞争关系，不会挤占市场份额，也不会造成消费者误购。

李冀铭： 定牌加工情况很复杂，还有一种情形，比如说隆鑫的一个品牌，在美洲一个小国突然打开市场非常畅销，美洲那个小国的一个商家，在美洲本地注册一个隆鑫，然后注册隆鑫成功了，因为隆鑫在当地没有注册，他注册成功以后，这个时候发订单，让重庆的一些小作坊生产隆鑫，大量地返销到他的国家，这样就可能导致一些问题。所以说我们要看注册在先还是注册在后，有些是国内抢注国外的，有些是国外抢注国内的，这也是最高人民法院迟迟出不了定论的一个原因。

王处长： 关于定牌加工主要是混淆标准，不属于商标使用，不进入中国市场流通。实际上有几个观点。一个观点认为定牌加工的这个东西，只是产品，为了交易才形成商品，所以它是产品，而不是商品。从侵权角度来讲，它是产品，没有达到商品这个概念，它的目的就是为了生产。有人解释说这个不侵权，不是商品，不知道这种理由是否恰当。包括我们张老师说的观点，也是一种说法。另外，关于临时过境和定牌加工，我理解从行为的特点上有些相似。这个行为虽然说在过程中是在境内，但最终的市场国都不涉及国内市场，包括定牌加工也不是流入国内市场，如果从这个角度来讲有一定的相似性。这个对于执法标准的规定以及执法行动会不会有一定的启发，肯定也有不同，这是我的一个理解。

易健雄： 感谢王处长的分享。今天晚上有几个点同学们可以关注。

第一，张耕老师提到过一个问题我认为比较重要，有关法律、行政法规跟部门规章的效力问题，对于知识产权保护范围规定，在法解释上是一个很重大的问题。毫无疑问按照《立法法》的规定，像部门规章、海关总署出台的部门规章，甚至于国务院出台的行政法规，对民事基本权利都是没有权力规定的。

但是《奥林匹克标志保护条例》，包括世博会、植物新品种都是以行政法规形式出现的，海关执法要依法执法，但这个当中是有问题的。结合《民法总则》第123条，里面有很多问题，应该讲是非常值得作法解释研究的，同学们有兴趣的可以结合法理学、立法法、法解释、知识产权法作一个研究。

第二，张耕老师提的一个建议很值得关注。关于海关备案制度，目前可以改造备案，长久来看可以与商标权、专利权授权中心信息共享，最终取消备案。这个方案应该讲是很有前景的，因为备案就是解决信息共享的问题，实际上海关备案获得的信息肯定比不上授权中心。所以说从制度改革方面，张耕老师的建议值得关注。

第三，刚才讲了定牌加工，当年我在重庆市高级人民法院挂职的时候处理过一个定牌加工的案例，张耕老师说到的那个案子是出口到布基纳法索这个国家。这个不单单是法律方面的问题，还有中国国情产业发展的考虑，有一个经济乃至政治上的判断问题。落实到法律执法层面，作为一个政策，拿到这个政策以后，还需要通过法律的正当化。讲法律的人不能只讲政策，如果这样法律会被架空；但是可以从政策那里拿到立场，侵权还是不侵权，保护还是不保护，我再找法律上的理由。比如说法律上的理由，目前流行的观点：一是不构成混淆，二是有没有商标法上的使用。这块商标法上的使用，有人提到商标法使用跟侵权放在一起造成双重的标准，有一个怪胎。还有说商品跟产品是有差别的，产品阶段不能当作商标对待，所谓商标的“商”一定要达到行销于世，如果不行销于世就不要谈商标法。这是目前法解释上能够用到的一些资源，整个思路就是先作政治、产业判断，得到立场之后，再看法解释上如何正当化。毫无疑问不会有标准答案，也不会有唯一答案，甚至中国国情变化以后判断都有可能变化，同学们要习惯这种变化，习惯这种不确定性。不要像小学老师教课文的时候，一定有标准答案。法律很多时候是流动的。我本人当年判过案子，也写过文章。

第四，自贸区跟知识产权保护的问题，张耕老师贡献的一些观点也是很值得关注的。中国设立自贸区，大方向是为了促进自由贸易，张耕老师提到知识产权保护某种程度上可能会跟自由贸易形成一个矛盾。比如通关效率跟查验之间的矛盾，我很赞成张耕老师基本的立场，这个时候自由贸易应该处于基调的位置，在基调的位置之上再协调知识产权的保护，灰色地带能放则放，毕竟是试验区，允许试错，除了有限的试验区以外执行更严格，必须有差异化的比较。如果不作任何差异性的对待，自贸区的意义何在，我觉得张耕老师的立场很值得赞同。还有扩大货主的反担保权利或者范围，这些都是很好的建议，也值得对自贸区的知识产权问题感兴趣的同学们去关注。

第五，张耕老师没有提到李处说的在海关侵权查处过程中权利人跟侵权人之间和解的问题。刚刚李处讲海关地位尴尬，我在想这个地方有个机制，是不是可以考虑匹配一下。比如调解，现在国际上有调解法，知识产权调解也制度化了，是不是有调解制度融入补充的一个可能性。

第六，讲到临时过境、转口贸易问题。王处长认为转口贸易跟定牌加工应该是有异曲同工之处，是不是可以同等对待。我认为定牌加工的复杂性远远大于转口贸易。对于转口贸易，第一就是张耕老师讲的不管海关如何特殊，都是中国的行政机关，应该以本国法为依据来作审查。第二毕竟是转口，还是要持能放则放的相对宽松态度。转口贸易这块，我发现也有不少的文章，不少专家在讨论转口贸易的问题。其中一个原因在于美国在国际上对这个问题有不同看法，有不同看法就有分歧，有分歧就需要理论上的支持、智力上的投入，这个工作只有学术界才能完成，完成以后再结合实践来看。就这个问题特别是研究生有兴趣的同学，可以专门研究转口贸易中知识产权的保护问题。

第七，平行进口涉及专利、著作权、商标权三个范围都是不一样的。张耕老师作了一个个性化的区别对待，这是非常有必要的。商标法确实是最复杂的，我很赞同张耕老师对商标法的区别对待。因为商品的差别化投入，还有商品投入以后，因为自然各个环境导致商品本身质量发生转变以后怎么样，都应该要区别对待。

最后一个问题，海关到底是扩权还是限权的问题，这个问题相对比较敏感。按照张老师的说法，要扩大保护范围是不是可以很直观地得出结论海关要扩权，我觉得可能不能以简单的逻辑理解这个问题。要放在大背景下考虑，对于知识产权的保护，中国研究这么多年，现在的基调早就定下来了，不管是党的报告，还是知识产权战略纲要都写得很清楚，目前是司法保护为主导，行政保护为补充，两者有机协调。行政保护一是相对于司法保护居于辅助地位；二是在辅助情况之下作有机协调，允许各个地方作探索。以我的理解，中央对这个是放开的，地方可以自己去探索，包括海关也去探索，能探索什么模式出来就是什么模式，可能十个模式里有一个胜出，最后那个模式可能就会被标准化。因为海关保护说到底也是一个行政保护，只不过在行政保护中确实处于一个特殊的地位。所以从总体来讲，如果说放权或者扩权，这个说法并不是太合适，基于它的特殊地位，可能会配备给它一些特殊的职权。我的想法是结合整个行政机关执法理念，在这个地方更多地是要让行政机关将管理的观念转化成服务的观念，一旦思想发生转换以后，很多做法恐怕都会不一样了。在考虑问题的时候，不会考虑说怎么让执法来得更轻松，而是更多考虑到怎样执法对当事人、权利人来说更方便。可能是这么一个大的方向问题。

这就是我作为主持人对今天讲座的内容，以及各位与谈人的一些回应作的一个简单梳理，希望能够帮助同学们理解本次讲座的信息。今天的讲座就到这里，感谢各位光临现场，感谢主讲人张耕老师，感谢会务组的辛勤付出。

文字校对：郭一鸣

内容核校：田晓玲

整理说明：根据现场视频及速记整理，已经主讲人审阅。

第二十七讲

知识产权司法保护主导作用的三个面向

主　题：知识产权司法保护主导作用的三个面向

主讲人：李　扬　中山大学法学院教授、博士生导师，中国知识产权法学研究会副会长

主持人：易健雄　西南政法大学副教授、重庆知识产权保护协同创新中心副主任

与谈人：邓宏光　西南政法大学教授、博士生导师
黄　汇　西南政法大学教授、博士生导师
曹　伟　西南政法大学副教授、硕士生导师

时　间：2019 年 6 月 17 日

地　点：西南政法大学渝北校区致理楼三楼民商法学院会议室

简要回顾[1]

2019 年 6 月 17 日，中国知识产权名家讲坛第二十七讲在西南政法大学渝北校区致理楼三楼民商法学院会议室开讲。本次讲座邀请到中山大学法学院教授、博士生导师李扬教授就“知识产权司法保护主导作用的三个面向”作专题演讲。易健雄副教授担任主持人，邓宏光教授、黄汇教授、曹伟副教授作为点评嘉宾共同参与了本次讲座。

李扬教授首先以田村善之的知识产权法政策学引入本次的讲演主题，该观点认为知识产权制度除了确保创造者的利益之外，还应确保社会的整体福利，尤其是社会公众的行为自由。因此围绕利用知识财产的行为，在进行知识产权制度创设和运行时，立法、行政、市场、司法应当分担不同的角色。并且，在市场本身能够解决创新激励的情况下，立法、司法、行政等任何权威都没有必要介入，强行创设制约他人行动自由的知识产权，仅在市场失灵时才能登场。

论及如何发挥知识产权保护的司法主导作用，李扬教授认为：首先，司法面向立法时，应从法律解释及法律适用的角度纠正立法中的偏差——妨碍效率实现与过度妨碍他人行动自由。法官要根据立法目的灵活采取体系解释、社会学解释等方法，以实现立法者的意图。其次，司法面向行政时，一方面，可通过允许在个案中适用权利有效性或者权利不得滥用法理，以避免循环诉讼，实质加快民事纠纷案件的审理效率；另一方面，应充分

[1] 应主讲人要求，本讲具体内容省略。

发挥诉讼行为保全的作用，从而抗衡甚至消解知识产权行政保护以效率性为理由维持其存在并进行扩权的正当性基础。最后，司法面向市场时，应凭借终局、稳定、公正的判决正确引导市场，恢复市场在知识产权资源配置方面的基础性作用。

主题讲演结束后，邓宏光、黄汇、曹伟、易健雄分别就主题内容发表了个人见解，就法解释学、知识产权法制度设计及行政与司法间关系等问题进行了深入探讨。

文字校对：周　霞

内容核校：黄　骥

整理说明：根据现场视频及速记整理，已经主讲人审阅。

第二十八讲

商业秘密保护的虚实利弊

主　题：商业秘密保护的虚实利弊

主讲人：刘孔中　中国人民大学“千人计划”特聘教授、博士生导师，新加坡管理大学李光前法律教授

主持人：李雨峰　西南政法大学教授、博士生导师

与谈人：李　扬　中山大学教授、博士生导师
曾德国　西南政法大学教授、博士生导师
康添雄　西南政法大学副教授、硕士生导师

时　间：2019 年 6 月 17 日

地　点：西南政法大学渝北校区致理楼三楼民商法学院会议室

李雨峰：欢迎大家来到中国知识产权名家讲坛。今天的主讲人是刘孔中教授，他是中国人民大学“千人计划”特聘教授，新加坡管理大学法律教授，亚洲智慧资产及法律应用研究中心的主任。今天讲座的主题与《反不正当竞争法》的修改密切相关，我们特意邀请了中山大学法学院的李扬教授，西南政法大学的曾德国教授、康添雄副教授共同作为与谈嘉宾。此外，嘉宾还有黄汇教授、邓宏光教授与易健雄副教授。

接下来，我们把话筒交给刘孔中教授，大家欢迎！

刘孔中：谢谢李雨峰教授的介绍，我非常高兴来到这里跟大家作报告。

简单来说，我是不喜欢秘密的人，因为有时商业秘密制度并不一定是纯粹的好东西，而且秘密是一切问题——贪污、腐败、勾结的来源。今天，我谈的不只是知识产权秘密的问题，还会谈到整个法学界。其实我们或多或少都在帮助秘密的形成。

一、商业秘密的虚无缥缈性举隅

今天，我们从实际出发来探讨这个问题。知识产权一定要与产业结合，这个制度的成败要实践来检验，而不只是理论逻辑自洽。我写了 14 本书，编了 13 本英文书，写得最少的就是商业秘密。以下谈谈两个我处理商业秘密的切身经验。

此前，我想聘用一个研究员，他因为必须换工作而要求我保密，我完全能体会他的难处，所以我同意保密。当我一旦同意的时候，这个秘密及保密义务就成立了，可什么时候解除保密呢？很难说，甚至永远无法解除。后来我敦促了他几次，他的回应是：“我还是非常想跟你干，你再给我一些时间，我再去协调一下。”就这样，我等了他 50 天都没有消息，因为预算的原因我不能再等下去，于是我问他的院长：“最近有没有人来跟你谈工作调动的事情?”他回答说并没有。

我将这个事情向我的副院长报告，咨询这个事情应该如何处理。副院长是一个英国人，非常有名的法学教授，他训斥我道：“如果是在英国，你的行为已经泄密，违反了商业秘密，如果你在英国做律师、教师，你的单位可以因此辞退你。”当然，我认为这并不公平，那个研究员已经耽搁我 50 多天的时间并且没有任何解释，可是从英国法律的角度来看，这是一个商业秘密，就有保密的义务。此后，我又咨询了澳大利亚的朋友，他说澳大利亚的法律不是这样，保密义务需要考虑到对方的立场。由此可见，对于商业秘密的认定存在很大由法律文化主导的主观性与不确定性。

另外一个有趣的例子是，在英国等普通法国家，学生的成绩计算有一个分配率，能得到 A+和 A 的人都是有比例限制的。有一天新加坡管理大学的学生问我有没有这个制度，我在不知情的情况下咨询院办的人，前述的同一个副院长得知后愤怒责问我怎么能够问这个问题，当时我还不知道不能问的问题是什么。这其实是一个公开的秘密，虽然大家都知道，但秘密却是不能问的。这个问题看起来有点好笑，但是新加坡是一个高度竞争的社会，分数会影响到大家的排名。

再举一个更贴近商业的例子，大家应当听说过李开复，他出生于中国台湾，后来在美国求学时是语言识别电脑软件的博士。李开复先后在苹果、微软和谷歌工作过，在微软即将被谷歌挑战取代的敏感时刻，他认为自己在微软能发挥的功效已经不大了，于是准备离职跳槽，这时原来与他关系非常亲密的工作伙伴便对他采取了法律攻击手段。主管马上约见他，对他说：“你突然要求离职，大家都没有准备，不如给双方一个星期的时间准备，你思考下你需要什么，我们讨论一下能够提供给你什么。”事实上，这一周时间里微软有两波人马在作准备，一波人准备提供一些能挽留他的条件，另一波人准备提起法律诉讼。

依据微软竞业禁止条款，是禁止李开复跳槽去同行业的，但加州因为高度鼓励创新，法律允许员工离职后从事竞业行为，也就是说，李开复一旦离开微软所在的华盛顿到了加州，就不适用竞业禁止了。微软约谈他的同时就作了两手策略，之后更是污名、谣言与伤害排山倒海而来，对李开复造成了很大的负面影响。李开复在微软的上司对他说："这并不是针对你个人的行为，这是公司行为。"在这个关键时期，一个高管离职后下面的人可能都会跟着一起跳槽，所以微软必须选择杀鸡儆猴。这些大企业需要你的时候对你非常好，不需要的时候就会用无边无际的商业秘密对你进行人格"谋杀"。

在我国台湾发生过国宏团以 40 亿人民币把飞利浦整个建元厂买下（飞利浦退出生产制造）后技术核心团队近 40 多人被竞争对手挖走的事件。它的法务气急败坏地要求我想办法，我对他们说："你不必着急，这些人是你们的员工，他们脑中的知识都变为专利了，如果你做好了专利保护工作，他们就不能使用、侵害你的专利。"结果他们回答说："收购前并没有做专利稽核（due diligence）"。他们花了这么多钱，却没有做好知识产权、商业秘密的管理。

还有在一些实务案例中，有的人在卖技术产品的同时就与买受人约定不得作逆向工程，以维护其商业秘密。可是这样的约定大家认为有效吗？这种契约是否有效，一般要视情况而定。如果是无足轻重的知识产权权利人，这么约定在市场实际就没有影响力，但如果是类似高通这样移动通信的霸主，这种限制就会陷入市场竞争的巨大麻烦之中。从另一个层面来讲，其实就类似于著作权中的"翻唱"问题，知识产权权利人可不可以通过契约的方式限制、禁止对方"翻唱"？

二、商业秘密的知识产权属性之辨

这里有一个根本的问题：商业秘密是不是属于我们所定义的知识产权？大家认为是或者否呢？其实是与不是，不仅仅要看法条规定，法后还有法，商业秘密是否属于知识产权必须要有法理支持，如果没有法理支持，法律规定就只是指鹿为马。

知识产权法背后的法，就是知识产权的法理理解，我的体会是知识产权的法理其实是一个三步交换的理论：从私有化权成为排他权，最终回归到公共领域中去。通过这样的设计，知识产权能促使我们愿意去创作和分享，最后促进公共领域文化技术的发展。

商业秘密最大的问题是没有外溢的效果。例如专利的内容需要公告公布，任何人看了就知道了专利的内容，所以不会重复地发明。著作权法讲的也非常明确，如果作者敝帚自珍拒绝公开，那么为什么要给你保护呢？这种"秘密”对社会没有任何外溢帮助的效果。我个人认为知识产权的“公开”是法律给予其保护的正当化要件，由于商业秘密缺乏公开要件，所以就不应该予以知识产权的保护。因为这种保护变得没有期限限制了，产生的后果是很可怕的。美国学者 Mark Lemley 认为商业秘密属于知识产权，签了保密协定的人才愿意把信息与人分享。他认为保护商业秘密还有一个好处就是有了这样一个保护后，投资人就不用过度地投资在保密措施上。他从这个角度来主张商业秘密具有知识产权的属性，我不太同意这个主张。我认为“公开”基本上要达到一定的商业规模，要让相当程度的人能够因为知识产权的存在而获益才可以。知识产权与不公开的商业秘密是不兼容的。我想将来在 5G 技术里面，可能算法都会被当作商业秘密来保护，这未必是站得住脚的说法，其中牵扯到太大的公共利益，我们怎么知道算法会不会存在歧视？

另外，商业秘密的范围没有办法界定，外延也不清楚，保护的方式是就不适合用排他权来保护。所以，商业秘密是值得保护，但是不应该以知识产权保护。

传统观点中的秘密，在数据化、数码化的时代里是不是还那么的绝对，这是存在讨论空间的。李开复的 *AI Superpowers* 一书中提到，他在美国工作时跟中国在 AI 方面竞争，从中国这里发现了一个非常有趣的观察点。李开复以他自己在美国工作这么多年的经验——包括 2005—2009 年在谷歌中国工作，2009 年创办了一个创投公司（后来被阿里、腾讯收购）。他认为，AI 需要很强的运算能力、很好的工程能力，以及最重要的是大数据。即使工程师和算法都很一般，但只要拥有庞大的数据，最后得到的 AI 产品甚至可以超过运用一流工程师和拥有很强运算能力的公司的产品。

中国的 AI 发展其实从某种角度来说是一种“弄拙成巧”，互联网的竞争十分惨烈，厂商经过这么激烈的竞争后能够存活，就是因为有无比强大的创业精神。此外，他们并没有很强的隐私观念，从而在互联网上得到了大量的数据。现在中国创造出来的大数据已经远远超过美国与欧盟了，这是非常厉害的。李开复认为中国的工程技术和运算能力也没有问题，而数据已经远远超越世界其他国家和地区。如果我们还从商业秘密的角度来看待数据，就会存在很多排他权，这对资讯的累计和运用是不利的。在大数据时代，越用光雷电般的速度取得、分析、使用数据，就会越有利于市场的竞争。

三、商业秘密与专利之分与合

商业秘密和专利关系密切就像孪生兄弟，不同就在于商业秘密不需揭露，专利需要揭露；商业秘密没有保护期限，专利保护有期限；商业秘密没有强制许可的问题，而专利有。专利公开换取保护的制度能让人们按照公布的技术信息把产品制造出来，但是还需要商业秘密的配合，该产品才能真正发挥功效，传神的比喻是依据专利可以造出飞机，但它是飞不起来的，需要搭配商业秘密才能让飞机真正飞起来。

中国台湾有一个芯片制造公司台积电（TSMC），占据全世界市场份额的60%，许多互为竞争对手的公司都是它的客户，所以台积电必须低调来赢得各方信任。台积电如果将所有的技术都产权化，维护成本就会变得很高，所以只选择将10%的技术专利化。这里就存在一个取舍问题，如何在专利与商业秘密之间找到平衡呢？每个公司、每个产业的方式方法都不一样。

四、商业秘密的法律保护之必要性与方法

传统的英国法认为商业秘密保护其实是相对关系的行为，当事人之间存在一种合同关系、信赖关系，所以双方要履行忠诚义务并要互相保护商业秘密。现今英国、印度、新加坡等国家也都是这样的立场，它们既没有出台一部单行法，也没在反不正当竞争法里面加以规定。

全球来看，的确德国、欧盟都想设立商业秘密法，但是这只能说明商业秘密具有非常高的商业价值。跨国境人员流动的商业现实，催生很多商业秘密的保护需求。我们都知道商业尤其是知识产权这部分是游说力很强的产业，要求许多国家不断强化对它的保护。可区别在于，无论如何加强保护我们也会知道专利的界限，可是商业秘密不一样，如果它是一个财产权，那么这个“财产”在哪里？它并不像专利那样可以揭露，所以就无法给予其绝对的权利。

（一）商业秘密的法律保护之双韧性（职业自由及创新竞争）

商业秘密与劳动法、劳动合同、创业自由、商业自由也息息相关。如果给予它太多保护，从反面看员工就很难有可移动性，这样一来市场创业的强度、竞争强度都会受到影响，这个问题无关对与错，但是客观存在。例如，加州是全世界第七大经济体，是全世界创新力度最高的地方，它们不希望对

员工移动性有限制，所以不承认竞业禁止制度。中国却不相同，有很多案例都是企业要求员工离职几年内不能从事竞业的工作。法律通常会站在离职员工的立场考虑：一定要这样限制他吗？有给他额外的补偿吗？所有这些考虑都会对商业秘密的保护作出很大限制。所以到了现在，商业秘密的法律保障通常都是雷声大雨点小，很难有什么具体的结果。

美国实务上加州的几个高科技大公司之间曾有一个不主动去挖角对方人才的协议。司法部虽然反对这个协定，但并未裁罚。最后几个大公司支付数亿美元与员工提起的团体诉讼达成和解。这个案子可以看出即便在最注重创新、最注重人才流动的加州，也难以避免会作这样的限制约定。

（二）商业秘密的法律保护之方法

1. 知识产权法

（1）TRIPS

TRIPS 对商业秘密即“没有被揭露的信息”并未要求用刑事保护途径，更多地是让成员来决定。其规定内容为：如果达到了一定商业规模，就可以用刑法的方式来制裁对商业秘密的侵害行为，但也没有要求非得用这种保护方式不可。相比之下，如果是商标的仿冒，规定必须要用刑法加以处罚。

（2）单独立法

A. 美国

美国最近通过的保护商业秘密法（Defend Trade Secrets Act，DTSA）采取措施来保护所谓“不当取得”秘密，否则要赔偿许可费。这是联邦立法上的突破，行为人可以在州法和联邦法上作选择。

此外，美国还有“经济间谍法”，也间接反映了美国确实是全世界创新最高的地方，因为大家都想盗取它的技术。这个法律就是针对盗取美国商业秘密用于国外从而影响美国国家竞争力的行为，最重可以判处十五年以下有期徒刑。然而这部法律从 1990 年制定到现在，基本上没有适用，因为这种规定是很难证明的，虽然处罚很重，但实务上的案例并不多。

B. 中国台湾地区

中国台湾商业秘密本来是在《公平交易法》里面规定的，后来发现不是很好用，所以就单独成立了《营业秘密法》。而且一开始只规定了民事责任，后来也觉得不好用，于是 2013 年就正式入刑。刑罚规定也非常重，为五年有期徒刑，并且规定为外国、中国港澳和中国大陆要加重处罚，就是十年，罚金是不法所得的 2~10 倍。从立法完成到现在六年了，实践中刑事立案却只有个位数，因为很难去证明这种犯罪成立。实证研究表明，在中国台湾几个主要的地方法院里原告胜诉率都非常低，为 18%~33%，一审原告胜诉比例平均只有 25%，这个数字是很低的。最重的一个涉及在大连企业的案件，判七年六个月，目前还在上诉。其他的案件都是判处六个月、缓刑、拘役之类的，可以说都罚得不重，达不到应有的效果。

（3）反不争竞争法

A. 德国

德国的专利诉讼不像美国这么多，全世界对德国的制造技术都非常有信心，并且它们的技术也有商业秘密的保护。德国商业秘密保护只限定员工在职期间不可以将技术透露出去，在职期间泄露秘密属于不正当竞争行为，但并不约束员工离职后如何做。总之，德国的法律一般只规范现职员工，而且处罚也不重，刑期约是三年。同样的，如果行为人是为了外国利益，刑罚期则可以提高到五年，当然这种情况也是很难成立的，因为刑事犯罪需证明行为人具有恶意。

B. 日本、韩国、中国大陆

亚洲国家采取了不同的做法，有采取刑法处罚的也有不采取的。采取刑法处罚的又分为两种，一种是对行为人将秘密透露给外国的加重处罚，另一种基于普通法传统不作此类区分。中国台湾地区、韩国和日本就有泄密对象是国内外的区分，而中国大陆对商业秘密保护虽然有刑事处罚，但是并没有特别区分为本国还是外国。菲律宾、泰国、越南也是如此。

日本不正当竞争防止法对侵害商业秘密的刑事责任规定十年有期徒刑，以及或罚金 2000 万日币，不问行为人是为了本国还是外国。不过，如行为是为了外国，则自然人罚金上限是 3000 万日币，法人罚金最重可达 1 亿日币。

韩国的处罚区分为本国和外国，为本国是五年以下有期徒刑，为外国是十年以下有期徒刑。有趣的是，韩国设立惩罚金数额为行为人不法所得的 2~10 倍，为什么是 2 倍和 10 倍理由没有人知道，然后中国台湾地区立法仿照了韩国，并且规定得一模一样。

此前曾德国老师也提到，中国大陆《反不正当竞争法》又修改了，表明中国大陆对商业秘密保护的重视。该法其他变化不大，最主要的一点就是法定损害赔偿最重达到了 5 倍，这个数字其实也不大，在韩国法律中早就加到 10 倍，只是根本没有实际案例。还有一点变化就是举证责任倒置。因为责任很难证明，所以现在原告只需提供初步证据证明已经对主张的商业秘密采取了保护措施，并且合理表明商业秘密已经被侵害，反过来就要求被告嫌疑人来证明他没有侵害原告的商业秘密。

2. 程序法

其实中国大陆《反不正当竞争法》举证责任倒置的规定并不新颖，中国台湾在 2008 年成立知识产权专门法院并且制定相应的程序法，2013 年在“智慧财产案件审理法”中加入了这个条文。如果原告能初步释明其商业秘密受侵害——没有到证明的地步，法院就会要求被告方作出具体的答辩，被告不能空谈说其中没有商业秘密。如果被告逾期不答，法院可以认定为原告主张内容是真实的。其实中国台湾这个法条没怎么用过，2014 年以来也没有审过相关案子。有一个小案件，法官认为原告已经释明，至于该怎么释明法院也没有正面表述。这个案子中原告释明职员在离职前后把大概有十几件秘密的档案送出公司，但这些档案中有 12 件没有办法复原，只能复原 6 件。此时法院认为原告已经尽了释明义务，被告有义务把 12 件无法复原的档案复原，才能证明没有侵害原告的商业秘密。由此可以看出，至少在中国台湾地区，这一条款并没有在实务中发挥真正的作用。

商业秘密保护有时需要防止消息走漏以致嫌疑人破坏证据等，所以可以参考英国允许在不知会犯罪嫌疑人的情况下，直接去搜索扣押的做法。Anton Pillar 禁制令在英国法上已经存在多年，要求从事检查的人不能是当事人，必须委托律师工会指定的第三方公正律师作现场搜索，这样才能确保搜索程序的公正性。同时，英国法规定这种片面的搜索在七天内必须要提起正式诉讼，让犯罪嫌疑人有一个答辩的机会。另外，因为在诉讼中不可避免地要揭露双方秘密，所以法院可以赋予双方当事人及其律师保护秘密的义务。

我从知识产权角度看商业秘密，差不多就是这些内容。

五、商业秘密对公共利益的危害及其对策

下面再讲讲我在法律这个领域近三十年对秘密的感受。我非常不喜欢秘密，因为秘密在很多情况下妨碍法律的发展。我们发现有非常多的案例存在假借商业秘密妨害公共利益的问题。

(一) 药品测试资料 (test data)

企业要申请药品专利，为了证明药的安全性和有效性需要提供很多的测试数据，这些测试数据有没有另外被保护的必要？当然不需要，因为这是公共信息，药企提供资料给主管机关审查新药是否安全有效，是与公共利益有关的部分。药企或许会说，因为药品专利审查时间很长，专利保护只给二十年是不够的。专利有一个好处就是公开换取保护，如果不公开就会产生偷袭的效果。新加坡、中国台湾、日本、韩国都有这个做法，在中国大陆也采取了这个做法，另外再保护六年。这是完全没有道理的，可是美国在双边谈判中要求这样。

(二) 国际贸易知识产权的秘密谈判

此外，国际知识产权从 1994 年与贸易谈判挂钩之后都变成了秘密谈判，没有人知道他们在谈什么条款。他们或许会说谈判与学术讨论根本没有关系。事实上知识产权跟我们每个人的日常生活、学习、言论表达等都息息相关，这怎么能够当作谈判的秘密筹码呢？贸易部分怎样谈我们没有意见，但是请把知识产权分离出来，不要用秘密的方式来谈。

(三) 无所不在的保密协定

还有就是无所不在的保密协议，刚才王洪教授跟我说最近做了很多仲裁案件，我很羡慕。仲裁机构找的都是专业人士用专业的方式解决法律争端，可是这种方式完全没有外溢效果，统统都是由秘密协议“活埋”掉的。人类的进步就是知识的积累，什么叫大数据，什么叫知识经济时代？就是我们取得使用信息知识的速度是祖辈的万倍不止。但是通过保密协议就能让最专业的知识，可能是最热门、最棘手的知识法律问题变成他们几个人的事情。

又比方说，这几年标准必要专利的 FRAND 原则——公平、合理、无歧视待遇，这一原则遇到的问题一直没有获得很有效的贯彻执行。我认为这是因为有人喜欢“装神弄鬼”，例如高通与任何签约方都一定有保密条款。这是非

常奇怪的事情，这是标准化的工业产品，又不是差异化的文化产品，有什么秘密可言？然而，事实上任何人跟他签约不仅要求保密条款，也一定要有仲裁条款，仲裁条款规定双方不在中国内地或香港仲裁，必须到美国仲裁。

这样一来，学术界就无法研究，因为统统都用保密条款的方式把秘密活埋了，作科学比较的前提是要透明，不透明我们如何科学地比较出是否存在差别待遇？这是最典型的案例，既然承诺了要采用公平、合理、无歧视的待遇，用标准化方式授予标准化产品，却还必须签保密条款，这不是“装神弄鬼”吗？就是假借商业秘密装神弄鬼，让法律永远是一潭浑水，他就可以浑水摸鱼。最后的结果是，高通给不同对象的产品是不一样的，与不同对象的说法也都不一样，实现逐个击破。这是不能接受的，这根本不是秘密，这是装神弄鬼的结果。

知识产权的案件能否仲裁是有争议的。目前世界仲裁量排在第一的是纽约，第二是巴黎，第三的位置中国香港和新加坡一直在抢。中国香港最近修法，允许知识产权所有案件都可以仲裁，可这是有代价的，因为如果通过仲裁让一个不应该存在的专利、商标继续存在，会产生很大的社会成本。我个人认为在损害赔偿上可以仲裁，但是对于可专利性、可商标性这类涉及公共利益的事情，不可以仲裁。这些是我对仲裁、调解、和解的质疑。包括在 FRAND 的问题上，中国台湾很多厂商都去告高通，高通就以仲裁条款要求去美国调解仲裁，但是到了美国对这些企业就很不利，不得已就只得与高通和解，然后再签不公开协定（Non-Disclosure Agreement，NDA）。到今天为止，全世界的法院都还在陪高通玩这种 NDA 游戏，高通说不能揭露就不能揭露吗？

（四）过于配合的司法及执法机关

现在各国很多法院或执法机关都没有担当，例如非常有名的华为诉 InterDigital 的案子，看了这个判决还能表达法律意见的人，我都会佩服。我们要怎么表达法律意见？这个判决对与不对，我们根本无从说起。这个案件最关键的问题是是否公平、合理，是否存在差别待遇。然而 InterDigital 拒绝向法院提供它与其他授权对象之间的内容，这样法院根本无法比较。法院的判决书可以写得很好，可是一无所知之下我们怎么作学术研究，学者怎么批评和监督？根本做不到。

这种事情怎么可以被容忍？这是突发的个例吗？不是的。去年（2018年）11月欧洲执行委员会反托拉斯总署经过七年调查，终于认定高通滥用市场独占地位，经历日本、韩国、中国台湾等多个国家和地区申诉，欧洲执行委员会重罚高通将近10亿欧元，这比发改委罚高通60.8亿还重，等于是帮亚洲的国家和地区申冤。但截至今天为止，我们仍旧等不到处分书。我问德国的老师、同行，他们得出唯一能解释的结论是：高通和欧洲执行委员会是一行一行在读处分书。高通坚持很多内容都是它的商业秘密，不允许揭露。欧盟这么大一个超国家组织，对高通还如此“礼遇”，在我看来这是根本没有必要的事情。要么就不要作出处分，既然作出处分，就要同时公布出来。

还有一则法院没有担当的例子。新加坡引进专利链接制度，在申请仿制药上市之前，仿制药申请人必须对是否侵害他人专利这件事表态。收到通知的专利权人有45天选择，要不要对仿制药方提起控告。有一个瑞典厂告新加坡的仿制药厂，同样的原告和被告，针对两个不同的药，这个案子在数年前的报纸上有报道，后来就没有看到下文了，网上也一直没有查到。我交手续费查阅，也没有任何的文字资料，法院说这个案子是被封起来了（the case is sealed）。其实，要么就是原告撤诉，要么就是被告认输，还有第三种情况就是双方和解了，我的猜测还是逆向付费，专利药厂对仿制药厂付费和解。法院竟然配合双方当事人将案件封起来，不对外告知。

（五）商业秘密滥用导致反竞争行为

商业秘密被滥用还会导致垄断的情况，我刚才讲到李开复经历的身心煎熬，所有商业秘密权利人都可以用这种方式让市场竞争变得非常困难。美国司法部及联邦交易委员会公布的《知识产权许可反托拉斯指南（2017）》中提及的CVD案（Inc. v. Raytheon Co., 769 F. 2d 842, 850-51 (1st Cir. 1985)，就是一起典型的商业秘密滥用反垄断案件：原告主张商业秘密存在，被告无资力证明商业秘密不存在，迫于原告财力雄厚，不得不跟原告约定授权，还支付了许可费，到后来才被揭发。

（六）强制技术移转

所谓的强制技术移转，这个到底有没有问题？即使存在强制技术移转，如果工学跟不上，实施不了就无法使用。作为技术落后的国家，在开放市场的同时不能够选择技术吗？当然可以选技术，例如合理要求对方不能再拿高污染技术来。既然你要进入我的市场，要求你技术落地是天经地义的事情。你不能把所有东西都从国外空运来卖，然后我们还要给你专利保护却得不到没有任何好处，所以本地化是专利基本的道理。印度在1975—2000年近三十年是不保护药品专利的，因为他们发现90%的药品专利在外国人手上，90%的药品都是进口的，这些技术专利既不在印度实施，也不允许印度实施，都是从外国空降进来，结果印度的制药能力一蹶不振，没有办法成长。所以，权利人如果要求权利保护，那么保护方要求技术本地化，这是再正常不过的事情。

六、反商业秘密的例子

最后讲个反商业秘密的例子："鼎泰丰"是一家很有名的点心店，现在已经遍布全世界。这家店就没有商业秘密，他把做包子、饺子、烧卖的步骤、配方及方法写成书出版，欢迎想要仿效的人仿效，也不怕员工离职，凭的是什么？就是管理及商誉。可口可乐根本没有什么秘密配方，就是可口可乐四个字而已；"鼎泰丰"也没有什么商业秘密，就是它的管理能力与商誉，最大的秘密就是做人要诚信、谦和、言而有信，这有什么难的？

所以我建议大家不要写什么秘密的题目了，最好让阳光照进生活每一个角落，谢谢大家！

李雨峰：刚才刘孔中教授给我们进行了理性的分析，从产业的角度谈到了一些新事例，信息量很大，有很多新观点，比方说谈到公开和外部性作为理解知识产权重要性的关键，这些观点都很有启发性。下面进入与谈的阶段，有请李扬教授。

李扬：竞争法的价值目标和知识产权法的价值目标确实不一致，但有时候也有相互一致的地方。谈到商业秘密，我也在思考，作为知识产权的保护真的有这么大的阻碍作用吗？我可能持保守观点。比较典型的像专利、商标、著作权等，特别是技术序列的知识产权排他性就很强，因为以公开为代价换取保护。商业秘密因为不公开，所以排他性非常弱，不同的人就同样的信息可以拥有商业秘密，但是不能相互侵权。刚才提到反向工程，第三人完全可以通过反向工程破解商业秘密，进一步弱化商业秘密的排他性。从这个角度来考虑，将某些信息特别是技术信息作为商业秘密来保护，虽然对竞争可能有一定的影响，但反过来说也会进一步激发竞争力，反而激发反向工程的热情，强化竞争。

众所周知，技术信息和经营信息只有形成具体作品才能作为公开的知识产权保护，否则只有作为秘密来保护。这就是为什么有商业秘密的市场，商业秘密的法律没有消灭的原因。立法者把商业秘密绝大部分放在《反不正当竞争法》中来保护是有客观性的。究竟是去申请专利还是作为商业秘密保护，我觉得交给市场解决就好。专利制度摆在这里，你自己去衡量，不愿意公开就有可能吃亏，这是相辅相成的关系。这是我表达的第一个观点。

第二个观点，刚才刘老师特别谈到标准必要专利当中的问题，这里我提出两个疑问，比如高通认为许可费是商业秘密不愿意公开，这里面涉及两个问题，一是公共利益，可是有些经营信息被神秘化，对公共利益到底有多大的损害？二是与标准必要专利具有根本性关系的问题，公平合理无歧视绝对不等同于最惠待遇。什么是公平合理无歧视呢？详细考察这个原则出台背景，只有双方谈出来的，经过市场检验的才是。比如我提价 1 元钱，你经过了商业的评判、理性的思考，觉得 1 元钱也可以接受，这个价格就是公平合理的。

从激励理论的角度来说，不给权利人提供一定保护，比如四年或者六年的期限保护，对于进一步的研发似乎有好处。但是反过来又想，医药的开发需要巨大投资，根据我们掌握的数字，真正的原创药不投资几十亿上百亿美金，想都不要想，并且十几年开发出新药然后能够上市的都是天才公司，一般情况是研发不出来的。在这样的情况下，没有任何保护就公开化，肯定会影响到对真正原创药公司研发的激励。

总而言之，我认为有时候知识产权法中竞争法价值目标会高于财产权私权的价值目标，这中间不是根本冲突的关系，它有可以协调的地方。

李雨峰：有请西南政法大学康添雄副教授。

康添雄：谢谢刘老师和李老师，我作为年轻的后辈，只能谈一点自己学习的体会。

刘老师第一句话就是说你不喜欢商业秘密，这句话深深把我吸引住了，因为我本人也不喜欢商业秘密。刘老师今天的讲座，我作了四点概括：一是法外之法，二是法外之理，三是法外无域，四是法外无法。

第一是法外之法。您谈到反不正当竞争法、知识产权法跟商业秘密的关系，还提到刑法保护。不管是知识产权法还是反不正当竞争法，同时以法律的行为加以保护，这一点上，我赞同李扬老师的观点，由市场去评判，不需要争论哪一个更好，我想它最终的效果会是一样的，市场有自我净化的作用。在此同时，刑事保护有没有必要？我个人认为作为无罪化的适用，在中国大陆、中国台湾都是很难适用的，入刑的时候要作司法鉴定，很多机构不愿意做，效果很不佳。我想，盗取别人的智慧这种情况只是非暴力犯罪，他对社会造成的危害有时候还不是危害，更多是促进社会工艺技术共享。这种情况下，有可能不具太多危害性，也并不紧迫，去罪化可能会促进未来更好的技术共享。

第二是法外之理。这个社会的治理、运转需要秘密，家庭的运转需要秘密，公司治理需要秘密，这些秘密来源于竞争。我们想，如果是一个正常的竞争社会、公司和家庭，我想秘密应当是最低程度的。一个国家不应当是一个秘密之国，包括一个社会、一个企业，这种情况下，我们可不可以尽可能把保护措施做得少一点，让文明、社会、技术可以更多地流动和共享。

第三是法外无域。刘老师提到很多国家立法、司法治理状态，给我们带来了很多资讯，让我们受益匪浅。

第四是法外无法。我要引用刘老师说到的词语叫“装神弄鬼”，我特别不愿意强化商业秘密的保护，特别是用公权力的手段对它进行刑事保护。我认为采取比较弱的保护应当是未来的趋势，例如权利人自己采用技术手段去保护。包括判决书的公开，我想不应当是商业秘密，涉及更多的应该是司法秘密。我比较赞成判决书能公开相关的商业秘密条款、商业谈判的过程。我自己也作了一些检索，最近花了 175 美金在搜索系统里面找了很多案件，当我要找华为最近敏感的一个案件时，我发现上面有案件的名字但卷宗文书下载不下来，这是美国联邦法院案卷下载系统，其他都可以下载唯独这个案子下载不了。未来在全球司法系统里面，这种保密情形可不可以弱化一点、减损一点？让学界研究人员接触到更多素材，让我们的学术、技术更加自由。

最后，我想说非常赞同刘老师的观点，就是不要让秘密太多，谢谢！

曾德国：刚才两位老师都在讲少一点秘密，但是现实生活中的商业秘密案件，大概90%都是由员工跳槽引起的。我们作鉴定的时候，一是权利人主张自己的技术信息构成了秘密，二是要对权利人之间的秘密进行比对鉴定。比对的时候出现另外一个问题：怎么去收集证据？至于保护方式，在国内80%采用刑事保护，20%采用民事诉讼方式，造成这种情况的主要原因就是收集证据，比如邓老师把我的秘密拿走了，但是我没有权利，一旦去查他，他马上就可以关掉不让我看，所以我只能找公安，通过公权力强制他调出来，这是我国采取刑事保护的主要原因。

这一次《反不正当竞争法》修改的时候这一点有所改观，第32条举证责任倒置问题，只要权利人有初步的举证，就应该由被告说明自己没有侵权，举证责任倒置了以后，有可能刑事和民事的比例显著变化，可能会好得多。

对此我想问一个问题，在国外采取的是公证民事搜寻，在国内律师有时候门都进不了，没有办法收集证据。公安机关有时到异地执法同样存在这样的问题，公安机关连大门都进不了，异地执法又不能采取强制措施。在我们国内刑事保护的手段可能是通用的方式，在国外公职律师搜寻的时候有什么样的权利？

李雨峰：有请刘老师简单地回应。

刘孔中：竞争法和知识产权法的冲突也没有这么大，我们讲的都是特例，类似高通这种有很大的市场力量的企业。过度的知识产权保护危害到底有多大，去年（2018年）有一个畅销电影《我不是药神》，讲的是中国一些患者不能获得治疗。前几年还有一个有名的电影《达拉斯买家俱乐部》，也是说明美国对仿制药高度管制，主人翁得了艾滋病，治疗药物必须要国外进口，这是很实际的案例。

美国允许在专利之外另外给保护期限，不论正确与否，但是专利链接的时候，事实上给了仿制药一个优惠，即不需要六年的限制，可以加速仿制药挑战即有的专利，加速仿制药进入市场。专利届满第二天开始就可以无缝衔接地生产仿制药，降低患者用药所要付出的费用，但是我们亚洲国家地区在学习的过程中，只学到了把实验资料保护六年，却没有学美国这个链接制度。

刚才说到由市场决定，这毕竟是民事关系，因此在除罪化的问题上我跟你的观点是一致的。知识产权是一个赋权的法律，赋予知识产权权利的同时，就是对相对方自由的限制。这是很严肃的事情，所以我们认为，只有立法者才做，法官都不能做，因为这个事情牵扯到这么多人的利益。商业秘密不是一个赋权法，而是对不当行为的取缔法，到底走哪个方向还是需要考虑的。

法国大革命时期，法国民法典当时一个很重要的诉求点现在看起来都觉得很好笑，就是不能有秘密的法律。以前法国这些国家就是有秘密的法律，司法执法可以通过法律处置一个人却不能告诉别人为什么处置，为什么会引起法国大革命？为什么会有法国民法典？一个国家不可以有秘密的立法。

至于刚才曾老师问的问题，确实中国有它特殊的现象，比方说幅员辽阔，人民素质差异大，又难免有地方保护主义，这完全可以理解。司法的公信力并没有被普遍地落实，这需要一个过程，我们可以接受这种过渡性的做法；刑事案件也有它的必要性，但是要想好什么时候退场。这种措施进场的时候就要想好什么时候退场，否则大家习惯了，抗生素吃惯了是不行的。回答曾老师的问题，所谓第三方的公证律师要做临检，还是需要警察力量的配合。比如在印度这种地方保护主义很分散的地方，一定都是有公安警察陪同的，只是法院的人恐怕不安全的。

至于刑事案件占 80%，民事案件占 20%，会不会因为这一次修法改变，我猜不会。因为法官要形成一个心证认为确实存有秘密，最终还是要有一个确信，基于此要作出损害金额的赔偿认定，最后判断的责任还是在法官的身上。我猜法官不太愿意会去扛那么多责任，所以还是会推到刑事那里去。长此以往，大家习惯吃抗生素，反而没有像美国法这样，谁要敢动证据、证人或是妨碍司法就必须承担极为严重的法律后果，这条路大家就不会去走。中国台湾是吃尽这个苦头了，著作权法被高度扭曲，大家都习惯找公安，因为他们可以扣人取证，最后法院的判决都不知道到底是为了避免刑事案件被滥用去解释著作权法，还是依据刑法的法理解释著作权法，著作权法被刑法“殖民”了，对知识产权法健全发展是不利的。

所以，我想中国大陆这个过渡期是可以理解的，但是不能长此以往这样做，看如何促使它转型，我就说到这里。

李雨峰：接下来是提问环节，我先提个问题，刘老师有一个基本观点，就是商业秘密应当保护，但是不宜过多地用知识产权的模式。我想知道，目前有哪些制度带有很强烈的知识产权保护特点？

李扬：我理解李雨峰老师的意思是商业秘密应当由法律来保护，但不是知识产权保护，那么你所认为的知识产权保护到底有哪些范围？或者带有典型的知识产权特征的保护方式有哪些？

刘孔中：两个方式来区别，我刚才那个方式是从构成要件来探究什么是知识产权。我认为知识产权要有一个揭露的公示的效益，专利是最典型的要公示，没有公示就没有必要花费精力保护的对象，必须要通过商业化。这本书打开后让别人看了获得启发，这才是对大众合理的买卖。

至于保护的方式，知识产权典型的保护方式就是排他权，甚至垄断权，排他、垄断的前提是范围要明确，如果范围都不明确，就像是一个潜水艇突然从水中冒出来，大家不知道你的边界在哪，这对交易安全非常不利。所以我认为它不适合知识产权这么强的排他性保护。我跟曾老师确实谈过创新的过程，比如说，这个成果是我呕心沥血的想法，请你千万要给我保密，曾老师点头同意了，有了这个关系前提，如果他侵害我，我可以告他不正当竞争，但是如果以知识产权或者以刑法来处罚，这是很不适当的。

邓宏光：刘教授一直强调没有公示所以不应该是知识产权，这是很重要的一个基础。但是，第一个问题是在物权里面，是不是所有物权都必须公示才享有物权，这是值得怀疑的。我家里藏着一瓶50年的茅台，我从来不告诉别人，但是其他人不知道的时候，难道我不享有物权吗？我创作一个作品，我没有发表，任何国家的著作权法都很明确地认可这是权利。商标，我通过使用，你不能说我因为没有登记的公示方式，所以不给予保护。

由此可见，我们所说的绝对权排他权，是相对的。如果从物权的角度来说，动产不用去登记就占有，就享有物权，因为其他人要涉及这个物权的时候，知道这是他家的。在这个圈子里面，周围的人要尊重，我没有公示出来的它本身是一个物。这和商业秘密很相似，我没有告诉别人，但是如果李扬教授看到了邓宏光原来是这样的人，他知道了掌握了理解了，他就应当尊重我的权利。所以，公示不公示是相对而言的，相对一个范围而言的。

商标也是如此，德国很明确地规定通过使用驰名商标也可以获得一定的权利，因此公示的方式既包括登记方式，也可以通过使用让利害关系人或者相关人知悉，那么它也是一种公示方式。商业秘密里面，与我能够接触的这些人员知道了我的商业秘密，和我使用商标，你知道了这是我的商标，都是通过一定的方式让别人知道。我个人初步的感觉，刘教授今天说的没有公示就没有知识产权，我觉得这里面可能还需要再进一步商榷。

刘孔中：揭露和公示还不太一样，公示简单地讲比较消极，要提高交易的安全性就可以通过公示的方式，但是揭露不只是限于消极意义那种提高交易安全度的公示。事实上很重要的是，大家看到揭露的信息以后，我们就不会作同样的发明，浪费同样的资源，这是传统的公示没有达到的效果。不动产一定有公示，动产所谓的公示方式就是持有，这个表戴在我手上，或者你的茅台就在我的包里，我向天下宣示这是我的，它有外露的效果。

著作权的发表，大家不要忘记了，你可以回到《伯尔尼公约》里面看，它没有定义公开发表权，这是我们亚洲人自己想的。事实上就是等权利人发表之后，才回过头来探讨是不是有发表，是不是署名，是不是要保护完整性。所谓公开发表权的“发表”并不是真正的全球普遍都接受的说法，我个人认为它是需要被发表出来的，才有消极的公示的提高安全度。最主要的是你会激发大家各方面的潜能、创作灵感。

至于商标，我写过三本商标法的书，使用本身就是公示了，不一定要注册保护主义。使用不能是装饰性使用，你必须要达到让大家看到这个标识就会想到商品服务来源的功能，这才会达到创设商标、维护商标注册效力的效果，这当然已经公开了。所以，我可以理解邓宏光老师对我的质疑，这不只是公示，而是积极主动地揭露出来，目的是我们大家都可以在巨人的肩膀上进一步有新的发展，而不是花很多时间来做重复的事情。这个话知识产权是没有说透的，比如我们要提供原代码而他们拒绝提供，如果保护多少年都没有对社会公示，这对社会是不公平的，你有义务要用合理的价格提供，每个人可以发展跟你兼容的产品，能更好地强化你的产品，也能节省社会成本。当然我这想法不是主流的，大家不能接受也很正常。

李雨峰：刘孔中老师是站在产业的角度作的论证。对于邓宏光教授的观点，我也有很多类似的看法。

易健雄：刚才宏光教授提出的问题，第一点是讲的公示跟物权的对比，我同意刘老师说的，咱们知识产权上的公示有一种不让社会资源浪费的意思在，这只是其中一层意思。其实法理上还有第二层意思，公示背后考虑的跟独占、占有是有关系的。在物权上，独占和公示是可以分开的，但是在知识产权上，因为对象是信息，这个时候更多地依赖于刘老师的那种主动式的公示。

第二点是刑法和民法，我再一次提醒各位注意，刑法保护商业秘密的立脚点跟知识产权对私法的立脚点是不一样的，私法的立脚点是把知识产权当作私权看待，但是刑法里面是把它放在破坏社会主义市场经济秩序角度，它的视角是不同的，这在研究上会带来巨大的差异，因为时间关系我不展开了。

第三点是发表权的问题，如果放在软件上面就会变得非常奇怪，因为咱们著作权法保护软件是当作文字作品看待的。文字作品一是原代码，二是目标代码，目标代码是看不懂的，只有原代码才有意义。你只要套在软件上，就像微软从未把原代码公开过，但是他依然告别人侵犯著作权，这是说不过去的。

李雨峰：下面请同学们提问。

学生提问1：会不会有这样的论点，假如说美国企业去欧洲或者新加坡，不需要进行当地的投资，这种情况下会不会构成隐形的技术转让？还有一些美国社会评论说政府谈判的时候，会签订一些秘密性的协议，我想知道您的看法。

刘孔中：我真的不喜欢秘密。“二战”结束前八天，俄国发兵侵占了日本北方四个小岛，在那之前，大家都不知道俄国跟英国还是哪个国家签订了互不侵犯的秘约。秘约是非常不好的，我是非常反对的。至于你刚才讲的问题我就不多说了。

学生提问 2：您刚才说的可能有点颠覆我的认知，您说能够成为知识产权的客体，没有公示就不行，因此您可能排除了商业秘密，您论述中也排除了其他的一些权利。根据您的这种观点，知识产权能不能成体系化？何以能体系化？还有一个问题，如果接着这个问题讨论，从某种程度上来说，著作权和专利权两个之间的差距，能不能调和？比如说公示或者登记，关于专利权上，只有申请登记获批才有专利权，但是著作权是自动产生。著作权版权登记与否，会影响一个权利，美国联邦最高法院有一个判例，必须要版权登记以后才能提起著作权之诉，中国就不存在这种情况。著作权和专利权都有您提到的公开问题，但是不同体系下对诉权又产生了影响，这之间有没有冲突？

刘孔中：美国的判例应该不是像你所说的没有注册就不能提起诉讼，而是说如果要求法定损害赔偿，要求律师费用就必须公开。至于能不能成体系、体系化并不是说让每个领域都长一个样，还是允许有差异性，但是共性应该是大于差异性。如果没有一个在相当程度上能够贯穿于所有领域的一般理论的话，知识产权根本就不能成为一门学问。我个人觉得应该是有体系化的可能性，也有体系化的必要性。

李雨峰：今天晚上的讲座到此结束，我们用掌声再一次向刘老师表示感谢！

文字校对：江浩澜

内容核校：何　莹

整理说明：根据现场视频及速记整理，已经主讲人审阅。